KB220779

한국교회,
예레미야에게
길을 묻다

한국 교회,
예레미야에게
길을 묻다

김광남 지음

길 잃은 교회를 위한
대화체 예레미야 강해

아바서원

평신도 성경학자가 쓴
대화체 예레미야 강해

———————— 이 책은 한국 교회의 부패와 타락을 안타까
워하는 한 평신도 성경학자가 쓴 대화체 예레미야 강해서다. 예레미
야서에 대한 절(節) 단위의 주석서나 강해서는 흔하며 통독을 위한 자
료도 적지 않다. 그러나 이 책처럼 예언자 예레미야에 대한 감정이입
적 몰입을 통해 그의 육성을 복원해 낸 경우는 거의 없다.

이 책에서 '땅콩'이라는 이름 뒤에 숨은 저자는 예언자 예레미야를
서울로 초청해 나흘간 대화를 나눈다. 그리고 그 대화를 통해 예레미
야의 얼과 중심 메시지를 천착해 나간다. 나흘간의 대화가 이뤄진 네
장소는 예레미야의 사역의 네 시기와 그리고 그 각각의 시기에 선포
된 예언의 핵심적 주제와 상관이 있다. 요시야 시대의 사역은 서울시
가 한눈에 내려다보이는 남산의 한 카페에서, 여호야김 시대의 사역
은 어느 대형교회의 예배당 지붕 위에서, 시드기야 시대의 사역은 서
울 근교에 있는 한 대형교회의 부속 기도원에서, 그리고 이집트 체류
시절의 사역은 매주 고등학교 강당을 빌려 모이는 예배당 없는 어느

교회에서 나누는 대화를 통해 분석되고 설명된다.

이 책에서 예레미야는 한국 교회의 타락의 근본 원인을 '설교의 타락'이라고 진단하고 오늘날 백성의 상처를 심상히 고치며 샬롬을 외치는 설교자들을 유다 말기의 거짓 예언자들의 복제품으로 규정한다. 아울러 오래전 성전을 매개로 권력을 틀어쥐었던 제사장들의 탐욕이 유다 왕국의 멸망을 초래했음을 지적하고 오늘날 세상 못지않게 권력과 물질과 명예를 좇고 있는 한국 교회를 향해 강력한 경고를 발한다. 또한 예레미야는 서기관 바룩을 닮은 평신도인 땅콩 선생의 질문에 답하는 형식으로 자신의 예언의 역사적 맥락을 밝히면서 지금 한국 교회의 상황이 말기 유다의 그것과 얼마나 흡사한지를 여실히 보여준다.

나는 이 책을 다음 네 가지 특장(特長) 때문에 추천한다.

첫째, 이 책은 예레미야에게 감정과 논리의 이입을 이룬 상태에서 예레미야서의 행간을 읽어낸다. 예레미야의 예언자적 파토스에 대한 공감을 불러일으키며 예레미야서 본문 한 절 한 절이 갖고 있는 무게와 의미를 음미하도록 도와준다. 전통적인 강해서의 건조한 문자주의적 주해나 현학적 주석과 달리 이 책은 독자들로 하여금 예언자의 마음에 공감하게 하면서 예레미야 시대를 방불케 하는 오늘의 한국 교회 현실을 애통해하도록 이끈다.

둘째, 예레미야서는 육하원칙에 따라 읽어 내려갈 수 있는 내러티브가 아니기에 성경 독자들이 그 서사적 구조를 파악하기가 매우 어렵다. 하지만 이 책은 독자들이 단편적이고 압축적인 운문의 연속으로 이루어진 예레미야서를 하나의 흥미진진한 역사적 드라마로 읽어

낼 수 있도록 풍성한 상상력을 제공한다.

셋째, 친근한 대화체 주석의 위력을 드러낸다. 묻고 답하는 인터뷰 형식은 일방적인 선포나 가르침이 주지 못하는 인격적 교제의 기쁨을 선사한다. 독자들을 대신해 질문을 던지는 땅콩 선생의 능숙한 인터뷰는 그동안 학문적 주석을 통해서도 포착하기 어려웠던 말씀들의 의미를 새롭게 발견하는 기쁨을 제공한다.

마지막으로, 이 책은 평신도 성경학자의 은사가 한국 교회의 성숙과 성장을 위해 얼마나 소중한 자산이 될 것인가를 헤아리는 설렘을 안겨준다. 종교개혁 이래로 성경 연구와 해석은 더 이상 유급성직자나 사제들의 전유물이 아니다. 김광남 권사처럼 하나님나라의 의와 통치에 굶주린 자들이야말로 성경에 담겨 있는 하나님의 얼과의 교통을 심화시키는 성경 연구와 해석을 시도하기에 누구보다도 더 적합하다. 성경 해석과 주석과 강해는 하나님의 마음과 잇닿아 있는 사람들의 과업이다. 한 평신도 성경학자가 쓴 이 대화체 예레미야 강해서는 처음부터 끝까지 흥미롭고 유머러스하면서도 진지하고 애잔하다. 무엇보다도 이 책은 오늘의 한국 교회에 예레미야의 예언과 메시지가 얼마나 적실한가를 잘 예증해 준다.

김회권

(숭실대학교 기독교학과 교수 겸 교목실장)

머리말

나는 3대째 신앙인이다. 모태신앙인들이 대부분 그렇듯 나 역시 한동안 습관적인 신앙생활을 했다. 그러나 언젠가부터 신앙은 나에게 실제로 의미 있고 소중한 것이 되었다. 성인이 된 후로는 신자가 교회에서 할 수 있거나 하도록 기대되는 모든 일을 기꺼이 행했다. 대학 졸업 후에는 20년 넘게 기독교 언론과 출판 분야에서 일했고, 지금도 기독교 서적을 번역하고 집필하는 일로 밥벌이를 하고 있다. 몇 해 전에는 뒤늦게 대학원에 입학해 목회자들 틈에서 신학을 공부하기도 했다. 지금은 격주로 기독교 서적을 읽고 토론하는 독서모임에 참석하고 있다. 나와 아내는 우리의 외동딸도 독실한 신자로 키웠다. 지금 그 아이는 대학원에서 교회음악을 전공하면서 자기가 출석하는 교회의 반주자로 일하고 있다.

혹시 이런 말을 하고 있는 내가 존경스러워 보이는가? 아마도 아닐 것이다. 존경은커녕 비웃음을 자초하는 소리로 들릴 것이다. 안타깝지만, 그게 오늘 우리의 현실이다. 지금 우리는 자신이 기독교 신자임을 밝히는 게 그다지 자랑스럽지 않은 시대를 살아가고 있다. 이유는 간단하다. 오늘의 한국 교회가 사람들에게 조롱과 비난의 대상이 되고 있기 때문이다. 솔직히 요즘 나는 내가 속해 있고 나 자신이 그것의 형성에 일조한 한국 교회가 매우 부끄럽다. 얼마 전에 우리 사회에서 존경받는 한 노교수가 말했다. "한국 교회는 개신교 역사상 가장 타락한 교회다." 전적으로 공감한다. 남다르게 삐딱한 시선을 갖고 있어서가 아니다. 한국 교회에 대한 지극히 현실적인 판단 때문이다. 이런 판단에 이의가 있다면 누구든 지적해 보라. 도대체 종교개혁 이후 어느 교회가 지금의 한국 교회보다 더 타락했었는지를.

이 책에 대한 구상은 그런 고민에서 시작되었다. 나는 이른바 '한국 교회의 문제'에 대한 답을 찾고 싶었다. 그리고 마침내 그 답을 찾았다. 지난 몇 년간 성경을 읽는 과정에서 구약의 예언서들에 눈이 갔다. 예언서들을 읽는 동안 오늘의 한국 교회의 문제가 고대 이스라엘의 문제의 복사판이라는 느낌이 들었다. 그런데 감사하게도 예언서들에는 문제만이 아니라 답도 있었다. 예언자들은 여러 세기에 걸쳐 이스라엘 백성에게 하나님의 말씀을 선포했는데, 그 말씀은 그분이 이스라엘의 문제를 해결하기 위해 주신 답이었다.

내가 고대 이스라엘의 예언자들의 메시지가 오늘의 한국 교회에 대한 답이라는 생각을 굳히게 된 데에는 두 가지 특별한 계기가 있었다. 하나는, 구약학자 게르하르트 폰 라트가 쓴 『예언자들의 메시지』 (*The Message of the Prophets*)라는 책을 두 해 전에 번역한 것이다. 번역 과정에서 예언서들을 좀 더 깊이 이해할 수 있었고, 이해가 깊어질수록 한국 교회의 문제에 대한 답이 보였다. 두 번째이자 좀 더 결정적인 계기는, 숭실대학교 기독교학대학원에서 들은 강의였다. 2011년 가을학기에 김회권 교수가 진행한 주전 8세기 예언자들에 대한 강의는 나에게 예언서뿐 아니라 성경 전체를 새롭게 읽도록 자극했다. 나는 이 책의 핵심적 주장들 중 많은 부분을 그 강의를 들으며 발전시켰다. 이 자리를 빌려 큰 깨우침을 주신 교수님께 심심한 감사를 드린다.

그러나 이 책은 예레미야서에 대한 새로운 연구서가 아니다. 다만 나는 여러 탁월한 학자들이 수행한 연구를 바탕으로 예레미야서의 내용을 한국 교회의 현실에 적용해 보려 애썼을 뿐이다. 독자들이 내가 이 책을 쓰면서 가졌던 고민과 희망에 공감할 수 있기를 간절히 바란다.

책을 펴내려니 고마운 이들이 떠오른다. 무엇보다도 어려운 시기에 이런 책을 내기로 결심해 준 아바서원 관계자들에게 감사의 마음을 전한다. 특히 나는 이 책의 편집을 맡아 애쓴 이현주 실장에게 큰 빚을 졌다. 만약 그가 몇 가지 문제와 관련해 인내심을 갖고 나를 설득하지 않았더라면, 이 책은 지금보다 훨씬 못한 것이 되었을 것이다.

독서모임 멤버인 강효헌 집사, 김정숙 권사, 유현미 집사에게 감사드린다. 그들은 자칫 무기력해질 수도 있는 나의 삶에 신선하고 유쾌한 자극을 주는 소중한 친구들이다. 이 책에는 그들과 교제하며 나눴던 풍성한 대화의 내용이 곳곳에 녹아 있다.

가장 큰 감사는 가족에게 바쳐야 할 듯하다. 아내 김은애는 뒤늦게 글쟁이의 길에 뛰어든 철없는 남편을 한결같은 마음으로 지지해 주고 있다. 그녀의 인내와 지지가 없었다면 이 책은 쓰일 수 없었을 것이다. 졸업연주회 준비로 반쯤 정신이 나간 상태에서도 우리 가정에 활기를 불어넣고 있는 딸 예슬에게 사랑을 보낸다.

나이가 들수록 우리의 삶을 지탱하는 가장 큰 요소가 사랑임을 깨닫는다. 어려운 시절을 견디고 있는 이 땅의 모든 이들이 서로 사랑할 수 있기를 바란다.

2013년 10월
고촌 우거에서

차례

005   추천사 (김회권)

008   머리말

015   프롤로그 첫 만남

1부 요시야 시대

025   1. 부르심

045   2. 탐욕

071   3. 심판의 선언

2부 여호야김 시대

093   4. 퇴보

114   5. 헛된 믿음

134   6. 예언의 어려움

153   7. 주님의 고통

3부 시드기야 시대

177 ——— 8. 헛된 희망

198 ——— 9. 공평과 정의

221 ——— 10. 하나님의 힐링

247 ——— 11. 죄와 벌

4부 이집트 시절

269 ——— 12. 위대한 사랑

295 ——— 에필로그 한국 교회를 향한 고언

첫 만남

이 대화는 땅콩 선생의 요청으로 예언자 예레미야가 나흘간 서울을 방문함
으로써 시작되었다. 첫 만남은 서울 시내가 한눈에 내려다보이는 남산에서
이루어졌다. 저녁 어스름이 몰려올 무렵, 예레미야가 테라스 카페 한구석
에 앉아 있는 땅콩 선생을 향해 성큼성큼 다가왔다. 땅콩 선생이 자리에서
일어나 예언자를 맞이했다.

───────────── **땅콩** 예언자님, 어서 오십시오. 이렇게 뵙게
되어 영광입니다.

예레미야 반갑습니다, 땅콩 선생. 제가 늦은 건 아니죠?

땅콩 아닙니다. 예언자님을 만난다는 기쁨에 제가 조금 일찍 왔습
니다. 오시는 데 힘들지는 않으셨나요?

예레미야 오는 길은 편안했는데, 주님으로부터 서울로 내려가 땅콩

선생을 만나라는 말씀을 들었을 때는 무척 놀랐습니다.

땅콩 저 역시 오신다는 연락을 받고 많이 놀랐습니다. 간절히 기도한 바였지만 막상 오신다니 도무지 믿기지가 않았습니다.

예레미야 그런데 도대체 왜 그러셨던 겁니까? 저를 보내달라고 주님께 떼를 쓰셨다면서요……?(웃음)

땅콩 답답해서 그랬습니다. 그동안 저는 나름대로 열심히 신앙생활을 해왔습니다. 그런데 어느 날부터인가 한국 교회의 여러 가지 문제들이 눈에 보이면서 고민이 시작되었습니다. 그리고 지난 몇 년간 성경을 집중해서 읽는 과정에서 그런 문제들에 대한 답이 구약의 예언서 안에 들어 있다는 확신이 들었습니다. 그런데 유감스럽게도 평신도인 저로서는 예언서를 읽고 이해하는 일이 쉽지 않았습니다. 환상, 비유, 상징, 시, 역사, 그리고 신탁 등이 마구 뒤섞여 있는 예언서는 저에게 험산준령(險山峻嶺)처럼 보였습니다. 분명히 그 산 어딘가에 답이 있는 것 같은데, 그 산을 오르는 일이 무척 힘이 들었습니다. 그래서 주님께 예언자님을 보내 제가 그 산을 오르는 일을 돕게 해달라고 거듭 간청을 드렸던 겁니다.

예레미야 그런 일이라면 학자들이 있지 않습니까? 한국 교회에는 유능한 성서학자들이 많은 것으로 알고 있는데 그분들의 도움을 받으면 되지 않나요?

땅콩 말씀하신 대로 지금 한국 교회 안에는 훌륭한 학자들이 많이 있습니다. 그러나 그들의 말이나 글이 지나치게 전문적이고 때로는 현학적이어서 저 같은 평신도가 접근하기가 쉽지 않습니다.

예레미야 목회자들이 있지 않습니까? 목회자들이 주일마다 설교를 통해 신자들에게 성경을 풀이해 주고 있지 않나요?

땅콩 겉보기에는 그렇습니다. 그러나 오늘날 목회자들 중에는 책 좀 읽는 일반 신자들만큼도 성경을 읽지 않는 이들이 많습니다. 더구나 예언서는 목회자들에게 불편한 내용이 많아서인지 몇몇 인기 있는 구절을 제외하고는 설교 본문으로 채택되는 일조차 드뭅니다. 무엇보다도 심각한 문제는, 목회자들이 그런 인기 있는 구절들조차 자신들의 목회적 필요를 따라 교묘하게 왜곡하고 있다는 것입니다. 요즘 평신도들끼리 모이면 자주 하는 농담 중에 이런 게 있습니다. "목사들은 창세기 1장에서도 신자의 십일조 의무에 대한 가르침을 뽑아낸다." 사정이 그러하다 보니, 신자들이 목회자를 통해 예언서의 내용을 제대로 이해하는 것은 거의 불가능합니다.

예레미야 무슨 말씀인지 알겠습니다. 제가 활동할 당시에도 주님의 말씀에 대한 왜곡은 아주 심각한 문제였습니다. 제사장도 많았고 예언자들도 많았지만 백성들은 주님의 말씀을 듣기가 매우 어려웠지요.

땅콩 선생의 말씀, 충분히 이해합니다. 그런데 한 가지 궁금한 것이 있습니다. 예언자들 중에는 저보다 훌륭한 이들이 많은데 왜 굳이 저를 지목하신 거죠?

땅콩 예언자님의 예언이 갖고 있는 포괄성 때문입니다.

예레미야 ……?

땅콩 예언자님은 유다 말기, 그러니까 이스라엘 민족 전체의 멸망이 임박한 시기에 활동하셨습니다. 그뿐만 아니라 유다가 멸망하기 직전에 이스라엘의 회복에 대한 예언을 하셨고, 유다가 망한 후에도 한동안 예언 활동을 하셨습니다. 그래서 저는 예언자님의 예언 안에 이스라엘의 포로기 이전과 이후의 모든 예언의 핵심이 농축되어 있다고, 따라서 예언자님의 예언만 제대로 이해하면 모든 예언자들의 메시지를 이해할 수 있으리라고 생각했습니다. 제가 주님께 다른 예언자들을 제쳐두고 굳이 예레미야 예언자님을 보내달라고 간청한 것은 바로 그런 이유 때문이었습니다.

예레미야 네, 그러셨군요. 아무튼 이렇게 부족한 사람을 불러주셔서 감사합니다. 그런데…… 주님의 명령을 받고 급히 달려오기는 했으나, 사실 지금 저로서는 무슨 말씀을 어떻게 드려야 할지 잘 모르겠습니다. 주님께서도 저에게 땅콩 선생을 찾아가 도움을 주라고만 하셨지 달리 메시지를 주신 것이 없고요. 제가 무슨 말씀을 드려야 할까요?

땅콩 그동안 제가 읽은 예언서 개론들 대부분은 예언자님을 "삶이 곧 메시지였던 예언자"로 묘사하고 있었습니다. 그래서 저는, 가능하다면, 예언자님의 삶을 시대별로 나누어 살피면서 그 각각의 시대에 선포된 예언들에 대해 설명을 들었으면 합니다.

예레미야 '시대별'이라는 말씀은 무슨 뜻인지……?

땅콩 예레미야서에 의하면, 예언자님은 유다의 마지막 세 왕인 요시야, 여호야김, 그리고 시드기야 치하에서 활동하셨습니다. 그리고 유다가 망한 후에는 이집트로 내려가 그곳에서 활동하셨고요. 그러니 예언자님의 삶은 모두 네 시기로 나눌 수 있지 않을까 합니다.

예레미야 아주 잘 보셨습니다.

땅콩 그런데 저는 예레미야서를 읽으면서 예언자님의 예언이 그 각각의 시기별로 조금씩 다르다는 느낌을 받았습니다.

예레미야 그것도 아주 잘 보셨습니다. 유감스럽게도 성경 독자들 중에는 아직도 예언을 '먼 미래 일에 대한 예고'라고 여기는 분들이 있는 것 같습니다. 하지만 예언은 그런 게 아닙니다. 이스라엘 예언자들의 '예언'(預言)은 16세기 프랑스의 천문학자 노스트라다무스의 '예언'(豫言)과는 전혀 다릅니다. 노스트라다무스의 예언은 그가 살았던 시대의 상황과 아무런 상관이 없습니다. 그 능력이 어디서 왔건, 그는 아주 특별한 능력으로 자기와 전혀 상관없는 시대와 사건과 인물들에 대한 말들을 쏟아냈습니다. 그러나 이스라엘의 예언자들 중에는 자기와 상관없는 시대와 사람들에 대해 말했던 이가 단 한 사람도 없습니다. 물론 이스라엘의 예언자들 역시 종종 미래의 일에 대해 말하기는 했으나 기본적으로 그것은 아주 먼 미래에 대한 것이 아니었습니다. 오히려 그것은 일종의 '일기예보' 같은 것이었습니다. 지금 습도가 낮고 날이 건조하니 불조심하라고, 자칫 잘못하면 큰불이 일어날 수 있다고 알려주는 것과 같았습니다. 그들의 메시지는 무시간적 진리가 아니라 자신의 시대적 상황과 밀접하게 관련되어 있었습니다. 그런 의미에서 저의 삶과 예언을 유다의 마지막 세 왕들의 시기와 이집트 시절로 구분해 살피는 것은 아주 적절해 보입니다.

땅콩 그렇게 말씀해 주시니 감사합니다.

예레미야 이렇게 하면 어떨까요? 각 시기에 대한 이야기를 장소를 바꿔가면서 하는 겁니다. 오늘은 이곳 남산에서, 내일은 다른 곳에서, 그리고 그다음 날에는 또 다른 곳에서 하는 식으로 말입니다. 주님께서 저에게 며칠이 되든 서울에 머물면서 질문에 충분히 답해주고 오라고도 하셨고, 저 역시 이왕 서울에 온 김에 제가 관심을 두고 있는 교회들 몇 곳을 둘러보고도 싶어서요.

땅콩 알겠습니다. 그렇게 하지요. 아, 마침 장소 이야기가 나온 김에 여쭙겠습니다. 제가 예언자님께 오늘 만남 장소를 어디로 할지 여쭀을 때 예언자님은 이 남산을 지목하셨습니다. 특별한 이유라도 있으신가요?

예레미야 저는 많은 사람들이 모여 살고 있는 서울을 내려다보며 이야기를 나누고 싶었습니다. 저 아래를 한번 내려다보십시오. 벌써 하나둘 불이 켜지기 시작하네요. 참 아름답지 않습니까? 사람들은 종종 주님이 인간들의 도시를 미워하신다고 생각하는 것 같은데 그렇지 않습니다. 다만 그분은 그 도시가 자신의 뜻에 합당한 모습이 되기를 바라실 뿐입니다. 지금 서울에서 살아가는 이들이 주님의 뜻에 합당하게 살고 있다면, 그분은 이 도시를 크게 기뻐하실 겁니다. 그러나 안타깝게도 지금 저 불빛들 밑에서는 아주 많은 이들이 너무나 큰 고통을 당하고 있습니다. 오래전 예루살렘의 주민들이 그랬던 것처럼 말입니다.

아, 산 위에서 빛나는 예루살렘은 멀리서 보면 참 아름다웠습니다! 그러나 그 내부는 온갖 고통으로 가득 차 있었습니다. 그래서 저는 예루살렘을 생각할 때마다 마음이 아팠습니다. 그것은 저를 예언자로 삼아 그곳으로 보내신 주님의 마음이기도 했고요. 제가 서울 시내가 한눈에 내려다보이는 남산을 택한 것은 바로 그런 이유 때문입니다. 인간들이 저지르는 죄와 그들이 그 죄로 인해 겪는 고통을 안타까워하시는 주님의 마음을 기억하고 싶어서였습니다. 저 수많은 불빛들 아래에서 살아가는 사람들 하나하나가 주님께는 지독한 사랑과 아픔의 대상입니다.

　　땅콩　저도 예언자님과 대화를 나누는 동안 주님의 그 마음을 되새기겠습니다.

**예레미야가 활동했던 유다 말기
근동 지역 왕조 연대표**

유다	앗시리아	신바빌로니아	이집트
므낫세(687-642)	앗수르바니팔 (668-627)		프사메티쿠스 1세 (664-610)
아몬(642-640)			
요시야(640-609)		나보폴라살 (626-605)	
여호아하스(609)			느고 2세 (610-594)
여호야김(609-597) 제1차 바빌로니아 유수(597)			
여호야긴(597)		느부갓네살 (605-562)	프사메티쿠스 2세 (594-589)
시드기야(597-587) 유다 멸망 및 제2차 바빌로니아 유수(587)			호브라 (589-570)
그달리야(587-?)			

1부

요시야 시대

지금 이 나라에서는, 놀랍고도 끔찍스러운 일들이 일어나고 있다.
예언자들은 거짓으로 예언을 하며, 제사장들은
거짓 예언자들이 시키는 대로 다스리며, 나의 백성은 이것을 좋아하니
마지막 때에, 너희가 어떻게 하려느냐? (5:30-31)

1. 부르심

――――――――――― 땅콩 말씀을 나누기에 앞서 한 가지 양해를 구하고 싶습니다. 허락하신다면 이제부터 예언자님이 하시는 말씀을 녹음하고 싶습니다. 나중에 다른 신자들과도 나누고 싶어서요. 아무리 생각해 봐도, 이렇게 귀한 기회를 저 혼자만 누리는 것은 옳지 않아 보입니다.

예레미야 그렇게 하시지요. 결국 주님이 저를 이곳으로 보내신 이유도 한국 교회 신자 모두를 위해서였을 테니까요.

땅콩 이해해 주셔서 감사합니다. 그런데 막상 녹음기를 앞에 놓고 말씀을 나누려 하니 대화의 모양새가 조금 딱딱해질 것 같아 걱정입니다. 무슨 공식적인 대담을 하는 듯한 느낌이 들기도 하고요.

예레미야 저는 아무래도 상관없습니다. 제가 이곳에 온 것은 어떤 메시지를 전하기 위해서가 아니라 땅콩 선생의 질문에 답을 하기 위해서니까요.

땅콩 감사합니다. 그러면 먼저 예언자님의 인적 사항부터 여쭙겠습니다. 예레미야서에 따르면 예언자님은 "베냐민 땅 아나돗"(1:1) 출신으로 알려져 있습니다. 아나돗은 어떤 곳인가요?

예레미야 아나돗은 예루살렘 북동쪽 5킬로미터 지점에 있는 레위인들의 성읍이었습니다. 작은 마을이어서 성경에 자주 등장하지는 않습니다. 그러나 성경을 주의 깊게 읽는 독자라면 그 지명이 아주 낯설지는 않을 겁니다. 다윗 시절에 활약했던 제사장 아비아달이 아나돗 출신이었습니다(왕상 2:26). 다윗의 또 다른 측근인 아비에셀과 예후도 그곳 출신이고요(삼하 23:27; 대상 12:3). 저는 아나돗에서 유다 왕 므낫세 시절에 태어났습니다. 주전 650년쯤 되었을 겁니다.

땅콩 또한 예언자님은 "제사장 출신인 힐기야의 아들"(1:1)로 알려져 있습니다. 예언자님의 부친은 어떤 분이었습니까?

예레미야 아주 비범하셨음에도 무명의 삶을 살 수밖에 없었던 변방의 제사장이었습니다.

땅콩 무슨 말씀이신지……?

예레미야 아나돗이라는 곳이 그랬습니다. 그곳 사람들은 아무리 비범해도 큰일을 할 수가 없었습니다.

땅콩 어째서죠?

예레미야 그러니까, 그게…… 조상 탓이었습니다.

땅콩 네? 조상 탓이라고요?

예레미야 그렇습니다. 조금 전에 언급한 아나돗 출신의 제사장 아비아달이 저희의 조상님입니다. 아비아달 할아버지는 다윗 왕의 최측근 중 한 사람이었습니다. 그런데 다윗 말기에 그의 아들 아도니야가 반역을 일으켰을 때 할아버지는 그쪽 편에 가담했습니다(왕상 1:7). 다윗의 뜻이 솔로몬에게 있음을 알면서도 그 뜻을 따르지 않았던 거지요. 저는 역사가 그분의 그런 선택에 대해 부정적으로 평가하고 있음을 알고 있습니다. 그러나 아나돗 사람들은 아비아달 할아버지가 그런 선택을 하신 데에는 그럴 만한 이유가 있었다고 여기는 분위기였습니다. 그 문제에 대해서는 나중에 다시 말씀을 드리겠습니다.

어쨌든 다윗의 아들 아도니야의 반역은 실패했고, 그로 인해 아비아달 할아버지는 역적이 되었습니다. 늘 그렇지 않습니까? 성공하면 공신이고, 실패하면 역적이지요. 솔로몬은 왕위에 오른 직후 할아버지를 아나돗으로 귀양 보냈습니다. 죽여 마땅한 죄인이었으나 선왕의 충신이었음을 감안했던 것이죠(왕상 2:26-27). 그때부터 아나돗은 유형지(流刑地)가 되었습니다. 솔로몬이 예루살렘에 성전을 건축하고 제사장들을 앞세워 장엄한 제사를 드리는 동안, 아비아달 할아버지는 아나돗의 초라한 성소를 지키며 울분을 삼켜야 했습니다. 그 후로도 아나돗은 예루살렘으로부터 철저히 소외되고 배척되었습니다. 아도니야의 반역 때 솔로몬 편에 섰던 제사장 사독과 그의 후손들이 예루살렘 성전을 장악하고 있었기 때문입니다(왕상 1:8, 32-40).

땅콩 사정이 그러했다면, 아나돗 출신 제사장들은 다윗 왕가와 예루살렘의 제사장들에게 감정이 좋지 않았겠네요?

예레미야 누가 옳고 누가 그른지를 떠나, 인간적으로 그럴 수밖에 없었습니다. 아무도 드러내 놓고 말하지는 않았지만, 아나돗 사람들은 예루살렘에 있는 이들을 늘 못마땅하게 여겼습니다. 또 자신들을 중심에서 소외된 변방의 사람들로 생각했습니다. 실제적인 거리는 얼마 안 되었지만, 예루살렘과 아나돗은 심리적으로 참 멀었습니다.

땅콩　혹시 아나돗이 베냐민 지파에 속해 있었다는 점도 그런 상황에 일조하지 않았나요?

예레미야　분명히 그런 측면이 있었습니다. 아시다시피 베냐민은 이스라엘의 초대 왕 사울을 배출한 지파입니다. 그러니 그 지파 사람들이 사울을 대신해 왕이 된 유다 지파의 다윗과 그의 후손들에게 좋은 감정을 가졌을 리 없죠.

"아니오"가 필요한 시대

땅콩　그렇다면 예언자님이 사역 기간 내내 유다의 왕들과 예루살렘의 제사장들을 비판하신 것은 예언자님의 그런 성장배경과 상관이 있다고 봐야 할까요?

예레미야　부정하기 어렵습니다. 자신의 성장배경으로부터 자유로운 사람은 없으니까요. 그러나 분명하게 아셔야 할 것은, 그것이 유일하거나 절대적인 요소는 아니라는 겁니다. 제가 그들에게 비판적이었던 근본적인 이유는 그들의 부패와 타락 때문이었습니다. 당시에 그들은 유다 백성을 옳은 길로 이끌지 못했습니다. 그들은 단순히 무능했던 것이 아니라 매우 악했습니다. 그들의 악에 대해서는 차차 말씀드리게 될 겁니다. 그러므로 그런 실제적인 문제를 배제한 채 저의 예언이 갖고 있는 비판적인 성격을 저의 성장배경과 직결시키는 것은 옳지 않습니다. 분명히 말씀드리지만, 그것은 초점을 흐리는 겁니다. 예나 지금이나 비판에 대해 부정적인 이들은 비판의 대상이 되고 있는 잘못이나 실패보다는 그런 비판을 제기하는 이들의 개인적인 문제에 초점을 맞춥니다. 그리고 그 문제를 침소봉대함으로써 애초의 문제를 별것 아닌 것으로 만들어 버립니다. 시쳇말로 '물 타기'인데, 그것은 비판을 억제하고자 하는 이들이 즐겨 사용하는 전형적인 수법입니다. 그들은 늘 이렇게 말합니다. "너 자신이 비뚤어졌기에 남을 비판하는 것이다! 그러니 입 닥치고 네 꼴이나 살펴라!"

땅콩 그러나 예수님도 우리에게 다른 이들을 비판하지 말라고 가르치셨지 않습니까? "너희가 심판을 받지 않으려거든, 남을 심판하지 말아라. … 어찌하여 너는 남의 눈 속에 있는 티는 보면서, 네 눈 속에 있는 들보는 깨닫지 못하느냐?"(마 7:1, 3)

예레미야 맞습니다. 예수님은 분명히 그렇게 말씀하셨습니다. 그러나 그 명령을 우리 삶의 모든 경우에 적용할 수는 없으며 그래서도 안 됩니다. 세상에는 사랑과 관용보다 비판과 질책이 필요한 경우가 있기 때문입니다. 실제로 우리에게 비판하지 말라고 가르치셨던 예수님 자신이 공생애 기간 내내 많은 이들을 비판하고 질책하셨습니다. 그리고 그 과정에서 그분에게 비판당했던 이들의 음모에 걸려 죽임을 당하셨고요.

땅콩 하지만 우리가 예수님은 아니지 않습니까? 예수님은 흠이 없으셨기에 다른 이들을 비판하실 수 있었지만, 우리는 그분처럼 완벽한 존재가 아니지 않습니까?

예레미야 그런 식이라면, 저를 포함해 이스라엘의 모든 예언자들은 예수님의 명령을 지키지 않은 셈이 됩니다. 이스라엘의 예언자들은 스스로 완벽했기에 다른 이들을 비판했던 게 아닙니다. 저 자신만 하더라도 흠과 결이 아주 많은 사람이었습니다. 그럼에도 주님은 저에게 유다의 왕들과 지도자들을 비판하는 일을 맡기셨습니다. 물론 주님의 일에는 겸손하고 순종적인 사람들이 필요합니다. 그러나 때로 그분은 저처럼 비판적인 사람들을 사용해 자신의 뜻을 이루기도 하십니다. 그분의 일에는 기쁜 마음으로 "아멘"을 외치는 사람도 필요하지만, 때로는 담대하게 "아니오"를 외치는 사람도 필요합니다. 사실 어찌 보면 "아멘"보다 어려운 게 "아니오"입니다. "아멘"에는 늘 칭찬과 축복이 따르지만, "아니오"에는 늘 비난과 저주와 조롱이 따르기 때문입니다. 그러나 인간의 역사 속에는 "아멘"보다 "아니오"가 필요한 때가 있었습니다. 제가 예언자로 부르심을 받았던 때가 그런 때였습니다.

맙소사, 예언자라니!

땅콩 예레미야서에 따르면 예언자님이 주님께 부르심을 받은 때가 요시야 재위 13년으로 되어 있더군요(1:2).

예레미야 그렇습니다. 조금 전에 저는 제가 므낫세(주전 687-642년) 시절인 주전 650년경에 태어났다고 애매하게 말씀드렸는데, 그 이유는 당시에는 요즘처럼 정확한 출생기록이나 어린아이의 생일을 떠들썩하게 축하하는 풍습이 없었기 때문입니다. 그러나 제가 요시야 13년인 주전 627년에 주님의 부르심을 받은 것은 확실합니다. 제가 이미 성장한 후였고 또 그 부르심의 경험이 저에게는 너무나 충격적이었기에 저는 지금도 그 순간을 아주 생생히 기억하고 있습니다.

　　땅콩　당시의 상황을 설명해 주시겠습니까?

　　예레미야　요시야(주전 640-609년)는 유다에서 다윗 다음으로 칭송되는 왕이었습니다. 그는 그의 할아버지 므낫세의 악한 통치로 인해 타락한 유다 왕국을 주님의 뜻에 합당한 모양으로 재건하고자 애썼던 인물입니다. 하지만 재위 초에 그는 무력한 왕이었습니다. 그는 선왕인 아몬(주전 642-640)이 역도들에게 살해된 직후 불과 여덟 살의 어린 나이에 유다의 왕위에 올랐습니다(왕하 22:1). 그로 인해 유다 왕국의 실질적 권력은 요시야가 아니라 그를 둘러싸고 있던 고관들의 손에 넘어가 있었습니다. 청년이 된 그가 유다를 개혁하려는 뜻을 품고도 한동안 아무것도 할 수 없었던 것은 바로 그런 사정 때문이었습니다. 그런 상황을 안타깝게 여기셨던 걸까요? 주님은 파멸의 길로 치닫는 유다를 돌이키기 위해 예언자를 세우기로 하셨습니다. 요시야 13년에 주님이 저를 불러 말씀하셨습니다.

> 내가 너를 모태에서 짓기도 전에
> 너를 선택하고,
> 네가 태어나기도 전에
> 너를 거룩하게 구별해서,
> 뭇 민족에게 보낼 예언자로 세웠다. (1:5)

　　당시에 저는 20대 초반이었습니다. 집안의 전통을 따라 제사장이 되기 위한 교육을 받는 중이었죠. 아나돗 출신일 뿐 아니라 내성적이기까지 했던 저는 세상에 대해 별다른 뜻을 품고 있지 않았습니다. 그저 할아버지와 아버지처럼 지방 성소의 제사장 노릇이나 하며 살아갈 생각이었습니다. 그러니 그런 저에게 주님의 말씀은 아닌 밤중에 홍두깨나 다름없었습니다.

땅콩 구체적으로 어떤 느낌이었나요?

예레미야 한마디로 "맙소사, 예언자라니!"였습니다. 그 무렵에 저는 이스라엘과 유다에서 예언자로 부르심을 받았던 이들의 이야기들을 들어서 알고 있었습니다. 특히 유다 왕실의 일원이면서도 예언자 노릇을 하다가 므낫세 왕에게 미움을 받아 살해된 이사야가 떠올랐습니다. 전해지는 이야기에 따르면, 그는 통나무 안에 넣어진 채 톱으로 켜서 몸을 절단하는 방식으로 살해되었다고 합니다(참고. 히 11:37). 이사야처럼 든든한 배경을 가진 이조차 그런 꼴을 당해야 했다면 저 같은 사람의 미래가 어떨지는 불 보듯 뻔했습니다. 그래서 저는 황급히 주님께 호소했습니다. "아닙니다, 주 나의 하나님, 저는 말을 잘 할 줄 모릅니다. 저는 아직 너무나 어립니다"(1:6).

땅콩 그러자 주님이 뭐라고 하시던가요?

예레미야 그런 핑계를 예상하셨다는 듯 이렇게 말씀하셨습니다.

> 너는 아직 너무나 어리다고 말하지 말아라.
> 내가 너를 누구에게 보내든지
> 너는 그에게로 가고,
> 내가 너에게 무슨 명을 내리든지
> 너는 그대로 말하여라. (1:7)

더욱 놀라운 것은 그다음에 하신 말씀이었습니다.

똑똑히 보아라.
오늘 내가 뭇 민족과 나라들 위에 너를 세우고,
네가 그것들을 뽑으며 허물며,
멸망시키며 파괴하며,
세우며 심게 하였다. (1:10)

솔직히 당시에 저는 그런 말씀들이 감당이 되지 않았습니다. '내가 나를 너무 잘 아는데, 도대체 어떻게 내가 그처럼 엄청난 일을 한단 말인가' 하는 의문이 들지 않을 수 없었습니다.

부르심의 이유

땅콩 지금은 주님이 예언자님을 부르신 이유를 알고 계시나요?

예레미야 솔직히 지금도 잘 모르겠습니다. 아나돗에는 저보다 훌륭한 사람들이 많았습니다. 게다가 주님이 그분의 예언자를 꼭 아나돗에서 택하셔야 할 이유도 없지 않습니까? 하지만 요즘 제가 어렴풋이 추측하는 것이 하나 있기는 합니다.

땅콩 그게 뭐죠?

예레미야 그 무렵에 주님이 자신의 뜻을 대변할 누군가를 찾고 계셨다는 겁니다.

땅콩 그 무렵이라시면……?

예레미야 요시야 13년인 주전 627년은 앗시리아 왕 앗수르바니팔 (주전 668-627년)이 죽은 해입니다. 아시겠지만, 앗시리아는 오랫동안 이스라엘 민족을 괴롭혀 온 제국이었습니다. 실제로 앗시리아는 주전 722년에 북왕국을 멸망시켰고, 주전 701년에는 남왕국마저 삼킬 뻔 했습니다. 다행히 주님의 개입으로 멸망을 면하기는 했으나 유다는 그 후로도 계속 앗시리아로부터 위협을 당해야 했습니다. 그런데 그 제국이 요시야 초기부터 몰락의 조짐을 보이기 시작했습니다. 그리고 젊은 왕 요시야는 그 틈을 타 자신의 왕권을 강화하고 국가를 부흥시키고자 했습니다. 하지만 당시에 그에게는 뜻만 있었을 뿐 그 뜻을 이룰 힘이 없었습니다. 아니, 힘만이 아니라, 개혁을 추진할 만한 명분과 여론도 없었습니다. 개혁에는 무엇보다도 명분과 여론이 중요한데 당시에 요시야에게는 그런 것들이 전혀 없었던 겁니다. 지금 생각해 보면, 주님은 요시야의 개혁에 필요한 여론을 조성하기 위해 저를 부르신 게 아닌가 싶습니다.

땅콩 죄송한 말씀이지만, 혹시 그건 예언자님 혼자만의 생각 아닌가요? 저희가 알기로는 요시야 왕이 예언자님의 활동에 영향을 받았다는 증거는 성경 어디에도 없습니다. 사실 예언자님은 요시야 왕을 만나신 적도 없지 않습니까?

예레미야 그렇습니다. 저는 요시야와 대면한 적이 없습니다. 그럼에도 저는 당시에 요시야가 저의 활동에 대해 알고 있었으리라고 믿었습니다. 어느 왕이든 세간의 여론을 살피기 마련인데, 당시에 저는 예루살렘에서 꽤나 시끄럽게 떠들고 다녔거든요(2:1). 저는 저의 예언이 요시야의 귀에 들어갈 뿐 아니라 개혁에 필요한 여론을 조성하게 되기를 바랐습니다.

땅콩 하지만 당시 예루살렘에는 공식적인 종교 지도자들인 제사장들이 있었지 않습니까? 주님이 그런 이들을 마다하고 굳이 예언자님을 통해 그런 일을 하실 이유가 없지 않나요?

예레미야 분명히 주님은 모든 세대마다 공식적인 종교 지도자들을 세워 자기를 섬기게 하십니다. 그러나 문제는 부패와 타락입니다. 주님의 뜻을 앞장서서 받들어야 할 이들이 욕망에 휘둘려 타락하게 되면, 그들은 제아무리 그럴 듯한 공적 지위를 갖고 있을지라도 절대로 그분을 대변하는 자가 될 수 없습니다. 참으로 아이러니컬한 일이지만, 때로는 공식적인 종교 지도자들이 하나님의 일에 가장 큰 걸림돌이 되기도 합니다. 그들은 너무나 자주 자신들의 지위를 이용해 자기들의 사사로운 욕망을 하나님의 뜻으로 둔갑시켜 사람들에게 선포합니다. 그리고 사람들은 너무나 자주 그렇게 둔갑한 그들의 욕망을 향해 "아멘!"을 외칩니다. 제가 예언자로 부르심을 받았을 무렵에 유다의 상황이 그러했습니다. 당시에 예루살렘 성전을 지배하고 있던 종교 지도자들은 주님의 일에 필요한 '도구'가 아니라 그 일의 '대상'이었습니다. 그래서 주님은 그들 대신 저처럼 보잘것없는 촌사람을 불러 사용하셨던 겁니다.

예언의 핵심

땅콩 예언자님은 부르심을 받은 직후 두 가지 환상을 보신 것으로 알려져 있습니다. 이른바 '살구나무 가지와 끓는 가마솥 환상'이라고 하지요(1:11-14). 그 환상에 대한 이야기를 들려주시겠습니까?

예레미야 어느 날 주님이 저에게 물으셨습니다. "예레미야야, 너는 무엇을 보고 있느냐?" 눈을 들어 보니 살구나무 가지가 보이더군요. 그래서 대답했습니다. "살구나무 가지를 보고 있습니다." 그러자 주님이 다시 말씀하셨습니다. "네가 바로 보았다. 내가 한 말이 그대로 이루어지는 것을 내가 지켜보고 있다"(1:12).

처음에는 이게 도대체 무슨 말씀인가 했습니다. 그런데 대화 내용을 곰곰이 생각하다 보니 주님이 저와 말놀이(word play)를 하고 계시다는 깨달음이 왔습니다. 히브리어로 "살구나무"는 '샤케드'(shaqed)라고 발음하고, "지켜보다"는 '쇼케드'(shoqed)라고 발음하거든요. 그러니 주님이 하신 말씀의 의미는 제가 "살구나무"(샤케드)를 보는 것만큼이나 확실하게 그동안 당신이 하신 말씀이 성취되는 것을 "지켜보시리라"(쇼케드)는 것이었습니다.

문제는 그분이 하신 말씀이 무엇이냐였는데, 저는 그것을 그동안 주님이 저의 선배 예언자들을 통해 하신 말씀이라고 여겼습니다. 한마디로, "너희가 계속해서 이따위로 살면 망한다"는 것이었습니다. 실제로 아모스, 호세아, 이사야, 미가 같은 예언자들 모두가 그렇게 말했습니다. 그리고 유다 말기에 주님은 저를 통해 다시 한 번 그 백성에게 동일한 경고를 주고자 하셨던 겁니다.

땅콩 그러나 주님의 그 말씀은 당시의 상황과는 걸맞지 않아 보입니다. 그 무렵에 유다 백성들은 아주 오랜만에 미래에 대해 낙관적인 생각을 하고 있지 않았던가요?

예레미야 그렇습니다. 당시는 앗시리아 제국이 급속하게 쇠퇴하던 시기였기에 유다 백성들은 조심스럽게나마 '희망'에 대한 이야기를 시작하고 있었습니다. 그러나 주님은 바로 그 무렵에 저에게 유다의 '멸망'에 대한 말씀을 주셨습니다. 이유는 간단합니다. 당시의 유다 백성은 희망을 이야기할 자격이 없었기 때문입니다.

이스라엘 백성이 오랫동안 앗시리아에 의해 고통을 당한 것은 그들의 죄 때문이었습니다. 예언자 이사야가 앗시리아를 주님의 "진노의 몽둥이"(사 10:5)로, 그리고 유다를 그 몽둥이에 맞아야 할 "나를 분노하게 한 백성"(사 10:6)으로 묘사한 것은 바로 그런 이유에서였습니다. 유다 백성의 착각은 주님이 그동안 그들을 벌하기 위해 사용하셨던 몽둥이를 내버리시는 것을 자신들에 대한 그분의 진노가 끝난 것으로 여겼던 겁니다. 주님을 진노하시게 했던 자신들의 삶은 그대로 놔둔 채 그동안 충분히 얻어맞았으니 이제 됐다고 멋대로 상상했던 거죠. 사실 그때 주님은 그들을 더 모질게 징계하시기 위해 기존의 몽둥이를 내버리고 더욱 강한 몽둥이를 집어 들고 계셨던 것인데 말입니다.

땅콩 두 번째 환상은 어떤 것이었습니까?

예레미야 첫 번째 환상이 유다를 심판하시려는 주님의 계획에 관한 것이었다면, 두 번째 환상은 그 계획을 이행할 방법에 관한 것이었습니다. 주님은 저에게 또다시 "너는 무엇을 보고 있느냐?"라고 물으셨습니다. 눈을 들어 보니 물이 끓는 가마솥 하나가 보였습니다. 그런데 그 가마솥의 윗면이 북쪽에서부터 기울어져 있었고, 자연스레 그 가마솥 안에 있던 물이 남쪽으로 쏟아져 내리고 있었습니다. 제가 본 것을 말씀드리자 주님이 다시 저에게 말씀하셨습니다.

> 북쪽에서 재앙이 넘쳐흘러
> 이 땅에 사는 모든 사람에게 내릴 것이다.
> 내가 북쪽에 있는 모든 나라의 백성들을
> 이 땅으로 불러들이겠다.
> 그러면 그들이 모두 몰려와서,
> 예루살렘 모든 성문 바로 앞에
> 자리를 잡고,
> 사방에서 그 성벽을 공격하고,
> 유다의 모든 성읍을 칠 것이다. (1:14-15)

두 번째 환상의 의미는 첫 번째 환상의 그것보다 분명했습니다. 북쪽으로부터 끓는 물에 버금가는 큰 재앙이 쏟아져 내려오리라는 것이었습니다. 그리고 이스라엘의 역사에서 북쪽은 늘 적이 침입하는 방향이었습니다.

땅콩 그렇다면 그때 주님이 말씀하신 북쪽에서 내려오는 적은 구체적으로 누구를 가리키는 것이었나요?

예레미야 당시에는 저로서도 알 수가 없었습니다. 이미 말씀드렸듯이, 그 무렵에 유다의 북쪽에 있던 앗시리아는 붕괴 직전이었기에 다른 나라를 침공할 만한 여력이 없었거든요. 그럼에도 저는 분명히 그 환상을 보았고 주님의 말씀을 들었습니다. 그러니 저로서는 보고 들은 대로 백성들에게 전할 수밖에 없었습니다.

조건부 축복

땅콩 한 가지 의문이 생깁니다. 예나 지금이나 전쟁은 아주 무서운 일인데, 도대체 주님은 왜 자신의 백성에게 그런 일을 겪게 하시려는 것이었을까요? 무엇보다 당시의 이스라엘 백성이 다른 민족들보다 특별히 더 악했던 것도 아니지 않습니까? 예컨대, 주님의 "진노의 몽둥이" 노릇을 했던 앗시리아나 바빌로니아가 이스라엘보다 윤리적으로나 도덕적으로 더 훌륭했던 것은 아니지 않습니까?

예레미야 아주 중요한 질문입니다. 그것은 우리가 이스라엘에 대한 주님의 심판을 이해하려면 반드시 짚고 넘어가야 할 문제입니다. 하지만 질문의 중요성에 비해 답은 비교적 간단합니다. 주님이 이스라엘 백성을 그렇게 벌하고자 하신 이유는 그분이 그들과 맺으신 언약 때문이었습니다.

땅콩 언약요?

예레미야 그렇습니다. 이스라엘은 주님의 선민(選民)이었습니다. 주님은 출애굽한 히브리인들을 자기 백성으로 삼으시고 그들과 특별한 언약을 맺으셨습니다. 이른바 '시내 산 언약'이었습니다. 그 언약의 핵심은 이렇습니다.

너희가 정말로 나의 말을 듣고, 내가 세워준 언약을 지키면, 너희는 나의 보물이 될 것이다. 온 세상이 다 나의 것이다. 그러므로 너희는, 내가 선택한 백성이 되고, 너희의 나라는 나를 섬기는 제사장 나라가 되고, 너희는 거룩한 민족이 될 것이다. (출 19:5-6)

이어서 주님은 그들이 자신의 언약 백성으로 살아가기 위해 지켜야 할 율법을 주셨습니다. 그 율법의 핵심은 십계명이었습니다(출 20:1-7; 신 5:1-21). 그런데 우리가 십계명과 관련해 유의해야 할 것은, 오늘날에는 그것이 누구라도 수긍할 만한 보편적인 윤리인 것처럼 보이지만, 고대 사회에서는 그렇지 않았다는 점입니다. 당시에 십계명의 요구는 매우 혁명적인 것이었습니다. 그것은 짐승이나 다를 바 없는 삶을 살아가던 고대 히브리인들에게 부여된 아주 특별하고 엄격한 도덕적 삶에 대한 요구였습니다. 주님은 이집트에서 종살이하던 이들을 빼내 자신의 백성으로 삼으신 후 그들에게 특별한 삶을 요구하심으로써 그들을 통해 이 세상에 자신이 원하시는 질서를 세우고자 하셨습니다. 그러므로 시내 산 언약의 내용은 '특별한 삶에 대한 요구'와 '특별한 은혜에 대한 약속'이었던 셈입니다.

땅콩   그런데 도대체 그 언약이 이스라엘 백성이 무서운 전쟁을 겪어야 하는 것과 무슨 상관이 있다는 말씀이신지요?

예레미야   시내 산 언약만 본다면 그 둘 사이에는 별 상관이 없습니다. 그런데 이스라엘 백성에게는 시내 산 언약 못지않게 중요한 언약이 하나 더 있습니다. 바로 '모압-세겜 언약'입니다. 시내 산 언약의 수정증보판에 해당하는 모압-세겜 언약은, 모세가 모압 땅에서 이스라엘 백성에게 명령한 것으로, 그들이 가나안 땅에 들어간 후 세겜 북쪽에 있는 에발 산과 그리심 산에서 실시해야 할 언약이었습니다(신 27-28장). 실제로 이스라엘 백성은 가나안에 진입한 직후 여호수아의 지도하에 그 언약을 체결했습니다(수 8장).

그런데, 신명기의 기록에 따르면, 모압-세겜 언약은 시내 산 언약과 달리 이스라엘 백성에게 복과 저주를 동시에 선포했습니다. 모세는 이스라엘 백성이 주님의 율법에 순종할 경우 받을 '복'에 대해 이렇게 말했습니다.

> 너희가 주 너희 하나님의 말씀을 귀담아 듣고, 내가 오늘 너희에게 명한 그 모든 명령을 주의 깊게 지키면, 주 너희의 하나님이 너희를 세상의 모든 민족 위에 뛰어나게 하실 것이다. 너희가 주 너희 하나님의 말씀에 순종하면, **이 모든 복이 너희에게 찾아와서 너희를 따를 것이다.** (신 28:1-2)

이어서 그는 "이 모든 복"에 대해 상세히 열거했는데(3-13절), 만약 이스라엘 백성이 주님의 말씀에 순종한다면, 그들이 성읍에서든 들에서든 복을 받고, 풍요와 다산의 복을 받고, 적들을 물리치는 복을 받고, 철따라 내리는 비의 복을 받고, 머리가 될지언정 꼬리가 되지 않는 복을 받게 될 것이라고 말했습니다.

하지만 곧 이어서 모세는 정색을 하며 어조를 바꿔 이스라엘 백성이 주님께 불순종할 경우에 받게 될 '저주'에 대해 말합니다.

> 그러나 너희가 주 너희 하나님의 말씀을 듣지 않고, 또 내가 오늘 너희에

게 명한 모든 명령과 규례를 지키지 않으면, 다음과 같은 **온갖 져주**가 너희에게 닥쳐올 것이다. (신 28:15)

그런데 그가 장황하게 열거하는 그 "온갖 저주"(신 28:16-68) 중에는 이런 내용이 들어 있었습니다.

주께서는, 너희를 다른 민족에게 넘기실 것이니, 너희가 받들어 세운 왕과 함께, 너희도 모르고 너희 조상도 알지 못하던 민족에게로 끌어가실 것이며, 너희는 거기에서 나무와 돌로 만든 다른 신들을 섬길 것이다. (신 28:36)

이상을 종합해 보면, 주님이 이스라엘 백성과 맺으신 언약의 본질이 분명하게 드러납니다. 그것은 주님이 이스라엘 백성에게 주신 축복의 약속이 '조건부'(conditional)라는 겁니다. 그 축복은 그 백성이 어떻게 살든 상관없이 무조건 확보되어 있었던 게 아니었습니다. 오히려 그들은 그들에게 제공된 '특별한 복'에 걸맞은 '거룩한 삶'을 살아야 할 의무가 있었습니다. 그들이 그런 삶을 살지 않는다면, 그 특별한 복은 단순히 철회되는 정도가 아니라, '특별한 심판'으로 변할 수 있었습니다. 이스라엘 백성이 앗시리아나 바빌로니아 사람들보다 더 악하지 않았음에도 주님이 그들을 특별하게 벌하고자 하신 데에는 바로 이런 역사적 배경이 있었던 겁니다.

땅콩 그렇군요!

예레미야 그런데 아시다시피 이스라엘 백성은 가나안에 정착해 배에 기름이 끼자마자 죄를 짓기 시작했습니다. 그들은 주님이 그들에게 지키라고 명하신 율법을 보란 듯 저버렸습니다. 그러자 주님은 오랫동안 예언자들을 보내어 그들을 설득하고 권면하셨습니다. 어떻게든 그들에게 돌이킬 기회를 주고자 하셨던 겁니다. 하지만 그 백성은 끈질기고 완악하게 주님의 뜻을 거부했습니다. 그로 인해 결국 북왕국은 주전 722년에 주님의 특별한 심판을 받아 역사의 무대에서 사라졌고, 이제는 남왕국의 차례였습니다. 그리고 저는 바로 그런 상황 속에서 주님으로부터 또 한 명의 예언자로 부르심을 받았던 겁니다.

땅콩 그동안 저는 예언자님을 시종일관 유다의 멸망의 불가피성을 피력하셨던 분으로 알고 있었습니다. 그런데 말씀을 듣다보니 처음부터 그러셨던 것 같지는 않다는 느낌이 듭니다. 예언자님의 말씀대로 주님이 그분의 백성에게 거듭 예언자들을 보내 심판에 대해 경고하셨다는 것은 그들에게 아직 희망이 남아 있었다는 뜻으로 들립니다만⋯⋯.

예레미야 그렇습니다. 유다 백성에 대한 심판 예언은 그들에게 더 이상 어떤 희망도 남아 있지 않음을 의미하지 않았습니다. 실제로 주님은 그들에게 심판을 선언하시면서도, 계속해서 "돌아오라"고 호소하셨습니다(3:12, 14, 22; 4:1). 만약 주님이 모압-세겜 언약의 징벌조항을 따라 기계적으로 그들을 멸망시키기로 하셨다면, 그분에게는 저 같은 예언자들이 필요하지 않았을 겁니다. 그분이 유다 백성에게 계속해서 예언자들을 보내신 것은 어떻게든 그들을 돌이켜 예정된 심판을 취소하시기 위해서였습니다. 그러므로 만약 누군가 저에게 "당시의 유다에게 희망이 있었느냐"라고 묻는다면 저의 답은 분명하게 "그렇다"입니다. 그들에게 희망은 언제나 있었습니다. 심지어 나라가 망한 후에도 있었습니다. 그러나 그 희망의 내용이 무엇이냐에 대해서는 여러 가지 숙고가 필요합니다. 그에 대해서는 차차 말씀드리겠습니다.

2. 탐욕

━━━━━━━━━━━ **땅콩** 이제 대화의 범위를 좁혀서 예언자님이 요시야 시대에 선포하신 예언에 대한 말씀을 들었으면 합니다. 앞서 예언자님은 예언(預言)은 무시간적 진리가 아니라 그것이 선포된 시대적 상황과 밀접하게 관련되어 있다고 하셨습니다. 그렇다면 요시야 시대의 상황은 어떠했습니까?

예레미야 말씀드렸듯이, 요시야는 다윗의 길을 따라 걸었던 왕이었습니다(대하 34:1). 그는 타락한 유다를 개혁하기 위해 무진 애를 썼습니다. 그의 그런 노력 덕분에 유다는 한때나마 주님이 기뻐하시는 모습을 되찾기도 했습니다. 그러나 제가 예언자로 부르심을 받았을 무렵에 그의 왕국은 아주 무섭고 추악한 사회였습니다. 이런 말이 어떻게 들릴는지 모르겠으나, 그 무렵에 저는 만약 주님이 그런 유다를 그냥 놔두신다면 그게 오히려 잘못일 거라는 생각까지 했습니다.

땅콩 도대체 유다 백성의 삶이 어떠했기에 그런 말씀을 하시는 겁니까?

예레미야 두 가지만 말씀드리겠습니다. 우선 그들은 아주 음란했습니다. 그들에게 음행은 몸에 밴 습관만큼이나 자연스러웠습니다. 오늘날 성경 독자들은 예언서에 등장하는 음행에 관한 구절들을 우상숭배에 대한 은유로 여기는 경향이 있는데, 그것은 절반은 옳고 절반은 옳지 않습니다. 예언서가 언급하는 음행은 단순히 은유가 아니라 당시의 현실에 대한 실제적인 묘사이기도 합니다. 주님은 자기 백성의 음란함을 두고 이렇게 탄식하셨습니다.

> 그들은 살지고 정욕이 왕성한 숫말과 같이 되어서,
> 각기 이웃의 아내를 탐내어 울부짖는다. (5:8)

한번 상상해 보십시오. 한 공동체의 사내들이 자기 이웃의 아내와 딸들에게 집적거리고, 여자들 역시 자기 이웃의 남편과 아들들에게 눈웃음을 치는 모습을 말입니다. 제가 보기에 당시에 유다 백성들은 모두 발정 난 "야생 암나귀"(2:24) 같았습니다. 그들은 성욕이 일어나면 때와 장소를 불문하고 아무하고나 들러붙었습니다. 한마디로, 부끄러움을 모르는 개돼지들이나 다름없었습니다. 오래전에 북왕국 이스라엘에서 예언했던 아모스는 멸망 직전의 북왕국의 상황을 설명하면서 "아버지와 아들이 같은 여자에게 드나들며, 나의 거룩한 이름을 더럽혔다"(암 2:7)라고 말했는데, 바로 그런 상황이 유다에서도 벌어지고 있었습니다.

땅콩 유다 백성의 추악함을 보여주는 또 다른 행태는 무엇입니까?

예레미야 거짓말입니다. 유다 백성들은 밥 먹듯 거짓말을 했습니다.

당시의 유다는 모두가 모두를 속이는 사회였습니다. 유다 백성들은 지위와 신분의 고하를 막론하고 하나같이 거짓말쟁이들이었습니다. 주님은 그들을 두고 이렇게 탄식하셨습니다.

> 힘 있는 자든 힘없는 자든,
> 모두가 자기 잇속만을 채우며,
> 사기를 쳐서 재산을 모았다.
> 예언자와 제사장까지도
> 모두 한결같이 백성을 속였다. (6:13)

종교 지도자들까지 거짓말을 하는 사회는 도덕적 막장 사회입니다. 그런 공동체 안에서 사람들은 거짓말을 죄로 여기지 않습니다. 모두가 거짓말을 하다보니 거짓말 불감증에 걸립니다. 그러나 거짓말은 사악한 죄이며 사람들에게 깊은 상처를 남깁니다. 믿었던 이에게 속아본 경험이 있는 이들은, 그런 경험을 하느니 차라리 낯모르는 강도에게 돈을 털리는 쪽을 택할 겁니다. 거짓말은 공동체를 황폐하게 만드는 치명적인 악입니다.

땅콩 말씀대로라면, 당시의 남왕국 유다의 상황이 이미 멸망해서 사라진 북왕국 이스라엘의 그것보다 나을 게 없어 보입니다.

예레미야 전혀 낫지 않았습니다. 오죽했으면 주님이 이런 한탄을 하셨겠습니까?

비록 이스라엘이 나를 배신하였다고 하지만, 신실하지 못한 유다보다는

낫다. (3:11)

분명하게 말씀드리는데, 요시야 시대의 유다는 사람이 살 만한 사회가 아니었습니다. 그 나라는 인간의 탈을 뒤집어쓴 짐승들이 우글거리는 정글이었습니다. 유다는 마땅히 망해야 할 나라였습니다.

우상 숭배와 타락의 상관성

땅콩 말씀을 듣다보니 한 가지 의문이 생깁니다. 요시야는 이스라엘 역사에서 아주 훌륭한 왕들 중 한 명이었습니다. 그런데 어떻게 그런 왕이 다스리던 시절에 유다의 상황이 그 모양일 수 있었던 겁니까?

예레미야 아, 그 문제에 대해서는 약간의 설명이 필요하겠네요. 제가 지금까지 말씀드린 것은 요시야가 종교개혁을 일으킨 주전 621년 이전의 상황입니다. 요시야는 주전 640년에 여덟 살의 어린 나이에 왕위에 올랐습니다. 그러니 당시의 유다의 상황에 대한 책임을 그에게 지울 수는 없습니다. 사실 어찌 보면 그 역시 피해자였습니다.

당시에 유다가 그 지경이 된 것은 그의 할아버지 므낫세 때문이었습니다. 므낫세는 무려 45년간이나 유다를 다스렸는데, 그 시기에 유다는 회복이 불가능할 정도로 타락했습니다(왕하 21:1-11). 므낫세는 자기 아들을 불 가운데로 지나가게 했고, 점쟁이와 마술사와 박수들을 곁에 두었습니다. 심지어 주님의 이름을 모신 예루살렘 성전 안에 아세라 목상을 세우기까지 했습니다. 오래전에 아합이 북왕국을 바알 숭배의 본거지로 만들었다면, 므낫세는 유다를 북왕국 못지않게 혐오스러운 우상 숭배 집단으로 전락시켰습니다.

땅콩 방금 예언자님은 유다가 타락한 원인을 므낫세 시절에 시작된 우상 숭배라고 하셨는데, 선뜻 이해가 되지 않습니다. 우상 숭배와 타락이 무슨 상관이 있기에 그런 말씀을 하시는 거죠?

예레미야 아주 밀접한 상관이 있습니다. 주님이 이스라엘 백성에게 주신 십계명의 두 번째 계명은 "우상에게 절하지 말라"였습니다. 그 계명을 소개하는 성경 본문에 따르면, 주님이 이스라엘 백성에게 우상 숭배를 금하신 이유는 그분이 "질투하는 하나님"이셨기 때문입니다(출 20:5). 그런데 이스라엘의 역사를 찬찬히 살펴보면 그분이 우상 숭배를 금하신 또 다른 이유 하나가 아주 분명하게 드러납니다.

땅콩 그게 뭐죠?

예레미야 자기 백성의 타락을 막기 위해서였습니다. 주님은 우상 숭배가 사람들을 타락시킨다는 것을 아셨기에 그것을 금하셨던 겁니다. 실제로 이스라엘 백성은 가나안 땅에 정착하면서부터 우상을 섬겼고, 우상을 섬기면서부터 타락하기 시작했습니다.

땅콩 그럼에도 여전히 잘 이해가 되지 않습니다. 우상이 참신이 아니라 가짜라는 것은 알겠는데, 그렇다고 해서 우상이 사람들을 타락시킨다는 주장에는 무언가 설명이 필요해 보입니다.

예레미야 한 가지 예를 들어볼까요? 유다에 창궐했던 우상들 중 대표적인 것이 바알이었습니다. 가나안 사람들은 바알이 농사에 필요한 비와 우레를 주관한다고 믿었습니다. 그러니 가나안에 정착해 농민이 된 이스라엘 백성에게 바알은 매력적인 존재일 수밖에 없었습니다. 그래서 이스라엘 백성은 가나안에 정착하면서부터 모든 높은 언덕과 푸른 나무 아래 바알을 위한 제단을 쌓고 절하며 분향하기 시작했습니다(2:20). 그런데 바알을 위한 제사에는 현대인들로서는 이해하기 어려운 특별한 제의(祭儀)가 하나 있었습니다. 바로 바알 신전의 여사제에 해당하는 창기(娼妓)들과 성교를 하는 것이었습니다. 바알 숭배자들은 자기들이 신전의 창기들과 성교를 해야 바알이 그녀들을 통해 제공하는 풍요와 다산의 복을 누릴 수 있다고 믿었습니다. 바알의 제사장들이 그렇게 가르쳤기 때문이죠.

땅콩 저런, 그것은 제사를 빙자한 매춘 아닙니까? 바알 종교도 명색이 종교인데 어떻게 그런 일이 가능했을까요?

예레미야 종교의 이름과 형식을 가졌다고 다 종교가 아닙니다. 참된 종교는 신자들에게 건강하고 아름다운 삶을 가르칩니다. 그런 삶이야 말로 신이 기뻐하는 제물이라고 가르치지요. 그러나 우상 종교들은 사람들에게 그런 삶을 가르치지 않습니다. 그저 우상을 만족시킴으로써 그에 대한 보상으로 그들 자신의 욕망을 충족시키는 것에 대해서만 가르칠 뿐이지요. 우상을 만족시키는 방법은 바알 종교에서처럼 신전 창기들과 성교를 하는 것일 수도 있고, 몰렉 종교에서처럼 자녀들을 불살라 바치는 것일 수도 있습니다. 그러니 사사로운 욕망을 충족시키기 위해 그렇게 비윤리적이고 부도덕한 방법을 마다하지 않는 우상 종교들이 어떻게 사람들을 타락시키지 않을 수 있겠습니까?

무지한 제사장들

땅콩 그런데요…… 원래 이스라엘 백성은 여호와 신앙을 갖고 있지 않았나요? 예루살렘 성전뿐 아니라 아나돗 같은 시골에도 성소들이 있었고요? 그렇다면 도대체 성전과 성소에 속한 제사장들은 무엇을 하고 있었기에 유다의 도덕적 상황이 그 지경에 이르렀던 겁니까?

예레미야 이스라엘은 분명히 여호와 신앙의 토대 위에 세워진 나라였습니다. 그리고 그 신앙은 다윗과 솔로몬 시대를 거치면서 하나의 종교체계로 확립되었습니다. 그런데 제도화된 모든 종교가 그러하듯 제도화된 여호와 신앙 역시 차츰 부패해 갔습니다. 그중에서도 특히 제사장들의 부패가 심각했습니다. 그들은 백성들을 주님의 뜻에 따라 양육하기보다 그들의 지위가 가져다주는 부산물들에 취해갔습니다. 염불보다 잿밥에 관심을 뒀던 것이죠. 그러니 그런 자들이 주님의 백성을 바르게 인도하는 것은 애당초 불가능한 일이었습니다.

땅콩 방금 하신 말씀은 제사장들 자신이 타락했기에 백성들의 타락을 막지 못했다는 뜻인가요?

예레미야 그 이상입니다. 당시의 제사장들은 단순히 백성들의 타락을 막지 못했던 정도가 아닙니다. 오히려 저는 바로 그들 때문에 백성들이 타락했다고 봅니다. 제가 보기에 그들은 유다의 타락에 대한 동조자나 방관자가 아니라 주범(主犯)이었습니다.

땅콩 너무 세게 표현하시는 것 아닌가요?(웃음) 그런 주장을 하시려면 무언가 납득할 만한 설명이 있어야 할 것 같은데요.

예레미야 고대 이스라엘은 오늘날과 같은 민주주의 국가가 아니라 정치와 종교가 분리되지 않은 신정통치 국가였습니다. 그러다 보니 제사장들은 백성들로부터 영향을 받는 존재가 아니라 영향을 주는 존재일 수밖에 없었습니다. 실제로 제사를 중심으로 하는 종교 활동 외에 별다른 교육 시스템이 존재하지 않았던 고대 이스라엘에서 제사장들의 말과 행위는 백성들에게 강력한 영향을 끼쳤습니다. 그런데 문제는, 그런 영향력을 갖고 있던 제사장들이 실제로는 그들이 섬기는 여호와 하나님을 제대로 알지 못했다는 겁니다. 제가 제사장 가문 출신이어서 당시의 제사장들의 형편을 잘 압니다. 예외가 없는 것은 아니지만, 대개 그들은 '훈련된 제사 전문가들'이었을 뿐입니다.

땅콩 아무리 그래도 당시의 제사장들은 대대로 여호와 신앙의 전통 안에서 살지 않았습니까? 그렇다면 여호와 하나님에 대한 제사장들의 지식을 그렇게 폄하하시는 것은 지나치다는 생각이 듭니다.

예레미야 과거를 이상화하는 데 익숙한 이들은 그렇게 생각할 수 있습니다. 그러나 구약성경을 펴들고 포로기 이전에 제사장들이 무언가 의미 있는 신학적 발언을 한 경우가 있는지 살펴보십시오. 찾기 어려우실 겁니다. 물론 그들이 여호와 신앙에 대해 일반 백성들보다 많이 알았음은 부인할 수 없습니다. 하지만 그것은 마치 초등학교 3학년 학생이 1학년 학생보다 많이 아는 정도에 불과합니다. 그런데 때로 그렇게 어설픈 지식은 무지보다도 못하거나 위험할 수 있습니다. 거, 왜, 한국 속담에도 "선무당이 사람 잡는다"는 말이 있지 않습니까? 더구나 어느 마을에 사람들이 의지할 수 있는 무당이 그 선무당 한 명뿐일 때는 더욱 그러합니다.

땅콩 방금 하신 말씀에 대한 실례를 들어주실 수 있겠습니까?

예레미야 무지한 제사장들이 백성들을 잘못 인도했던 일은 이스라엘 역사의 가장 이른 시기부터 나타났습니다. 잘 아시겠지만, 출애굽 직후 모세가 여호와께 율법을 받기 위해 시내 산으로 올라간 사이에 백성들이 금송아지 상을 만들어 경배했습니다. 그들은 자기들이 만든 송아지 상을 바라보며 이렇게 외쳤습니다.

이스라엘아! 이 신이 너희를 이집트 땅에서 이끌어 낸 너희의 신이다. (출 32:4)

그런데 그때 그 사건을 주도한 이가 누굽니까? 훗날 이스라엘의 초대 대제사장이 된 아론이었습니다! 저는 모세와 함께 출애굽을 주도했던 아론이 어느 날 갑자기 여호와 신앙을 팽개치고 우상 숭배에 빠졌다고 보지는 않습니다. 다만 그때 아론은 자신이 섬기는 여호와 하나님이 금송아지와 어떻게 다른지 몰랐던 겁니다. 몰랐기에 금송아지 상을 만들고 그 앞에서 절을 했던 겁니다.

땅콩 충분히 공감합니다. 무지로 인해 우상을 숭배하는 것은 얼마든지 가능해 보입니다.

예레미야 그러기에 신앙에는 반드시 지식이 필요합니다. 신앙과 지식은 절대로 상충하지 않습니다. 신앙이 곧 지식은 아니지만, 지식 없는 신앙은 아주 쉽게 맹목적인 것이 됩니다. 그러므로 신앙생활을 바르게 하기 위해서는 자기가 믿는 대상에 대한 기본적인 지식이 필요합니다. 그런데 안타깝게도 고대 이스라엘의 제사장들은 자기들이 섬기는 주님에 대해 무지했습니다(호 4:6).

땅콩 그럼에도 저는 여전히 제사장들이 백성들을 타락시킨 주범이었다는 예언자님의 말씀에 동의하기가 어렵습니다. 무지가 자랑은 아니지만 죽을죄도 아니지 않습니까?

예레미야 물론입니다. 하지만 당시의 제사장들은 단순히 무지했던 게 아니라 교활하기까지 했습니다. 그들은 자신들의 목적을 위해 여호와 신앙을 의도적으로 왜곡했습니다. 다시 한 가지 예를 들어볼까요? 이스라엘 왕국이 분열된 직후 북왕국에서 아론의 금송아지 사건과 흡사한 일이 벌어졌습니다. 북왕국의 초대 왕 여로보암은 자신의 백성들이 주님께 제사를 드리기 위해 남왕국 예루살렘으로 올라가지 않을까 두려웠습니다. 그래서 그는 금송아지 상 두 개를 만들어 백성에게 보이며 이렇게 말했습니다.

> 이스라엘 백성들아, 너희를 이집트에서 구해 주신 신이 여기에 계신다.
> (왕상 12:28)

성경에는 기록되어 있지 않으나, 그때 여로보암에게 그런 꼼수를 제시한 이들은 그의 측근 제사장들이었습니다. 금송아지 상을 만들었다는 점에서는 아론이나 그들이나 매한가지였으나, 그들의 경우는 질이 아주 나빴습니다. 아론의 금송아지가 여호와 신앙 초기의 혼란과 무지를 반영하는 것이었다면, 그들이 만든 금송아지는 여호와 신앙에 대한 의도적인 왜곡 의지를 반영하는 것이었습니다. 그리고 안타깝게도 그런 의도적 왜곡은 그 후로 계속되었습니다. 그러다가 북왕국에서는 아합 왕 시절에, 그리고 남왕국에서는 므낫세 시절에 이르러 마침내 우상 숭배가 여호와 신앙을 집어삼키고 말았습니다. 그리고 그 여파가 요시야 시대까지 계속되었던 겁니다.

땅콩　방금 하신 말씀은 저에게 아주 심각하게 들립니다. 자칫 오늘 우리들 역시 부지중에 그런 잘못에 빠질 수도 있다는 생각이 들어서요……

예레미야　그럴 가능성은 얼마든지 있습니다. 사실 지금도 많은 신자들이 하나님이 아닌 것을 하나님처럼 섬기고 있습니다. 그들은 자기들이 열심히 주님을 섬긴다고 믿지만, 사실은 주님이 혐오하시는 짓을 하고 있을 뿐입니다. 단언하건대, 종교 혼합, 다시 말해, 하나님과 우상을 뒤섞는 일은 모든 신자가 가장 경계해야 할 것입니다.

땅콩　예언자님이 활동하실 무렵에 유다의 종교 혼합은 어느 정도였습니까?

예레미야　너무 한심해서 입에 담기가 어려울 정도입니다. 그 상황에 대해서는 저와 동시대에 활동했던 예언자 에스겔이 저보다도 잘 증언해 줄 겁니다. 에스겔은 제1차 바빌로니아 유수 때 바빌로니아로 끌려가 그곳에서 사역하던 중에 환상을 통해 예루살렘 성전을 둘러보게 되었습니다. 그때 그는 성전 안에서 온갖 우상들을 목격했습니다. "질투의 우상", "온갖 벌레와 불결한 짐승들과 이스라엘 족속의 모든 우상", "담무스", 그리고 "동쪽 태양" 같은 것들이었습니다 (겔 8:1-18). 성전 안에서조차 그런 우상들이 숭배되었다는 것은, 당시에 유다의 여호와 신앙이 그저 부분적으로 변질되거나 부패한 정도가 아니라, 더 이상 손을 쓸 수 없을 만큼 타락했음을 보여줍니다. 오죽하면 주님이 에스겔에게 그 모든 것을 보이신 후 이런 말씀을 하셨겠습니까?

> 네가 잘 보았느냐? 유다 족속이 여기서 하고 있는, 저렇게 역겨운 일을 작은 일이라고 하겠느냐? … 그러므로 나도 이제는 내 분노를 쏟아서, 그들을 불쌍히 여기지도 않고, 조금도 가엾게 여기지도 않겠다. 그들이 큰 소리로 나에게 부르짖어도, 내가 그들의 말을 듣지 않겠다. (겔 8:17-18)

예언자로 사역하는 동안 저는 자주 주님께 유다에 대한 심판을 철회해 달라고 탄원했는데, 그것은 그 심판이 부당하거나 과도했기 때문이 아니었습니다. 거듭 말씀드리지만, 유다는 심판을 받아야 마땅한 나라였습니다.

우상 숭배자들의 논리

땅콩 그런데 잘 이해가 되지 않습니다. 에스겔이 예루살렘 성전에서 목격한 우상들은 누가 봐도 터무니없는 가짜인데, 어떻게 유다 백성들이 그런 가짜 신들을 향해 절을 했던 것일까요? 언젠가 예언자님은 가난하고 무식한 자들은 물론이고 부유하고 유식한 자들까지도 우상 숭배에 빠져들었다고 한탄하셨는데(5:4-5), 오늘 우리가 그 터무니없는 현상을 어떻게 이해해야 할까요?

예레미야 성경 독자들이 알아야 할 게 있습니다. 그것은, 지금 그들이 이스라엘 백성의 우상 숭배와 관련해 오직 성경을 통해서만 듣고 있다는 점입니다. 즉 당시에 실제로 우상을 숭배했던 이들의 말은 듣지 못한 채, 오직 그들을 비판하는 성경 기자들의 말만 듣고 있다는 겁니다. 그러니 그렇게 일방적인 말만 듣는 이들이 우상 숭배자들의 입장을 이해하지 못하는 것은 어찌 보면 당연한 것입니다.

땅콩 그 말씀은 당시의 우상 숭배자들의 입장에서는 우상을 숭배할 충분한 이유가 있었다는 뜻으로 들립니다만…….

예레미야 그렇습니다. 이스라엘의 우상 숭배자들은 성경 독자들이 생각하는 것만큼 어리석은 자들이 아니었습니다. 만약 성경이 그토록 정죄하는 므낫세가 어리석은 바보였다면, 아마도 그는 그처럼 오랫동안 그처럼 강력하게 유다를 통치하지 못했을 겁니다. 금송아지 상을 만들어 북왕국을 우상 숭배의 길로 이끌었던 여로보암이나 그 나라 전체를 바알의 영토로 만들었던 아합 역시 마찬가지입니다. 사실 그들은 이스라엘의 그 어떤 왕보다도 유능하고 현명한 통치자였습니다.

땅콩 말씀을 듣고보니 그런 것 같습니다. 오늘날에도 우상 숭배는 가난하고 어리석은 자들에게서만 나타나는 현상이 아닙니다. 오히려 부하고 강하고 유식한 자들이 앞장서서 우상 숭배를 부추기고 있습니다. 그들의 말을 듣다보면 그런 일이 어리석거나 악한 것으로 보이지 않습니다. 오히려 그거야말로 하나님이 원하시고 우리가 마땅히 해야 할 일처럼 보일 정도입니다.

예레미야 바로 그겁니다. 고대 이스라엘에서도 그랬습니다. 예컨대 바알을 섬기는 제사장들은 늘 이렇게 말했습니다. "누가 뭐래도 최고

신은 이스라엘의 하나님 여호와이시다. 그러나 여호와께서는 바알에게 농산물의 성장과 자녀의 생산을 주관하는 권한을 부여하셨다. 비와 바람을 주관하는 능력도 주셨다. 그러니 농사에서 성공하고 많은 자녀들을 갖고 싶으면 바알의 지시를 따르라."

그러고 나서 대개 그들은 모든 사람이 혹할 만한 놀라운 사례를 제시하곤 했습니다. 가령 이런 식이었습니다. "아랫마을 아무개는 경제적 형편이 어려웠음에도 바알에게 드리는 제사를 빼먹지 않았다. 그는 바알이 자기에게 복 주실 것을 믿으며 시간과 물질을 바쳐 정성껏 바알을 섬겼다. 그로 인해 무슨 일이 일어났는지 아는가? 그해에 그의 밭의 감람나무들은 같은 마을의 다른 나무들보다 백배 이상의 열매를 맺었다! 또 그해와 그 이듬해에 그의 아내가 아이를 낳았는데, 놀랍게도 이태 연속으로 아들 다섯 쌍둥이가 태어났다! 이 모든 것은 그가 바알을 잘 섬겼기 때문이다. 그러니 아무리 어렵더라도 정성을 다해 바알을 섬겨라. 바알은 자기를 섬기는 자들을 결코 외면하지 않으신다."

제사장들이 그런 말을 하고 나면 사람들은 일제히 목청을 높여 "아멘!"을 외쳤습니다. 그리고 그 아무개와 동일한 복을 받기 위해 기를 쓰고 바알을 섬겼습니다. 이스라엘과 유다의 백성들이 우상을 향해 절을 했던 것은 그들이 미치광이 바보들이었기 때문이 아닙니다. 그들은 바알을 숭배함으로써 얻는 복에 관한 말들을 귀에 못이 박히도록 들었기에 그런 터무니없는 짓을 했던 겁니다.

바알의 이름으로

땅콩 말씀을 듣다 보니 종교 지도자들의 책임이 아주 커 보입니다.

예레미야 크다마다요. 이스라엘 백성이 그렇게 말도 안 되는 우상 숭배에 빠지게 된 가장 큰 원인은 종교 지도자들에게 있었습니다. 언젠가 주님은 분노에 찬 음성으로 이런 말씀을 하셨습니다.

> 제사장들은
> 나 주가 어디에 있는지를 찾지 않으며,
> 법을 다루는 자들이 나를 알지 못하며,
> 통치자들은 나에게 맞서서 범죄하며,
> 예언자들도 **바알 신의 이름으로** 예언하며,
> 도움도 주지 못하는 우상들만 쫓아다녔다. (2:8)

사실 백성들이 우상 숭배에 빠지지 않도록 이끄는 것이야말로 종교 지도자들의 가장 큰 책무들 중 하나입니다. 그런데 바로 그런 이들이 앞장서서 우상 숭배를 부추겼을 뿐 아니라 그것을 위한 논리까지 마련해 유포했던 겁니다.

땅콩 방금 말씀하신 "예언자들도 바알 신의 이름으로 예언하며…" 라는 구절에 대해 좀 더 설명해 주시겠습니까? 바알 선지자들이 바알 숭배를 부추기는 것까지는 이해하겠는데, 예언자들이 바알 신의 이름으로 예언을 했다는 말씀은 뭔가 이상해 보입니다. 도대체 그 예언자들은 누구이고, 어떻게 그들이 바알의 이름으로 예언을 했던 겁니까?

예레미야 이스라엘에는 두 부류의 예언자가 있었습니다. 한 부류는 직접 주님의 부르심을 받아 예언자가 된 이들입니다. 그런 이들 중 최초의 인물은 아브라함이고 최고의 인물은 모세입니다. 하지만 우리가 보통 '예언자'라고 부르는 이들은 주전 8세기 이후에 활동한 이들, 그러니까 아모스, 호세아, 이사야, 미가, 저, 그리고 에스겔 등 구약성경 안에 자기 이름으로 된 예언서를 갖고 있는 이들입니다. 그들의 공통적 특성은 그들이 주님의 부르심을 받아 예언자가 되었다는 겁니다.

두 번째 부류는 주님의 부르심을 받지 않은 상태에서 자청해서 예언자 노릇을 하던 자들입니다. 흔히 그들은 자기들이 꿈을 꾸었거나 환상을 보았다고 주장했는데, 대개 그런 주장은 거짓이었습니다. 그들은 예언을 밥벌이 수단으로 여기는 자들이었습니다. 그런 까닭에 지방보다는 떡고물이 많은 예루살렘 성전 주변에서 활동했습니다.

'록펠러'라고 불리는 바알

땅콩 하지만 속사정이 어떻든 간에 그들 역시 명색으로나마 여호와를 섬기는 자들 아니었나요?

예레미야 그렇습니다.

땅콩 그렇다면 어떻게 그런 자들이 "바알 신의 이름으로" 예언할 수 있었던 겁니까?

예레미야 어렵게 생각하실 것 없습니다. 앞서 말씀드렸듯이, 당시에는 예루살렘 성전에서조차 바알과 아세라가 여호와와 함께 숭배될 정도로 종교 혼합이 극에 달해 있었습니다(왕하 21:1-9). 그리고 무식한 제사장들과 예언자들은 그걸 잘못이라고 여기지 않았습니다. 그러니 자칭 예언자들이 바알에게 치성을 드리다가 계시를 받는 것은 오늘날 성경 독자들이 생각하는 것만큼 터무니없는 일이 아니었습니다.

땅콩 그러면 그들이 선포한 바알의 계시는 어떤 내용이었습니까?

예레미야 대개 그들은 백성들에게 물질의 복을 얻는 방법에 대해 알려주었습니다. 그런데 그들이 말하는 방법은 늘 같았습니다. "먼저 바알 신을 만족시켜라. 그러면 바알께서 너희에게 풍요와 다산의 복을 주실 것이다."

아, 혹시 제가 이렇게 말씀드리면 좀 더 쉽게 이해하실지 모르겠네요. 제가 듣기로 요즘 한국 교회의 목회자들 중에는 설교 시간에 미국의 백만장자 록펠러 이야기를 하는 이들이 있다고 하더군요. 그들은 이렇게 말한다지요? "록펠러는 하나님께 온전한 십일조를 바침으로써 큰 복을 받았다. 그러니 당신들도 온전한 십일조를 바쳐 록펠러처럼 부자가 되라"고 말입니다.

땅콩 저런, 예언자님도 한국 교회에서 록펠러의 십일조가 자주 거론되는 것을 알고 계셨군요!

예레미야 물론입니다. 요즘 천국에서는 그런 현상에 대한 우려의 목소리가 높습니다. 고대 가나안에서 바알은 여러 가지 이름을 갖고 있었습니다. 실제로 성경에도 "바알 세붑"(왕하 1:2)이나 "바알 브릿"(삿 9:4) 같은 이름들이 등장합니다. 그런데 제가 보기에는 오늘날 한국 교회 안에도 '바알 록펠러'라는 우상이 존재하는 것 같습니다. 제가 예언자의 이름을 걸고 단언합니다. 오늘날 신자들에게 록펠러의 십일조를 강조하는 설교자들은 "바알 록펠러의 이름으로" 예언하는 자들입니다. 그들은 주님이 이스라엘 공동체의 건강성을 유지하기 위해 제정하신 십일조 제도를 개인의 치부(致富)를 위한 수단으로 변질시키는 자들입니다. 그런 자들은 교회가 신자들이 바친 십일조를 어떻게 사용해야 하는지에 대해서는 일언반구도 하지 않습니다. 그들이 십일조와 관련해 늘어놓는 말의 초점은 늘 개인이 십일조를 바침으로써 얻을 수 있는 물질의 축복뿐입니다.

십일조, 축복의 통로?

땅콩 그러나 말라기의 예언이 있지 않습니까? 그 예언은 오늘 한국 교회 신자들이 예배 시간에 가장 자주 듣는 말씀들 중 하나입니다. 제가 한 번 읽어보겠습니다.

> 너희는 온전한 십일조를 창고에 들여놓아,
> 내 집에 먹을거리가 넉넉하게 하여라.
> 이렇게 바치는 일로 나를 시험하여,
> 내가 하늘 문을 열고서,
> 너희가 쌓을 곳이 없도록 복을 붓지 않나 보아라.
> 나 만군의 주의 말이다. (말 3:10)

예레미야 제가 농담 한마디 할까요? 천국에는 예언자들의 정기모임이 있습니다. 그런데 그 모임이 있을 때마다 선배 예언자들이 막내인 말라기를 놀려댑니다. "자네, 한국 교회 신자들에게 인기 많아 좋겠네. 아모스나 이사야나 에스겔 같은 대선배들의 예언은 모두 잊혔는데, 막내인 자네가 한 예언은 지금껏 사랑받고 있으니 말이네." 그럴 때마다 말라기가 선배들 앞에서 몸 둘 바를 몰라 쩔쩔 맵니다. (웃음)

땅콩 실제로도 그렇습니다. 오늘날 한국에서 교회깨나 다닌 이들에게 "말라기 하면 뭐가 떠오르는가?" 하고 물으면, 십중팔구 "온전한 십일조!"라고 대답하니까요.

예레미야 저런! 이미 알고는 있었지만, 막상 사실을 확인하고 나니 말라기한테 더욱더 질투가 생기네요. 천국에 돌아가면 더 심하게 괴롭혀야겠습니다. (웃음)

농담은 이쯤하고 방금 인용하신 구절에 대해 설명을 드리죠. 앞서 말씀드렸듯이, 예언은 무시간적 진리나 만고불변의 법칙에 대한 선포가 아닙니다. 모든 예언은 그것이 선포된 시대 및 상황과 밀접한 관련이 있습니다. 방금 인용하신 구절 역시 그러합니다. 분명히 그것은 주님이 말라기에게 주신 말씀입니다. 혹시 땅콩 선생은 그 예언이 어떤 상황에서 선포되었는지 아십니까?

땅콩 잘 모릅니다.

예레미야 말라기의 예언은 주전 450년경에 바빌로니아에서 유다로 돌아온 귀환 공동체 백성을 향해 선포된 말씀입니다. 당시에 예루살렘의 제사장들은 페르시아 제국의 말단 공무원 신분이었습니다. 그들은 성전에서 제사를 집행하면서 거기에서 나오는 제물에 의지해 살아가고 있었습니다. 그런데 이미 신앙을 잃어버린 백성들은 더 이상 성전에 대해 아무런 기대도 갖고 있지 않았습니다. 그러니 그런 자들이 성전에 십일조를 바칠 리 만무했지요. 그로 인해 당시의 성전은 개점휴업 상태의 식당처럼 스산해져 가고 있었습니다. 십일조에 대한 말라기의 예언은 유다에서 여호와 신앙이 그렇게 소멸해 가던 무렵에 선포된 말씀입니다.

그리고 말라기서를 꼼꼼히 읽어본 이들은 그가 선포한 예언의 전반적인 기조가 그런 암울한 상황에 대한 주님의 한탄이라는 것을 알 것입니다. 그때 주님은 더 이상 자기에게 아무런 관심도 두지 않는 유다 백성을 향해 이렇게 말씀하고 계셨던 겁니다. "얘들아, 너희가 잊은 것 같은데, 내가 너희의 주란다. 그리고 성전은 나의 집이란다. 그러니 나와 내 집을 잊지 말아라. 어렵더라도 십일조를 바쳐라. 그래서 내 집을 나의 위엄에 걸맞게 유지하거라. 그리고 너희 안에서 배를 곯고 있는 가난한 이들을 먹이거라. 그러면 내가 너희에게 복을 내리겠다. 제발, 속는 셈치고, 한 번만 그렇게 해봐라." 즉 십일조에 관한 말라기의 예언은 유다 백성이 여호와 신앙을 잃어버린 포로 후기의 암울한 상황을 반영하는 주님의 한탄이지, 세상 만민에게 록펠러처럼 떼부자가 되는 비법을 알려주는 말씀이 아니라는 겁니다.

땅콩   그러나, 실제 사정이 그러하다면, 그래서 신자들이 십일조를 바치지 않아도 되는 거라면, 도대체 교회를 어떻게 유지해 나갈 수 있겠습니까? 또 방금 예언자님은 가난한 자들을 언급하셨는데, 교회가 가난한 이들을 도우려 해도 뭐가 있어야 할 것 아닙니까? 교인들이 십일조를 바치지 않아 예산이 없다면, 교회가 아무리 원한들 가난한 자들을 도울 길이 없지 않겠습니까?

예레미야　허허, 예산이 없는데 어떻게 가난한 자들을 돕느냐고요? 십일조를 바치지 않는 신자들에게는 "돈이 없어서 못 하는 게 아니라, 믿음이 없어서 안 하는 것"이라고 핀잔을 주는 교회가 예산 타령을 한다면, 도대체 그런 낯 뜨거운 이중어법에 고개를 끄덕일 사람이 있을까요? 교회가 먼저 예산이 없어도 채워주실 것을 믿으며 가난한 자들을 위해 돈을 쓰는 모범을 보일 수는 없는 건가요? 자기들도 못 하는 일을 신자들에게만 강요하는 게 말이 되는 건가요?

땅콩　…….

"더러운 빵"

예레미야　이왕 헌금 이야기가 나온 김에 제가 한국 교회 신자들에게 꼭 하나 상기시켜 드리고 싶은 말씀이 있습니다. 아마도 교회에서 거의 들어보지 못한 말씀일 겁니다. 소위 '온전한 십일조'를 강조했다는 예언자 말라기가 십일조보다 훨씬 더 강조했던 말씀 중에 이런 것이 있습니다.

너희는 내 제단에 **더러운 빵**을 바치고 있다.
그러면서도 너희는,
"우리가 언제 제단을 더럽혔습니까?"
하고 되묻는다.
너희는 나 주에게

아무렇게나 상을 차려주어도

된다고 생각한다.

눈먼 짐승을 제물로 바치면서도

괜찮다는 거냐?

절뚝거리거나 병든 짐승을

제물로 바치면서도

괜찮다는 거냐?

그런 것들을 너희 총독에게 바쳐보아라.

그가 너희를 반가워하겠느냐?

너희를 좋게 보겠느냐?

나, 만군의 주가 말한다. (말 1:7-8).

고대 이스라엘의 제사장들의 임무 중 가장 중요한 것은 백성들이
주님께 바치는 제물의 상태를 살피는 것이었습니다. 그들은 정한 동
물과 부정한 동물을 구별해야 했고(레 11장), 정한 동물들 중에서도 흠
이 있는 것들을 가려내야 했습니다(레 22:17-25). "눈이 먼 것이나, 다
리를 저는 것이나, 어떤 부위가 잘린 것이나, 고름을 흘리는 것이나,
옴이 난 것이나, 종기가 난 것"을 주께 바쳐서는 안 되었습니다(레
22:22). 그런데 말라기 시절에 제사장들은 그런 흠이 있는 짐승들을
마구잡이로 제단에 올려놓았습니다. 하기야, 이해를 하려면 못할 것
도 없습니다. 백성들이 워낙 제물을 바치지 않았으니 당시의 제사장
들로서는 찬밥 더운밥 가릴 형편이 아니었겠지요. 그러나 주님은 그
런 제물들을 "더러운 빵"으로 규정하시고 그 따위 제물을 바치려거든

차라리 그만두라고 말씀하셨던 겁니다. 그런 제물은 주님께 영광을 돌리기는커녕 그분의 제단을 더럽히는 것에 불과했기 때문입니다. 주님은 그렇게 더러운 빵을 바치는 백성과 제사장들을 향해 이런 독한 말씀을 하셨습니다.

> 너희 얼굴에 똥칠을 하겠다.
> 너희가 바친 희생제물의 똥을
> 너희 얼굴에 칠할 것이니,
> 너희가 똥무더기 위에 버려지게 될 것이다. (말 2:3)

참된 목회자라면 신자들이 바치는 십일조의 '액수'가 아니라 그 돈의 '성격'부터 살펴야 합니다. 그리고 교인들이 세상에서 사기 치고 훔치고 빼앗고 뇌물 주고 착취해서 벌어들인 돈으로 바치는 모든 헌금에 대해 "더러운 빵"이라는 빨간 딱지를 붙여야 합니다. 그리고, 설령 그 액수가 제아무리 '온전할지라도', 그 모든 것을 제단에서 내쳐야 합니다. 그런 헌금은 주님과 교회의 얼굴에 똥칠이나 할 뿐이기 때문입니다. 아, 그런데 혹시 땅콩 선생은 그동안 교회에서 이 구절을 본문 삼아 행한 설교를 들어보신 적이 있나요?

땅콩 네, 한 번 있습니다.

예레미야 어, 그래요? 그것 참 의외네요. 엔간해서는 듣기 어려웠을 텐데……. 그런데 도대체 그때 그 설교자가 뭐라고 하던가요?

땅콩 헌금할 때 은행에서 막 찾아온 깨끗한 돈으로 바치라고 하던데요. 사정상 그러기가 어려우면 헌 돈을 다리미로 잘 펴서 바치라고…….

예레미야 허허, 한국 교회 참 큰일입니다.

탐욕의 시대

땅콩 당대의 제사장들과 거짓 예언자들이 백성들을 타락시켰고 그로 인해 유다가 심판을 받은 것이라면, 당시의 유다 백성들은 무고한 피해자들이었던 건가요? 그들은 아무것도 모르고 종교 지도자들이 시키는 대로 하다가 억울하게 심판을 당했던 건가요?

예레미야 그렇지 않습니다. 한 사회가 타락하고 부패하는 데에는 그 사회의 구성원들 모두의 공모(共謀)가 있습니다. 잘못된 지도자들이 가장 큰 문제인 것은 분명한 사실이지만, 그런 이들은 그들을 용납하고 묵인하고 추종하는 이들이 없이는 존재할 수 없습니다. 실제로 유다는 제사장과 거짓 예언자들만이 아니라 그 나라 백성 전체가 잘못을 저질렀기에 망한 겁니다. 언젠가 주님은 이렇게 탄식하셨습니다.

지금 이 나라에서는,
놀랍고도 끔찍스러운 일들이
일어나고 있다.
예언자들은 거짓으로 예언을 하며,
제사장들은 거짓 예언자들이 시키는 대로 다스리며,
나의 백성은 이것을 좋아하니

마지막 때에,

너희가 어떻게 하려느냐? (5:30-31)

유다 백성은 절대로 무고한 피해자가 아닙니다. 그들은 주님의 이름을 빙자해 헛소리를 해대는 종교 지도자들을 향해 두 팔 들고 "아멘!"을 외치다가 망한 겁니다.

땅콩 잠깐 동안 나눈 말씀을 통해서도 요시야 시대가 총체적으로 부패하고 타락했었다는 인상을 받습니다. 예언자님의 표현대로, 참으로 그 무렵의 유다는 심판을 받아 마땅한 나라였고, 망하지 않으면 그게 오히려 이상할 만큼 혐오스러운 사회였던 것 같습니다. 그런데 이유가 뭘까요? 도대체 왜 주님의 "제사장 나라"와 "거룩한 민족"(출 19:6)이 되었어야 할 이스라엘이 그렇게 부패하고 타락하게 되었던 걸까요?

예레미야 이스라엘뿐 아니라 세상의 모든 나라와 공동체의 부패와 타락의 이유는 동일합니다. 바로 '탐욕'입니다. 인간의 부패와 타락의 배후에는 반드시 탐욕이 있습니다. 본래 사람은 누구나 좋은 것 보면 갖고 싶고, 맛난 것 보면 먹고 싶고, 매력적인 이성을 보면 끌어안고 싶어 하기 마련입니다. 그리고 그런 생래적 욕구는 죄가 아닙니다. 문제는 자기 것이 아닌 것을 가지려 하고, 그것도 저 혼자만 가지려 하고, 더 나아가 그렇게 가지려는 과정에서 다른 이들을 고통스럽게 하는 겁니다. 그런 식으로 자신의 욕구를 무한히 충족시키려 하는 상태가 '탐욕'입니다. 그리고 탐욕에 빠진 자들은 반드시 우상 숭배에 빠지게 되어 있습니다. 우상이 사람들의 탐욕을 승인할 뿐 아니라 부추기기까지 하기 때문입니다. 언젠가 바울이 "탐욕은 곧 우상 숭배"(골 3:5; 엡 5:5)라고 말한 적이 있는데, 그때 그는 인간의 상황을 제대로 본 것입니다. 요시야의 개혁 이전의 유다의 상황이 그러했습니다. 그 시대는 노골적이고 적나라하고 추악한 '탐욕의 시대'였습니다.

3. 심판의 선언

─────── **땅콩** 예언자님은 사역 기간 내내 유다에 대해 심판을 선포하셨습니다. 그런 예언을 듣는 이들도 힘들었겠지만, 불길한 예언을 그토록 줄기차게 선포해야 했던 예언자님도 힘들기는 마찬가지 아니었을까 싶습니다.

예레미야 저의 예언은 그때나 지금이나 사람들에게 별 인기가 없습니다. 제 자신이 그 사실을 매우 잘 알고 있습니다. 그러나 어쩌겠습니까? 주님이 저에게 주신 말씀이 심판에 대한 것이었는데 제가 주님의 말씀 대신 사람들이 듣고 싶어 하는 소리를 전할 수는 없는 노릇 아니겠습니까?

땅콩 그런데 예언자님 이전에 유다에서 활동했던 이사야와 미가도 예언자님 못지않게 강력한 언어로 유다에 대한 주님의 심판을 선포하지 않았나요? 이사야의 예언 중에는 이런 것이 있습니다.

드디어 예루살렘이 넘어지고

유다는 쓰러진다.

그들이 말과 행동으로 주께 대항하며,

하나님의 영광스러운 현존을 모독하였기 때문이다.

그들의 안색이 자신들의 죄를 고발한다.

그들이 소돔과 같이 자기들의 죄를 드러내 놓고 말하며,

숨기려 하지도 않는다.

그들에게 화가 미칠 것이다.

그들은 스스로 재앙을 불러들인다. (사 3:8-9)

그리고 이사야와 같은 시대에 활동했던 미가 역시 그 못지않게 심한 말을 했습니다. 그는 예루살렘의 지도자들을 비난하며 이렇게 말했습니다.

바로 너희 때문에

시온이 밭 갈듯 뒤엎어질 것이며,

예루살렘이 폐허더미가 되고,

성전이 서 있는 이 산은

수풀만이 무성한 언덕이 되고 말 것이다. (미 3:12)

예레미야 그렇습니다. 이사야와 미가 선배는 저 못지않게 강경한 언어로 유다가 심판을 당할 것이라고 선포했습니다.

땅콩 그런데 그런 예언들에도 불구하고 유다는 예언자님이 활동하실 때까지 남아 있었습니다. 정작 이사야가 유다에 대한 주님의 "진

노의 몽둥이"(사 10:5)로 지목했던 앗시리아는 망해서 없어졌는데 말입니다. 아니, 사실 당시에 유다는 단순히 살아남은 정도가 아니라, 앗시리아의 패망으로 인해 새로운 활기까지 얻어가고 있지 않았나요?

예레미야 그렇습니다.

땅콩 그렇다면 이사야와 미가의 예언은 틀렸던 것 아닌가요?

예레미야 음…… 그렇다고 볼 수 있죠. 드러난 현상만 보자면 그들의 예언은 분명히 성취되지 않았습니다.

땅콩 죄송합니다만, '성취되지 않았다'는 것은 곧 '틀렸다'는 뜻 아닌가요? 아무리 완곡한 표현을 쓰더라도 결국 유다의 심판에 대한 이사야와 미가의 예언은 틀렸던 것으로 보이는데…….

예레미야 그렇지 않습니다. '틀렸다'는 것은 이사야나 미가가 주님의 말씀을 잘못 알아들었거나 잘못 해석했다는 뜻입니다. 그러나 '성취되지 않았다'는 것은 그들이 주님께 받은 예언의 내용이 철회되거나 유보되었다는 뜻입니다. 땅콩 선생이 어떤 의도로 질문을 하셨는지는 모르겠으나, 이 문제는 한번쯤 짚고 넘어갈 필요가 있겠네요. 참된 예언에는 그 어떤 오류도 없습니다. 주님은 절대로 허튼소리를 하시는 분이 아니기 때문입니다. 그분이 유다를 심판하시겠다고 말씀하셨으면, 유다의 심판은 피할 수 없습니다. 그럼에도 때때로 예언자들이 선포한 참된 예언이 성취되지 않는 경우가 있습니다. 얼핏 이것은 모순처럼 보이지만 그렇지 않습니다. 참된 예언이 성취되지 않는 이유는 주님의 자비 때문입니다. 그분이 자신이 내리신 결정에 대해 후회하고 마음을 돌이키시기 때문입니다. 이사야와 미가의 강력한 심판 예언에도 불구하고 유다가 살아남았던 것은 그들의 예언이 틀렸기 때문이 아니라 자기 백성에 대한 주님의 사랑과 은혜 때문이었습니다.

땅콩 그렇다면, 예언자님 시대에 와서 그 심판 예언이 성취된 것은 유다에 대한 주님의 사랑이 끝났음을 의미하는 건가요?

예레미야 아닙니다. 자기 백성에 대한 주님의 사랑은 거두어지는 법이 없습니다. 사실 우리의 모든 희망은 거기에 있습니다. 그러나 주님의 사랑은 상황에 따라 그 표현 방식을 달리할 수 있습니다. 부모가 망나니 같은 자식을 한없이 인내하며 용서하는 것만이 사랑은 아닙니다. 때로 부모는, 그것이 불가피하다고 판단될 경우, 자녀에게 회초리를 들기도 합니다. 망나니짓을 하고 다니는 자식을 무작정 인내하고 용서하기만 하는 부모는 그 자식을 진심으로 사랑하는 게 아닙니다.

주님의 복잡한 심경

땅콩 옳습니다. 무엇보다도 그 자식에 대한 인내와 용서가 다른 이들에 대한 범죄로 이어질 경우, 부모는 어떻게든 그 자식을 억제시켜야 합니다. 그럼에도 저는 주님이 마침내 유다를 심판하기로 하신 데에는 그런 훈육적 차원의 당위뿐 아니라 주님 자신의 진노도 포함되어 있지 않았을까 합니다. 우리가 주님을 인간과 동일한 차원에서 생각해서는 안 되지만, 그렇다고 그분을 그 어떤 감정적 동요도 겪지 않는 존재로 여기는 것 역시 옳지 않아 보입니다.

예레미야 아주 잘 보셨습니다. 우리 주님은 철학자들이 말하는 무념무상(無念無想)의 존재가 아니라 매우 인격적인 분입니다. 그분은 자신의 피조물인 인간의 일거수일투족에 기쁨과 슬픔을 느끼고 반응하십니다. 그래서 때로 그분은 우리로 인해 크게 상심하거나 진노하실 수도 있습니다.

땅콩 혹시 주님이 유다에 대해 심판을 선언하시면서 자신의 심경을 내비치신 적이 있었나요?

예레미야 물론입니다. 그분은 자신의 백성이 자기를 버리고 우상들을 섬기는 것을 이해하실 수가 없었습니다. 주님은 그런 말도 안 되는 상황 앞에서 당혹스러워하며 이렇게 한탄하셨습니다.

> 너희의 조상이
> 나에게서 무슨 허물을 발견하였기에,
> 그들이 나에게서 멀리 떠나가서
> 헛된 우상을 쫓아다니며,
> 그들 자신도 허무하게 되었느냐? (2:5)

저는 주님이 그 말씀을 하실 때 그분의 음성이 떨리는 것을 느꼈습니다. 창조주께 이런 표현을 사용하는 게 어떨는지 모르나, 그때 저는 그분이 너무 불쌍했습니다. 사실 안 되지 않았습니까? 이집트에서 종살이하던 이들을 해방시켜 자기 백성으로 삼고 정성껏 보살펴 주셨는데, 그렇게 큰 은혜를 입은 자들이 자기가 아닌 다른 신들을 향해 절을 하고 있었으니 말입니다. 북왕국의 예언자 호세아는 이스라엘 백성의 우상 숭배를 "음행"으로 규정했는데(호 2:2), 저는 지금까지도 우상 숭배를 묘사하는 데 그보다 나은 표현을 찾지 못하고 있습니다.

분명히 그들의 행위는 어느 정신 나간 여자가 누구라도 부러워할 만한 자기 남편을 버리고 뒷골목 양아치와 눈이 맞아 놀아나는 것이나 다름없었습니다.

땅콩 그런데 그런 당혹감은 대개 분노로 이어지지 않나요?

예레미야 그렇습니다. 어떤 예기치 못했던 일이 벌어졌을 때, 그 일의 원인이 자신에게 있다고 느끼는 이는 반성을 하게 마련입니다. 그러나 아무리 생각해도 자신에게 잘못이 없을 때는 그런 터무니없는 일을 저지른 이에게 분노하게 되어 있습니다. 그 분노는 배신감일 수도 있고 혐오감일 수도 있습니다. 제가 보기에 주님의 경우에는 혐오감이 더 크셨던 것 같습니다. 그분은 음행에 빠진 유다 백성을 향해 경멸하는 투로 이렇게 말씀하셨습니다.

> 두 눈을 뜨고,
> 저 벌거숭이 언덕들을 바라보아라.
> 네가 음행을 하여서 더럽히지 않은 곳이 어디에 있느냐?
> 사막에 숨어서 사람을 기다리다가
> 물건을 터는 유목민처럼,
> 너는 길거리마다 앉아서
> 남자들을 기다렸다.
> 너는 이렇게 네 음행과 악행으로
> 이 땅을 더럽혀 놓았다.
> 그러므로 이른 비가 오지 않고,
> 늦은 비도 내리지 않는데,

너는 **창녀**처럼 뻔뻔스러운 얼굴을 하고,

부끄러워하지도 않았다. (3:2-3)

주님이 자신의 백성을 "창녀"라고 칭하신 것은 그 백성이 거룩하신 주님과 더 이상 동행할 수 없을 만큼 최악의 상태가 되었음을 의미합니다.

땅콩 유다에 대한 주님의 혐오가 그 정도였다면, 그 백성에 대한 주님의 심판은 불가피했다는 생각이 듭니다.

예레미야 네, 피하기 어려웠습니다. 하지만 '불가피'한 것은 아니었습니다. 주님은 언제나 인간에게 구원에 이르는 길을 열어놓고 계시기 때문입니다. 심판 앞에 선 인간에게 여전히 희망이 있는 것은 바로 그것 때문입니다. 만약 우리가 그분을 향해 돌아서고 그분의 뜻을 받아들이고 행한다면, 그분은 우리가 마땅히 받아야 할 심판을 면하게 해주십니다. 주님의 용서는 우리가 '이제 모든 게 끝났다'고 여기는 때조차 유효합니다. 무엇보다도 그분은 마지막까지 한 사람이라도 구해내기 위해 기회를 찾으시는 분입니다. 언젠가 그분은 저에게 이렇게 말씀하셨습니다.

그러니 예레미야야,

아직 시간이 있을 때에,

포도 따는 사람이

포도덩굴을 들추어 보는 것처럼,

네가 구할 수 있는 사람들을 구해야 한다. (6:9)

주님은 심판을 즐기시는 분이 아닙니다. 오히려 그분은 사랑과 긍휼과 용서를 즐기시는 분입니다. 그분은 어떻게든 자기 백성을 용서하고 구원하기를 바라십니다. 그런데 유다 백성은 그런 분을 끝까지 배반하고 실망시켰던 겁니다.

멸망에 대한 예고

땅콩 그렇다면 당시에 주님은 유다를 어떻게 심판하실 계획이셨습니까?

예레미야 주님은 유다에 대해 날씬한 회초리가 아니라 묵직한 몽둥이를 준비하고 계셨습니다. 주님은 이렇게 말씀하셨습니다.

이 바람은
곡식을 키질하라고 부는 바람도 아니고,
알곡을 가려내라고 부는 바람도 아니다.
그것보다 훨씬 더 거센 바람이
나 주의 명을 따라 불어닥칠 것이다. (4:11)

이런 말씀도 하셨습니다.

내가 먼 곳에서 한 민족을 데려다가,
너희를 치도록 하겠다.

나 주의 말이다.

그 민족은 강하며,

옛적부터 내려온 민족이다.

…

네가 거둔 곡식과 너의 양식을

그들이 먹어 치우고,

너의 아들과 딸들도 그들이 죽이고,

너의 양 떼와 소 떼도 그들이 잡아먹고,

너의 포도와 무화과도 그들이 모두 먹어 치울 것이다.

네가 의지하고 있는 견고한 성들도

그들이 모두 칼로 무너뜨릴 것이다. (5:15, 17)

　　분명히 이것은 남왕국 유다의 멸망에 대한 예고였습니다. 아시다시 피 그 무렵에 북왕국은 이미 오래전에 망해서 사라진 상태였습니다. 그러니 남왕국마저 망한다면 주님의 백성 전체가 역사의 무대에서 사라질 판이었습니다.

　　땅콩　주님의 심정을 모르는 바는 아니지만, 실제로 그런 일이 벌어 진다면, 주님 자신의 영광이 훼손되는 것 아닙니까?

　　예레미야　그렇습니다. 그래서 한동안 저는 주님께 그 계획을 철회해 주시기를 간구했습니다. 유다 백성들을 위해서이기도 했지만, 그보다 는 땅콩 선생이 방금 언급하신 주님의 영광을 위해서였습니다. 그런 데 저의 그런 간구에 대해 주님이 주신 답이 놀라웠습니다. 그분은 이 렇게 말씀하셨습니다.

너 예레미야는 이 백성을 보살펴 달라고 기도하지 말아라. 너는 그들을 도와달라고 나에게 호소하거나 간구하지도 말고, 나에게 조르지도 말아라. 나는 이제 너의 말을 들어주지 않을 것이다. (7:16)

아시겠지만, 이스라엘에서 중보기도는 예언자들에게 주어진 의무이자 특권이었습니다. 최초의 예언자 아브라함도 중보기도를 했고(창 18:22-33), 가장 위대한 예언자 모세도 그렇게 했습니다(출 32:7-14). 좀 더 가까이는 아모스가 두 차례나 주님께 북왕국에 대한 심판 철회를 탄원했고 심지어 응답을 얻어내기까지 했습니다(암 7:1-6). 그런데 주님은 저에게만큼은 그런 중보기도를 허락하지 않으셨습니다. 그것은 당시에 유다를 심판하시려는 주님의 의지가 얼마나 확고했는지를 보여주는 징표입니다.

심판의 양상

땅콩 그렇다면 그 무렵에 주님은 남왕국을 북왕국처럼 완전히 멸망시킬 작정이셨던 건가요? 유다가 심판을 모면할 가능성은 전혀 없었던 건가요?

예레미야 그렇습니다. 당시에 유다가 심판을 면할 가능성은 없었습니다. 유다에 대한 주님의 심판 계획은 아주 확고했습니다. 그럼에도 주님이 그 심판을 통해 유다를 완전히 멸망시키려 하셨던 것은 아닙니다. 이런 말이 어떻게 들릴는지 모르나, 굳이 표현하자면, 그때 주님

은 유다를 죽기 직전까지 두들겨 패실 작정이셨습니다. 유다가 죽고
사는 문제는 전적으로 주님이 손에 쥐고 계신 몽둥이를 얼마나 세게
휘두르시느냐에 달려 있었는데, 제가 아는 한, 당시에 주님은 유다를
완전히 죽이실 생각은 아니셨습니다. 그분은 유다가 그 몽둥이질을
아주 심각한 경고로 받아들이기를 바라셨습니다. 그분은 이렇게 말씀
하셨습니다.

> 예루살렘아,
> 이 고난을 경고로 받아들여라.
> 그렇지 않으면,
> 나의 마음이 너에게서 떠나갈 것이다.
> 그래도 받아들이지 않으면,
> 내가 너를 황무지로 만들고,
> 아무도 살 수 없는 땅이 되게 하겠다. (6:8)

이어서 그분은 유다 백성에게 임할 심판의 양상을 다음과 같이 예
고하셨습니다.

> 결혼한 남자들과 결혼한 여자들이
> 잡혀갈 것이다.
> 장년은 잡혀가고,
> 죽을 날을 기다리는 노인도 잡혀갈 것이다.
> 그들의 집은 다른 사람들에게로 넘어가고,

밭과 아내들도 다 함께
다른 사람들의 차지가 될 것이다.
내가 손을 들어서
이 땅에 사는 사람들을 칠 것이기 때문이다. (6:11-12)

　그런 말씀을 들은 후 저는 주님의 엄중한 명령(7:16)을 어기고 유다를 위한 중보기도를 올렸습니다. 제가 어떻게든 유다 백성의 마음을 돌이켜 볼 테니 한 번만 더 기회를 주십사고 말입니다.
　땅콩　그랬더니 주님이 뭐라고 하시던가요?
　예레미야　아주 단호하게 이렇게 말씀하셨습니다.

나는 너희에게 일렀다.
가던 길을 멈추어서 살펴보고,
옛길이 어딘지,
가장 좋은 길이 어딘지 물어보고,
그 길로 가라고 하였다.
그러면 너희의 영혼이
평안히 쉴 곳을 찾을 것이라고 하였다.
그런데도 너희는 여전히
그 길로는 가지 않겠다고 하였다.
나는 또 너희를 지키려고
파수꾼들을 세워놓고,
나팔 소리가 나거든

귀담아 들으라고 가르쳐 주었으나,

너희는 귀담아 듣지 않겠다고 하였다. (6:16-17)

한마디로, 그동안 유다 백성은 기회가 없어서 회개하지 않았던 게 아니라는 말씀이었습니다. 그러니 이제 더 이상의 기회는 필요 없다는 것이었습니다. 주님은 오래 참으시는 분입니다. 하지만 더 이상의 인내가 무의미하다고 판단하시면 언제라도 심판을 이행하실 수 있는 분입니다. 그러므로 주님의 자비와 인내를 이유 삼아 악행을 계속하는 자들은 참으로 어리석은 겁니다. 그분은 사랑이 많으신 분이지만, 또한 아담과 하와를 에덴에서 내쫓으시고, 노아 시대의 사람들을 진멸시키시고, 소돔과 고모라를 유황불로 멸하신 분이기도 합니다.

요시야의 개혁

땅콩 그런데 어찌된 일인지 주님은 그렇게 단호한 말씀을 하시고도 여전히 유다를 심판하지 않으셨습니다. 말씀대로라면 금방이라도 북쪽에서 적들이 쳐내려와 유다를 집어삼켜야 했는데 말입니다. 이번에도 주님이 유다 백성에게 기회를 주시기 위해 참으셨던 건가요?

예레미야 아닙니다. 이번에는 사정이 달랐습니다. 그리고 저는 바로 그것이 주님의 은혜와 자비에 대한 증거라고 생각합니다. 우리 주님은 인간의 회개에 아주 민감하십니다. 유대인들의 성경주석이라고 할 수 있는 『미드라쉬』(Midrash)에는 주님이 자기 백성을 향해 이렇게 말씀하시는 내용이 나옵니다. "나의 자녀들아, 회개를 통해 내게 바늘구멍만큼만 틈을 내주거라. 그러면 내가 그 틈을 마차라도 다닐 만큼 넓혀주리라." 실제로 주님은 자기 백성들 중 어떤 이가 조금이라도 회개의 기미를 보이면 어떻게든 그를 용서하시기 위해 온갖 방도를 강구하십니다. 그분은 자기 백성들의 움직임에 주목하시며 그들에게서 나타나는 사소한 변화 하나에도 크게 감격하십니다. 그런데 심판이 이루어지기 직전에 유다에서 기적처럼 주님이 바라시는 변화가 나타났습니다.

땅콩 혹시 지금 요시야의 개혁을 말씀하시는 건가요?

예레미야 그렇습니다. 요시야의 개혁은 당시로서는 그 누구도 예상치 못했던 극적인 변화였습니다. 그것은 캄캄한 어둠 속에서 탁, 하는 소리와 함께 밝혀진 성냥불과도 같았습니다. 사방에서 세찬 바람이 불고 있었기에 그 불은 곧 꺼질 듯 보였습니다. 그러나 놀랍게도 그것은 이리저리 흔들리기는 했으나 꺼지지 않고 지속되었습니다. 그리고 주변의 촛대들 위로 하나씩 하나씩 불꽃을 피워 올리기 시작했습니다.

땅콩 당시의 상황을 좀 더 구체적으로 설명해 주시겠습니까? 요시야의 개혁은 어떻게 시작되어 어떻게 발전해 갔던 겁니까?

예레미야 제가 사역을 시작한 지 6년째 되던 해인 주전 621년에 요시야가 온 나라를 뒤흔드는 개혁을 시작했습니다(왕하 22:3-23:27). 개혁의 기폭제는 예루살렘 성전에서 발견된 율법책이었습니다. 그 책은 지금의 신명기의 일부로, 학자들이 '신명기 법전'(신 12-26장)이라고 부르는 것이었습니다. 아시겠지만, 그 책에는 주님의 백성들이 어떻게 살아야 하는지가 상세히 기록되어 있습니다. 요시야는 그 책을 읽은 후 큰 충격에 빠졌습니다. 주님의 백성인 자기들이 주님의 뜻과 얼마나 다른 삶을 살고 있는지가 아주 분명하게 드러났기 때문입니다. 요시야는 당시의 유명한 예언자였던 훌다에게 사람을 보내 그 책을 보여주고 주님의 뜻을 여쭙게 했습니다. 그 책을 살펴본 훌다는 다음과 같이 주님의 말씀을 선포했습니다.

> 나 주가 말한다. 유다 왕이 읽은 책에 있는 모든 말대로, 내가 이곳과 여기에 사는 주민에게 재앙을 내리겠다. 그들이 나를 버리고 다른 신들에게 분향하고, 그들이 한 모든 일이 나의 분노를 격발하였기 때문이다. 그러므로 나의 분노를 이곳에 쏟을 것이니, 아무도 끄지 못할 것이다. (왕하 22:16-17)

내용적 측면에서 보자면, 훌다의 예언은 그동안 제가 해왔던 예언과 크게 다르지 않았습니다. 그러나 당시에 예언자로서 그의 지위는 저와는 비교가 되지 않았습니다. 성전에서 발견되어 모든 이들을 긴장시키고 있는 율법책, 주님의 말씀을 듣고자 하는 왕의 진지한 열정, 그리고 무엇보다 그 자신이 갖고 있던 명성 등이 합쳐져 훌다의 예언에는 당시에 저로서는 꿈도 꿀 수 없을 만큼 큰 무게가 실렸습니다. 요시야는 왕좌에 오른 후 줄곧 고관대작들의 눈치를 살피며 살았습니다. 그러면서도 자신이 유다의 왕임을 한시도 잊지 않았습니다. 그동안 그는 암암리에 유다를 개혁할 방도와 명분을 찾고 있었는데, 마침내 성전에서 발견된 율법책과 훌다의 예언을 통해 그것을 얻을 수 있었습니다. 그 무렵에 요시야는 여전히 이십대 후반의 젊은이에 불과했지만, 이미 18년간이나 왕좌를 지키면서 정치를 배워온 터였습니다. 또, 비록 소수이기는 하나, 왕실 내부에 자기 사람들도 갖고 있었습니다. 그런 상황에서 마침내 명분을 찾은 요시야는 가히 폭풍 같은 기세로 개혁을 추진하기 시작했습니다.

땅콩 구체적으로 무엇을 어떻게 했던 겁니까?

예레미야 우선 그는 므낫세 시절에 성전 안에 세워진 바알과 아세라 상, 그리고 일월성신에게 제사하기 위해 마련된 온갖 도구들을 성전 밖으로 내어다가 불살랐습니다. 그리고 성전 가운데 있던 남창(男娼)의 집을 헐었습니다. 또 그는 예루살렘을 비롯해 유다의 모든 성읍들에 세워져 있던 산당을 부수고 그곳에서 제사장 노릇을 하던 이들을 모두 폐했습니다. 또한 몰록이라는 신에게 인신공양을 하던 힌놈의 아들 골짜기를 훼파하고, 태양신에게 바쳤던 말과 수레들을 불사르고, 북왕국 왕 여로보암이 금송아지 상을 모시기 위해 벧엘에 세웠던 제단과 산당을 헌 뒤 그 자리에 사람의 해골을 가져다가 뿌렸습니다. 그렇게 우상들을 제거한 후 유다의 모든 백성에게 유월절을 지키도록 명령했습니다. 아시다시피 유월절은 이스라엘 백성의 기원(起源)과 관련된 절기입니다. 이스라엘 백성은 애굽에서 고통당하던 중에 주님께 부르짖었고, 주님은 그 부르짖음에 응답해 그들을 구원해 주셨습니다. 유월절은 바로 그 사건을 기념하는 절기입니다. 그러므로 요시야가 유다 백성에게 유월절을 지키게 한 것은 하나의 민족으로서 그들의 기원이 주님께 있음을 상기시키기 위함이었습니다. 즉 그는 종교개혁을 통해 주님의 백성으로서의 이스라엘의 뿌리를 되찾고자 했던 겁니다.

예언의 중단

땅콩 요시야의 개혁을 지켜보시는 예언자님의 심정은 어떠하셨습니까?

예레미야 안도와 감사였습니다. 그 무렵에 저는 이제 곧 유다가 멸망하리라고 믿고 있었습니다. 유다를 심판하시겠다는 주님의 뜻이 워낙 강경했기 때문입니다. 그런데 갑자기 요시야의 개혁이 시작되었고, 유다가 점차 주님이 원하시는 모습으로 변했습니다. 정말로 그것은 당시의 그 누구도 예상치 못했던 극적인 변화였습니다. 저는 요시야의 개혁이 주님이 유다에게 주시는 마지막 기회라고 여겼습니다. 그래서 모든 활동을 중단하고 아나돗으로 돌아가 그 개혁이 성공하기를 간절히 기도했습니다.

땅콩 그렇게 물러나시기보다는 개혁을 뒷받침하는 편이 낫지 않았을까요? 개혁이 성공하기 위해서는 많은 이들의 협력이 필요하고, 특히 모든 개혁 과정에서는 치열한 이념 투쟁이 벌어질 수밖에 없는데, 어째서 그를 돕지 않고 고향으로 물러나셨던 겁니까?

예레미야 당시의 상황은 아주 급박했습니다. 사실 그때 요시야는 이전보다 나은 삶을 위한 '개혁'이 아니라 죽기 아니면 살기 식의 '혁명'을 하고 있었습니다. 또한 그의 싸움은 겉보기에는 단순히 종교개혁처럼 보였으나 실제로는 왕권을 강화하기 위한 정치개혁이기도 했습니다. 그러므로 요시야 왕이 그 개혁에 실패한다면, 그는 개혁의 대상자들에 의해 죽임을 당할 수밖에 없었습니다. 사정이 그러하다 보니 그의 개혁 의지는 굳이 저 같은 사람이 부추기지 않아도 될 만큼 충분히 강력했습니다.

땅콩 그렇다면 예언자님은 요시야의 개혁이 모든 면에서 만족스러우셨던 겁니까?

예레미야 그렇지는 않았습니다. 개혁의 총론에 대해서는 찬동할 수 있었으나 각론과 관련해서는 그렇지 않았습니다. 특히 그가 유다의 지방 성소들을 폐하고 그곳에서 일하던 제사장들을 예루살렘으로 불러올려 예루살렘 성전 한 곳에서만 제사를 드리게 한 것은 심각한 문제가 있다고 여겼습니다(왕하 23:8). 지방의 제사장들은 요시야가 행한 그런 조처에 대해 불만이 아주 많았습니다. 그러나 젊은 왕의 개혁 의지가 워낙 강경해 아무도 말을 하지 못했습니다.

아마도 개혁의 각론이 그런 식으로 전개된 것은 당시에 요시야를 둘러싸고 있던 참모들의 조언 때문이었을 겁니다. 그들은 개혁의 성패가 개혁의 주체세력이 얼마나 강한 힘을 갖느냐에 달려 있다고 여겼던 것 같았습니다. 하지만 저는 그런 생각에 동의하지 않았습니다. 개혁에는 허무는 일과 세우는 일이 모두 필요합니다. 그런데 허무는 일은 소수의 사람들의 힘만으로도 가능하지만, 세우는 일에는 많은 사람들의 수고와 노력이 필요합니다. 뜻을 같이하는 이들이 늘어나지 않는 한, 개혁은 절대로 성공할 수 없습니다. 그리고 동지들을 늘이기 위해 필요한 것은 대화와 설득이지 강제력이 아닙니다. 요시야와 그의 측근들은 그 점에서 분명히 문제가 있었습니다.

하지만 당시에 저는 어렵게 시작된 개혁이 개혁세력 내부의 사소한 의견 차이 때문에 삐걱거려서는 안 된다고 생각했습니다. 그 무렵에 저의 주된 관심사는 유다의 권력이 누구에게 넘어가느냐가 아니라, 유다가 주님의 심판을 면하고 살아남을 수 있느냐 하는 것이었습니다. 저도 아나돗의 제사장 가문 출신인지라 요시야의 개혁으로 인해 피해를 입은 사람들 중 한 명이었습니다. 그러나 저는 유다의 개혁을 위해서는 그 정도의 개인적 피해는 감내해야 한다고 여겼습니다. 가장 중요한 것은 유다 땅에서 우상들이 사라지는 것이었는데, 젊은 왕 요시야가 바로 그 일을 수행하고 있었습니다.

땅콩 그래서 한동안 예언을 중단하고 침묵하셨던 건가요?

예레미야 그렇습니다. 저는 요시야의 개혁이 시작된 주전 621년부터 예언을 중단했습니다. 그리고 고향 아나돗으로 내려가 그 개혁이 성공해 유다에 대한 주님의 심판이 철회되기를 기도했습니다. 유다의 모든 희망이 거기에 달려 있었기 때문입니다.

땅콩 저희가 알기로는 그 침묵과 함께 예언자님의 첫 번째 활동 시기가 끝이 납니다.

예레미야 그렇습니다. 저는 요시야의 개혁이 시작됨과 동시에 침묵하기 시작했고, 그 침묵은 꽤 오랫동안 지속되었습니다.

땅콩 그랬었군요. 그러면 오늘 말씀은 이 정도로 들을까요? 말씀이 귀해서 저는 밤이라도 새울 수 있지만, 먼 길 오신 예언자님이 피곤하실 것도 같고, 또 며칠간 서울에 머물겠다고도 하셨으니 천천히 듣겠습니다.

예레미야 그러시죠. 저로서도 관심 있는 교회들 몇 곳을 둘러볼 시간이 필요합니다. 오늘은 이쯤하고 내일 다시 뵙죠.

　땅콩　알겠습니다. 아, 그런데 오늘 묵으실 곳은 있나요? 혹시 마땅치 않으시면 누추하지만 저희 집에라도…….

　예레미야　아닙니다. 그 문제는 신경 쓰지 마십시오. 제가 알아서 하겠습니다. 내일 만날 곳은 오늘 밤에 이메일로 알려드리겠습니다.

　땅콩　알겠습니다. 그럼 편히 쉬시고 내일 다시 뵙겠습니다.

2부

여호야김 시대

하늘을 나는 학도 제 철을 알고, 비둘기와 제비와 두루미도 저마다 돌아올 때를 지키는데,
내 백성은 주의 법규를 알지 못한다. 너희가 어떻게 "우리는 지혜를 가진 사람들이요,
우리는 주의 율법을 안다"하고 말할 수가 있느냐?
사실은 서기관들의 거짓된 붓이 율법을 거짓말로 바꾸어 놓았다. (8:7-8)

4. 퇴보

둘째 날 대화는 서울 시내에 있는 어느 대형교회의 예배당 지붕 위에서 이루어졌다. 주일마다 수만 명의 신자들이 모이는 그 교회의 예배당은 주변의 다른 모든 건물을 압도할 만큼 웅장했다. 예언자는 땅콩 선생이 미리 준비해 놓은 사다리를 타고 끙끙거리며 예배당 지붕 위로 올랐다. 선생이 손을 내밀어 예언자를 끌어올렸다.

──────────── 땅콩 아이고, 예언자님. 서울에 좋은 장소가 얼마나 많은데 하필 이런 곳에서 만나자고 하십니까?

예레미야 아, 미안합니다. 저 때문에 고생이 많으시네요.

땅콩 저야 그렇다손 치더라도, 예언자님은 이게 웬 고생이십니까?

예레미야 꼭 한 번 이런 곳에 올라와 보고 싶었습니다. 도대체 한국 교회 목회자들이 왜 그렇게 큰 예배당을 세우고 싶어 하는지 알고 싶었거든요.

땅콩 올라와 보니 그 이유를 아시겠습니까?

예레미야 네, 조금은요. 모두가 낮게 엎드려 있는데 나만 홀로 우뚝
서 있는 게 뭔지 모를 쾌감을 주는군요. 어제 남산에서 서울 시내를
내려다볼 때와는 느낌이 아주 다르네요. 무언가 설명하기 어려운 우
월감, 발아래에 있는 이들에게 한마디 하면 모두가 "아멘!" 하고 외칠
것 같은 기대감……. 뭐 그런 느낌이 드는데 바로 이 맛에 이렇게 큰
예배당들을 세우는가 보죠?

땅콩 예언자님 시대에도 예루살렘 성전이 있었잖습니까?

예레미야 그랬었죠. 예루살렘 성전은 한때 이스라엘 백성 가운데 계
시는 하나님의 임재에 대한 상징으로, 또한 하나님께 대한 이스라엘
백성의 존숭(尊崇)을 드러내는 징표로 굳건하게 서 있었습니다. 하지
만 안타깝게도 바빌로니아 군대에 의해 파괴되고 말았습니다.

땅콩 예언자님이 오늘 대담 장소로 이곳을 택하신 이유를 알 것 같
습니다.

예레미야 땅콩 선생이 눈치가 빠르시네요.(웃음)

여호야김 시대

땅콩 오늘은 요시야의 뒤를 이어 유다를 다스렸던 여호야김(주전
609-598년) 시대에 관한 말씀을 듣고자 합니다. 우선 어제처럼 당시 유
다의 상황에 대한 설명부터 해주셨으면 합니다. 제가 알기로는 상황

이 조금 복잡했던 것 같은데…….

예레미야 그 상황을 설명하려면 당시의 국제정세에 대한 이야기로 돌아가야 합니다. 당시는 근동의 패권이 앗시리아에서 바빌로니아로 넘어가던 때였습니다. 주전 626년, 앗시리아의 속주였던 바빌로니아의 군주 나보폴라살(주전 626-605년)이 바빌로니아 외곽에서 앗시리아 군대를 격파하고 독립을 선언했습니다. 그 후 앗시리아는 수차례 바빌로니아를 공격했으나 번번이 실패하고 말았습니다. 그런 공방 속에서 시간이 흐를수록 바빌로니아의 위세는 커져갔고 점차 앗시리아를 위협할 정도에 이르렀습니다. 다급해진 앗시리아는 역시 제국의 속주였다가 30여 년 전에 독립을 선언하고 떨어져 나간 이집트에게 동맹을 제의했습니다. 그 무렵에 이집트는 앗시리아만큼이나 바빌로니아의 팽창에 대해 두려움을 갖고 있었기에 즉각 그 제의를 받아들였습니다. 하지만 그런 동맹조차 바빌로니아의 위세를 꺾을 수는 없었습니다. 주전 612년, 마침내 바빌로니아는 3개월에 걸친 포위공격 끝에 앗시리아의 수도 니느웨를 함락시켰습니다. 오랫동안 근동을 지배했던 앗시리아의 시대가 저물고 바빌로니아의 시대, 좀 더 정확히 말하자면 신바빌로니아 제국의 시대가 열린 겁니다.

앗시리아가 무너지자 이집트는 두려움에 빠졌습니다. 바빌로니아의 다음 목표가 시리아-팔레스타인, 그리고 그다음 목표가 이집트가 되리라는 것은 불 보듯 뻔했기 때문입니다. 정치적 감각이 뛰어났던 이집트 왕 느고(주전 610-594년)는 선수를 치기로 했습니다. 그는 당시 하란으로 물러나 있던 앗시리아의 패잔병들과 힘을 합쳐 바빌로니아를 공격하기로 했습니다. 결국 그는 주전 609년에 대군을 이끌고 유프라테스 강변에 위치한 갈그미스를 향해 진격했습니다.

그런데 그렇게 북진하는 이집트 군대를 유다 왕 요시야가 막아섰습니다. 요시야는 이집트가 바빌로니아를 공격하는 것을 원치 않았습니다. 그 공격이 성공할 경우, 유다가 북쪽에는 앗시리아, 남쪽에는 이집트라는 두 강대국 사이에 끼어 양쪽 모두에게서 고통당하는 처지가 될 것이 분명했기 때문입니다. 요시야는 에스드렐론 평야에 있는 므깃도에서 이집트 군대를 맞아 싸웠습니다. 그리고 안타깝게도 그 전투에서 적의 화살에 맞아 전사하고 말았습니다(대하 35:20-27).

요시야가 죽자 유다 백성은 그의 넷째 아들 여호아하스를 왕으로 삼았습니다. 하지만 그는 왕 노릇을 석 달밖에 하지 못했습니다. 갈그미스 전투를 마치고 본국으로 돌아가던 느고가 그를 폐위시켜 이집트로 끌고 갔기 때문입니다. 대신 느고는 요시야의 둘째 아들인 여호야김을 꼭두각시로 삼아 유다의 왕좌에 앉혔습니다(왕하 23:31-34). 여호야김은 부왕인 요시야가 죽었을 때 여호아하스보다 서열이 위였음에도 백성들로부터 왕으로 추대받지 못했습니다. 애당초 왕이 될 만한 재목이 아니었기 때문이죠. 그런데 이집트는 그 형편없는 자를 유다의 왕으로 앉혔던 겁니다.

여호야김의 됨됨이

땅콩 여호야김은 어떤 사람이었습니까?

예레미야 한마디로, 시정잡배만도 못한 자였습니다. 한때나마 제가 그런 자의 백성이었다는 사실이 수치스러울 정도입니다. 어떻게 요시야처럼 훌륭한 아버지에게서 그렇게 형편없는 자식이 태어났는지 지금도 잘 이해가 되지 않습니다. 무엇보다도 그는 왕에게 필요한 가장 중요한 덕목인 판단력을 결여한 자였습니다. 예나 지금이나 왕의 결정은 백성 전체의 운명을 좌우합니다. 여호야김 시대에 유다가 나라의 기반이 흔들릴 만큼 심각한 전쟁을 겪은 것은 전적으로 그의 어리석음 때문이었습니다. 그는 국가의 먼 미래는커녕 한 치 앞도 내다보지 못하는 얼간이였고, 간에 붙었다 쓸개에 붙었다 하는 얄팍한 인간이었습니다(2:36). 만약 그가 올바른 판단력을 갖고 있었다면, 예루살렘이 이방인들의 군홧발에 짓밟히는 사태는 벌어지지 않았을 겁니다.

또 여호야김은 사욕(私慾)이 너무 많은 자였습니다. 처음부터 그는 자기를 왕으로 만들어 준 이집트의 꼭두각시 노릇을 충실하게 이행했습니다. 그는 이집트에 조공하기 위해 백성들에게 무거운 세금을 부과했습니다(왕하 23:35). 하기야 어찌 보면 그것은 유다의 국력이 약했기에 어쩔 수 없는 노릇이기는 했습니다. 그러나, 그 이유가 무엇이었든, 당시에 유다 백성은 무거운 세금 때문에 허리가 휠 지경이었습니다. 게다가 엎친 데 덮친 격으로 그 시절에는 가뭄마저 극심했습니다.

땅콩 저도 예레미야서에서 유다 말기에 있었던 가뭄에 대한 이야기를 읽었습니다. 그 상황에 대한 묘사가 하도 인상적이어서 기억하고 있습니다.

유다가 슬피 울고,

성읍마다 백성이 기력을 잃고,

땅바닥에 쓰러져 탄식하며,

울부짖는 소리가

예루살렘에서 치솟는다.

귀족들이 물을 구하려고 종들을 보내지만,

우물에 가도 물이 없어서

종들은 빈 그릇만 가지고 돌아온다.

종들이 애태우며 어찌할 바를 모른다.

온 땅에 비가 내리지 않아서

땅이 갈라지니,

마음 상한 농부도 애태우며,

어찌할 바를 모른다.

들녘의 암사슴도 연한 풀이 없어서,

갓 낳은 새끼까지 내버린다.

들나귀도 언덕 위에 서서

여우처럼 헐떡이고,

뜯어먹을 풀이 없어서 그 눈이 흐려진다. (14:2-6)

예레미야 　그렇습니다. 유다 말기에는 그런 가뭄이 여러 해 동안 계속 되었습니다. 그러니 당시 유다 백성들은 한편으로는 거듭되는 가뭄으 로 인해 고통을 당하고, 다른 한편으로는 이집트에 대한 조공을 위해 수탈을 당하는 극한의 어려움에 처해 있었던 겁니다. 물론 그 모든 게 그들의 죄에 대한 주님의 징벌이기는 했지만 말입니다. 문제는, 여호 야김이 자신의 사욕을 채우기 위해 그런 극심한 고통에 처해 있던 백성들에게 또 다른 짐을 지웠다는 겁니다. 그는 솔로몬이 물려준 왕궁에 만족하지 못했습니다. 그는 그러지 않아도 허리가 휘고 뱃가죽이 등가죽에 붙어 있던 백성들을 동원해 자신의 왕궁을 확장하고 누각을 새로 지었습니다(22:13-14). 자기 백성의 상황을 살피는 왕이라면 도저히 할 수 없는 일이었습니다.

다시 타락의 길로

땅콩 판단력 결여와 사욕 추구 외에 여호야김이 갖고 있던 또 다른 문제가 있었나요?

예레미야 있었습니다. 그리고 어쩌면 그것은 앞서 언급한 것들보다 더 심각한 것일 수도 있습니다.

땅콩 그 문제가 뭐지요?

예레미야 요시야의 개혁을 후퇴시킨 것입니다. 요시야가 죽은 후 그가 추진해 왔던 개혁은 즉각 그 동력을 상실했습니다. 무엇보다도 여호야김은 자기 아버지가 시작한 일을 지속하려는 의지 자체가 없었습니다. 그의 관심은 오직 이집트의 비위를 맞추고 자신이 왕임을 과시하기 위해 허세를 부리는 것뿐이었습니다. 결국 그가 왕위에 오른 후 얼마 지나지 않아 유다는 요시야의 개혁 이전의 상황으로 되돌아가고 말았습니다.

땅콩 구체적으로 어떻게 되었다는 말씀인가요?

예레미야 무엇보다도 백성들 사이에서 다시 우상 숭배가 시작되었습니다. 백성들은 하늘의 여신에게 분향하고 온갖 잡신들에게 술을 부어 바치기 시작했습니다(7:18). 성전 안에 또다시 역겨운 우상들이 세워졌고, 힌놈의 아들 골짜기에는 몰렉을 위한 도벳 산당이 재건되었습니다(7:30-31). 그 외에도 백성들은 여러 우상들을 섬겼는데, 주님은 그런 모습을 보며 이렇게 탄식하셨습니다.

> 유다 사람들아, 너희가 섬기는 신들은 너희가 사는 성읍 수만큼이나 많고, 너희가 바알에게 분향하려고 세운 그 부끄러운 제단은 예루살렘의 골목길 수만큼이나 많구나! (11:13)

말씀드렸듯이, 주님이 유다를 심판하기로 결심하신 가장 큰 이유는 그 땅에서 자행되던 우상 숭배였습니다(1:16; 2:27-28; 4:1). 그런데 아무도 예상하지 못했던 요시야의 개혁으로 인해 한동안 유다에서 우상들이 사라졌습니다. 속사정이야 어떻든, 겉보기에 요시야 후기의 유다는 분명히 우상 청정지역이었습니다. 그런데 여호야김 시대가 열리자마자 슬금슬금 우상들이 되살아나기 시작한 겁니다.

땅콩 어제 말씀 중에 예배의 타락은 반드시 삶의 타락으로 이어진다고 하셨는데, 여호야김 시대 역시 그러했던 건가요?

예레미야 예배의 타락이 삶의 타락으로 이어진다는 것은 만고불변의 법칙입니다. 신자들이 타락하는 가장 큰 이유는 그들이 드리는 예배가 타락했기 때문입니다. 실제로 유다에서 다시 우상들이 등장함과 동시에 유다 백성들은 개혁 이전의 상황으로 급속하게 빠져들었습니다. 제 말이 허튼소리가 아니라는 것은 여호야김 시대의 예언자였던 하박국의 말을 통해서도 알 수 있습니다. 하박국은 주님께 이렇게 탄식했습니다.

어찌하여 나로 불의를 보게 하십니까?
어찌하여 악을 그대로 보기만 하십니까?
약탈과 폭력이 제 앞에서 벌어지고,
다툼과 시비가 그칠 사이가 없습니다.
율법이 해이하고,
공의가 아주 시행되지 못합니다.
악인이 의인을 협박하니,
공의가 왜곡되고 말았습니다. (합 1:3-4)

율법이 해이하고 공의가 시행되지 않는 사회의 특징 중 하나는 사람들이 영악해지는 겁니다. 그런 사회에서 사람들은 수단과 방법을 가리지 않습니다. 무엇보다도 그들은 눈 하나 깜짝하지 않고 서로에게 거짓말을 합니다(8:10). 어제 저는 종교개혁 이전의 요시야 시대의 특징 중 하나로 거짓말을 꼽았는데, 바로 그런 현상이 여호야김 시대에 다시 나타나기 시작했습니다. 당시의 유다는 모두가 모두에게 거짓말을 하는 무서운 사회였습니다. 주님은 자기 백성의 그런 모습을 보며 이렇게 한탄하셨습니다.

내 백성의 혀는 독이 묻은 화살이다.
입에서 나오는 말은 거짓말뿐이다.

입으로는 서로 평화를 이야기하지만,

마음속에서는 서로 해칠 생각을 품고 있다. (9:8)

또 그들은 자신의 이익을 위해서라면 누구라도, 심지어 자신의 자식들까지도 눈 하나 깜짝하지 않고 해칠 수 있었습니다. 조금 전에 제가 힌놈의 아들 골짜기에 세워졌던 도벳 산당에 대해 말했는데, 그 산당이 뭐하는 곳이었는지 아십니까? 부모가 몰렉이라는 신에게 자기 자식을 불태워 희생제물로 바치는 곳이었습니다. 부모가 그런 끔찍한 일을 하는 이유는 하나뿐입니다. 몰렉의 비위를 맞춰 그가 내리는 복을 받으려는 것이지요. 요시야가 개혁을 시작하면서 했던 일들 중 가장 대표적인 것이 바로 그 도벳 산당을 없앤 것입니다(왕상 23:10). 그런데 여호야김 시대에 들어와 그 산당이 다시 세워졌습니다(7:31). 부모가 제 한 몸 잘 먹고 잘 살겠다고 자기 자식을 불살라 바치는 천인공노할 짓이 유다 땅에서 다시 벌어지기 시작한 겁니다.

잘못된 개혁

땅콩 그런데 잘 이해가 되지 않습니다. 요시야가 개혁을 시작한 때는 주전 621년이고 그가 죽은 것은 주전 609년이잖습니까? 그렇다면 유다 땅에서 적어도 10년 이상 개혁이 지속된 셈인데, 그 굉장했던 개혁이 어째서 그렇게 쉽게 후퇴할 수 있었던 겁니까?

예레미야 요시야의 개혁 실패와 관련해서는 여러 가지 이유를 찾을 수 있습니다만, 무엇보다도 저는 그것이 '성전 중심의 개혁'이었다는 사실에 방점을 찍고 싶습니다. 요시야의 개혁은 예루살렘 성전을 주님이 기뻐하실 만한 모습으로 변화시켰다는 점에서 높이 평가되어야 합니다. 하지만 요시야는 지나치게 성전 제사에만 몰두했습니다. 그는 유다의 각 지방에 있던 성소들을 폐지하고 그곳에서 일하던 제사장들을 모조리 예루살렘으로 불러올렸습니다. 왕의 지원을 받는 제사장들은 밥만 먹으면 모여 앉아 제사 방식에 대해 논의를 했습니다. 그리고 논의가 끝날 때마다 제사는 점점 더 장엄하고 화려하고 정교하고 우아해졌습니다. 요시야는 성전 제사가 그렇게 나날이 발전해 가는 것을 보며 기뻐했습니다. 하지만 그는 그런 제사가 뜻하지 않은 결과를 낳으리라는 것을 알지 못했습니다.

땅콩   뜻하지 않은 결과요? 그게 뭐죠?

예레미야   백성들이 제사를 주님을 섬기는 일의 전부로 여기게 된 겁니다. 그들은 성전에서 제사만 잘 드리면 주님의 백성으로서 자신들의 의무를 다했다고 여겼습니다. 주님이 혐오하시는 온갖 악한 일을 하고도 제사에 참여해 제물만 바치면 모든 게 해결된다고 믿은 것이지요. 그로 인해 유다에서는 성전 제사로 대표되는 '종교'만 남고 그 종교가 요구하는 '삶'은 보이지 않게 되었습니다.

분명히 성전 제사는 요시야의 개혁을 통해 크게 변화되었고, 겉보기에 그 모든 변화는 주님을 기쁘게 해드릴 것처럼 보였습니다. 무엇보다도 제사에 임하는 제사장들의 자세가 지극정성 그 자체였습니다. 예루살렘 성전은 기존의 제사장들뿐 아니라 지방에서 올라온 이들까지 포함해 그야말로 제사장들로 차고 넘쳤습니다. 상황이 그러하다

보니 제사장들은 자신이 제사를 맡을 차례가 되면 그보다 더 잘하는 게 불가능할 만큼 최선을 다해 제사에 임했습니다. 그래서 성전 제사에 참여한 백성들은 때로 자기들이 제사를 드리고 있는 건지, 아니면 공연예술을 관람하고 있는 건지 헷갈릴 정도가 되었습니다.

하지만, 속사정이 어떻든 간에, 성전 제사가 끝나고 나면 제사를 집례한 이들과 그 제사에 참여한 이들 모두가 뭔지 모를 뿌듯함을 느꼈습니다. 그리고 주저하지 않고 그 제사를 "주님이 기뻐하실 만한 제사"였다고 평했습니다. 그러나 문제는 바로 그 뿌듯함에 있었습니다. 뿌듯함에 취한 제사장들과 백성들은 주님 역시 자기들처럼 기뻐하실 거라고 믿었습니다. 더 나아가 주님이 그렇게 멋진 제사를 받으신 기쁨 때문에 자기들이 지은 죄를 용서해 주실 거라고 믿었습니다. 즉 그들에게 "주님이 기뻐하실 만한 제사"는 주님의 뜻을 따라 자신들의 삶을 변화시키는 계기가 아니라, 감동적인 공연예술을 통해 자신들의 추악함을 가리는 기회가 되었던 겁니다. 다시 말해, 제사라는 '수단'에 집중하느라 삶이라는 '목적'을 잃어버린 것이죠.

목적과 수단

땅콩 방금하신 말씀에는 선뜻 동의하기가 어렵습니다. 주님께 드리는 제사가 어떻게 '수단'일 수 있습니까? 제사는 그 자체가 '목적' 아닌가요?

예레미야 유다의 제사장들 역시 그렇게 주장했습니다. "제사는 그 자체가 목적이다"라고 말입니다. 그들은 성전 제사에 참여하는 것이야말로 주님을 섬기는 일의 기본이라고 주장했습니다. 하지만 그런 말은 종종 "제사가 전부다"라는 주장으로 변했습니다. 실제로 여호야김 시대에는 제사가 넘쳐났습니다. 시도 때도 없이 성전에서 제사가 드려졌고 제사 행렬은 끊이질 않았습니다. 그러나 그게 전부였습니다. 백성들이 드리는 제사는 넘치는데, 주님이 그들에게 요구하시는 삶은 유다 땅 어디에서도 보이지 않았습니다. 주님은 유다 백성들의 그런 상황과 관련해 이렇게 탄식하셨습니다.

> 내가 너희 조상을 이집트 땅에서 데리고 나왔을 때에, 나는 그들에게 번제물이나 다른 어떤 희생제물에 대하여, 전혀 말하지도 않고, 명하지도 않았다. 오직 내가 명한 것은 "너희는 나에게 순종하여라. 그러면 내가 너희 하나님이 되고, 너희는 나의 백성이 될 것이다. 내가 너희에게 명하는 그 길로만 걸어가면, 너희는 잘될 것이다" 하는 것뿐이었다. (7:22-23)

물론 주님이 출애굽 이후 어느 시점에 이스라엘 백성에게 각종 제사를 명하시고 제사법에 대해 알려주신 것은 분명한 사실입니다. 그 내용은 레위기에 상세히 실려 있습니다. 그러나 우리가 분명하게 알아야 할 것은, 방금 인용한 말씀을 통해 드러나듯이, 자기 백성에 대한 주님의 우선적인 바람은 '제사'가 아니라 자신의 뜻에 대한 '순종'이었다는 사실입니다. 실제로 주님은 자기에게 불순종하는 유다 백성들이 성전에서 온갖 예물을 바치며 절하는 것을 보며 이렇게 말씀하셨습니다.

시바에서 들여오는 향과

먼 땅에서 가져오는 향료가,

나에게 무슨 소용이 있느냐?

너희가 바치는 온갖 번제물도 싫고,

온갖 희생제물도 마음에 들지 않는다. (6:20)

한마디로, 주님의 백성다운 삶을 살지 않는 자들이 제아무리 대단한 제사를 드릴지라도, 그것은 그들의 일일뿐 주님과는 상관없다는 말씀입니다. 그런 의미에서 백성들의 삶의 변화를 이끌어 내지 못한 채 화려하고 장엄한 제사만 강조했던 요시야의 개혁은 근본적으로 문제가 있었던 겁니다. 개인적으로 저는, 그게 어떤 의미로 하는 말이든 간에, '성전 중심'이라는 말을 좋아하지 않습니다. 제가 보기에 그런 말 속에는 항상 종교 지도자들의 욕망이 숨어 있습니다. 아닌 말로, 신자들 중에서 성전의 소중함을 부정할 사람이 누가 있겠습니까? 그러나 무언가가 '소중하다'는 것과 그것이 매사에 '중심이 되어야 한다'는 것은 전혀 다른 문제입니다.

악의 문제

땅콩 그렇다면 예언자님은 요시야의 개혁 실패가 전적으로 그런 내부적 요인, 즉 성전 제사 중심의 개혁 때문이라고 보시는 건가요? 다른 외부적 요인은 없었을까요?

예레미야 있었습니다. 사실 어느 의미에서는 그것이 내부적 요인보다 클 수도 있었습니다. 그러나 그것은 당시의 개혁 주체들이 어떻게 할 수 없는 문제였기에 굳이 말씀드리지 않았을 뿐입니다.

땅콩 그 외부적 요인은 무엇인가요?

예레미야 엄존하는 '악의 영향'이었습니다. 앞서 말씀드렸듯이, 말기의 유다는 므낫세 왕의 악한 통치의 영향하에 있었습니다. 므낫세가 뿌려놓은 우상 숭배라는 잡초가 유다 땅 전역에 깊이 뿌리를 내리고 있었지요. 잡초는 생명력이 강합니다. 아름다운 꽃들은 바람만 조금 불어도 속절없이 떨어지는데, 잡초들은 아무리 힘을 들여 뽑아내도 계속해서 자라납니다. 요시야가 애를 쓰기는 했으나 므낫세가 뿌려놓은 잡초들을 뽑아내기에는 역부족이었습니다. 열왕기서의 저자는 요시야의 노력에도 불구하고 유다가 멸망하게 된 이유를 이렇게 전하고 있습니다.

> 그러나 주께서는 유다에게 쏟으시려던 그 불타는 진노를 거두어들이시지는 않으셨다. 므낫세가 주님을 너무나도 격노하시게 하였기 때문이다. 그래서 주께서는 이렇게 말씀하셨다. "이스라엘을 내가 외면하였듯이, 유다도 내가 외면할 것이요, 내가 선택한 도성 예루살렘과 나의 이름을 두겠다고 말한 그 성전조차도, 내가 버리겠다." (왕하 23:26-27)

나중에 말씀드릴 기회가 있겠지만, 우리는 악의 문제를 너무 쉽게 생각해서는 안 됩니다. 악은 매우 실제적인 힘입니다. 그 힘을 무시하거나 간과하면서 희망을 이야기하는 것은 달콤하기는 하나 헛소리가 될 수 있습니다.

성전 설교

땅콩 요시야의 죽음은 유다의 상황뿐 아니라 예언자님 개인에게도 영향을 준 듯합니다. 요시야의 개혁과 함께 활동을 중단하셨던 예언자님이 그가 죽은 후 얼마 지나지 않아 다시 무대에 등장하셨으니 말입니다.

예레미야 그렇습니다. 만약 요시야의 개혁이 계속되었다면, 저는 아나돗에 그대로 머물며 기도에 전념했을 겁니다. 그러나 안타깝게도 그는 죽었고, 그의 아들 여호야김은 시정잡배만도 못한 자였으며, 유다 백성들은 다시 타락의 길로 빠져들었습니다. 그런 상황을 안타까워하며 기도하던 어느 날, 주님의 말씀이 저에게 임했습니다. 주님은 저에게 다시 유다 백성을 향해 예언하라고 명하셨습니다. 저는 싫었지만 다시 일어설 수밖에 없었습니다.

땅콩 활동을 재개하며 행하신 첫 번째 예언이 이른바 '성전 설교'(7:1-15; 26:1-6)라는 것이지요?

예레미야 그렇습니다. 저는 주님의 말씀을 따라 예루살렘 성전으로 가서 제사를 드리기 위해 그곳을 찾아온 유다 백성들을 향해 이렇게 외쳤습니다.

"이것이 주의 성전이다, 주의 성전이다, 주의 성전이다" 하고 속이는 말을, 너희는 의지하지 말아라. … 너희는 모두 도둑질을 하고, 사람을 죽이고, 음행을 하고, 거짓으로 맹세를 하고, 바알에게 분향을 하고, 너희가 알지 못하는 다른 신들을 섬긴다. 너희는 이처럼 내가 미워하는 일만 저지르고서도, 내 이름으로 불리는 이 성전으로 들어와서, 내 앞에 서서 "우리는 안전하다" 하고 말한다. … 너희는 내가 처음으로 내 이름을 두었던 실로에 있는 내 처소로 가서, 내 백성 이스라엘의 죄악 때문에, 내가 그곳을 어떻게 하였는지 보아라. … 내가 실로에서 한 것과 똑같이, 내 이름으로 불리며 너희가 의지하는 이 성전, 곧 내가 너희와 너희 조상에게 준 이 장소에, 내가 똑같이 하겠다. (7:4-14)

땅콩 실로라면 이스라엘 백성이 가나안 정착 초기에 회막을 세우고 언약궤를 모셨던 곳 아닙니까?(수 18:1)

예레미야 그렇습니다. 당시에 실로는 훗날의 예루살렘만큼이나 소중한 성지였습니다. 그런데 사사 시대 말기에 블레셋 사람들에 의해 함락되어 폐허가 되고 말았습니다(삼상 4:12-22).

땅콩 주님이 예루살렘 성전을 실로처럼 파괴하시리라는 말씀은 지금 들어도 섬뜩합니다. 예언자님이 그렇게 두려운 예언을 하셔야 했던 이유는 무엇입니까?

예레미야 성전 안팎을 에워싸고 있던 '거짓말' 때문이었습니다. 앞서 말씀드렸듯이, 요시야의 개혁은 유다 백성의 삶을 바꾸지 못했습니다. 더구나 그의 뒤를 이은 여호야김은 백성들에게 그 어떤 선한 영향도 주지 못했습니다. 그로 인해 유다 백성의 삶은 요시야의 개혁 이전으로 급속하게 후퇴했습니다. 그들은 주님이 "미워하는 일"(7:6)과

"역겨운 모든 일들"(10절)을 골라서 했고, "온갖 죄를"(13절) 저질렀습니다. 그러고도 때만 되면 성전으로 몰려와 제물을 바치고 절을 하며 복을 빌었습니다.

가장 큰 문제는 제사장들이었습니다. 그들에게는 엇나가는 백성들을 타이르고 바로잡아야 할 책임이 있었으나 그렇게 하지 않았습니다. 오히려 그들은 온갖 죄를 짓고도 뻔뻔하게 낯을 들고 성전을 찾아와 절하는 이들의 귀에 그들이 듣고 싶어 하는 소리를 들려주었습니다. "이것이 주의 성전이다, 주의 성전이다, 주의 성전이다"(4절)라고 말입니다. 그들은 성전에 계신 주님이 그들의 예물을 기쁘게 받으셨고 그로 인해 그들에게 복을 내리기로 하셨다고 말했습니다. 그리고 제사장들로부터 그런 달콤한 소리를 들은 이들은 성전 문을 나서면서 이렇게 자위했습니다. "우리는 안전하다"(10절). 즉 악한 백성들은 제물로 제사장들의 배를 채워주고, 제사장들은 달콤한 헛소리로 그들의 귀를 간질여 주었던 겁니다. 제사와 제물을 매개로 한 성전의 그런 '상호부조(相互扶助) 메커니즘'은 제사장들을 철저하게 타락시켰습니다.

사정이 그러하다 보니, 당시의 성전은 겉보기에는 그럴 듯했으나 실제로는 온갖 죄를 저지르고 손에 피를 묻힌 "도둑들이 숨는 곳"(7:11)에 불과했습니다. 다시 말해, 당시의 성전은 거룩하신 주님이 계신 곳이 아니라, 사악한 인간들이 주님의 이름으로 서로의 잘못을 묵인하며 서로를 향해 구원을 선포하는 허위(虛僞)의 장소였습니다. 그리고 주님은 저에게 그렇게 허위가 횡횡하는 장소에 대해 심판을 선언하라고 명하셨던 겁니다.

땅콩 그 선언은, 요즘 식으로 하자면 지금 예언자님과 제가 올라와 있는 이 웅장하고 아름다운 예배당을 허물어 버리시겠다는 말씀 아닙니까?

예레미야 그 이상이었습니다. 잘 아시겠지만, 신약시대의 예배당은 성전이 아닙니다. 사실 예루살렘 성전은 규모라는 측면에서 보자면 이 예배당과는 비교도 안 될 만큼 작았습니다. 애초에 성전의 목적이 오늘날의 예배당처럼 대규모 집회를 위한 장소가 아니라 제물을 바치기 위한 장소였기 때문입니다. 그러나 이스라엘에서 예루살렘 성전은 건물의 크기 이상의 의미를 갖고 있었습니다. 그곳은 주님의 이름과 영광이 실제로 임재해 계신 장소였습니다(왕상 5:5; 8:48; 시 26:8). 그러므로 이스라엘 백성에게 예루살렘 성전은 이런 웅장한 예배당 수백 개를 합쳐놓은 것보다 더 소중했습니다. 그런데 주님이 바로 그 성전을 허물겠다고 말씀하신 겁니다. 그렇다면 이 정도의 예배당쯤이야 말해 뭣하겠습니까?

주님의 보호

땅콩 예언자님께 그런 말씀을 들은 이들의 반응이 궁금해지네요? 어떠했습니까?

예레미야 제 말이 끝나자마자 제사장들과, 성전에 소속된 예언자들과, 성전으로 예배하러 왔던 자들 모두가 벌 떼처럼 들고 일어났습니다. 그들은 저를 붙잡고 이렇게 소리쳤습니다. "너는 반드시 죽고 말

것이다. 어찌하여 네가 주의 이름을 빌려, 이 성전이 실로처럼 되고, 이 도성이 멸망하여 여기에 아무도 살 수 없게 된다고 예언하느냐?" (26:9) 이어서 그들은 저를 고관들 앞으로 끌고 갔습니다. 그리고 법에 따라 저를 사형시키라고 요구했습니다. 만약 지방의 장로들 몇 사람이 저를 옹호해 주지 않았더라면, 저는 꼼짝없이 그때 그 일로 인해 죽임을 당했을 겁니다.

땅콩 지방의 장로들이라면 어떤 이들을 말씀하시는 거죠?

예레미야 지방 성소에서 제사를 드릴 수 없어서 예루살렘까지 왔던 이들이었습니다. 그들은 제가 제법 옳은 소리를 한다고 여겼던가 봅니다.

땅콩 아닌 말로 그때 예언자님은 그들의 조국이 망할 거라고 선언하신 셈인데, 도대체 그들은 어떤 논리로 예언자님을 옹호할 수 있었던 겁니까?

예레미야 그들은 이스라엘의 '예언자 전통'에 의지해 저를 옹호했습니다. 그들은 저보다 앞서 활동했던 유다의 예언자 미가의 경우를 예로 들었습니다. 미가 역시 저처럼 유다와 예루살렘의 멸망을 선포했는데 그 예언을 들은 이들이 그를 죽이기는커녕 오히려 회개하고 주님의 은혜를 간구함으로써 주님의 계획을 바꿀 수 있었다는 것이었습니다(26:17-19). 다행히 고관들 중 일부가 그들의 주장에 동조했고, 덕분에 저는 목숨을 건질 수 있었습니다. 그때 고관들 중 저를 구명하기 위해 가장 적극적으로 발언했던 이가 사반의 아들 아히감이었는데(24절), 훗날 그의 아들 그달리야가 유다의 총독이 되었습니다.

땅콩 그 암울한 시절에 그런 발언을 한 이들이 있었다는 것이 그나마 위안이 되는군요. 그런 이들이 없었더라면 예언자님의 사역은 더 어려웠겠죠?

예레미야　그랬을 겁니다. 거짓과의 싸움에서 가장 힘든 것은 외로움입니다. 분명히 내가 옳은데도 사람들은 거짓말하는 이들의 편을 듭니다. 나는 혼자이고 거짓말하는 사람들은 많으니, 얼핏 내가 틀리고 그들이 옳은 것처럼 보입니다. 그래서 진리의 편에 섰다가도 자신의 생각에 대한 믿음을 잃고 거짓의 편으로 기우는 이들이 생기곤 합니다.

당시에 저를 옹호했던 지방의 장로들과 사반의 아들 아히감은 주님이 저의 사역을 연장하기 위해 마련해 두신 은혜의 방편이었습니다. 사역 기간 중에 저는 아주 여러 번 차라리 죽는 게 낫겠다 싶을 만큼 힘든 일을 겪어야 했습니다. 그런데 그때마다 주님은 저에게 이런저런 도움의 손길을 펼쳐주셨습니다. 아마도 그런 손길들이 없었더라면 저는 사역을 계속하기 어려웠을 겁니다. 오늘날에도 주님을 위해 거짓과 맞서 싸우고 있는 모든 이들에게 주님이 저에게 베풀어 주셨던 것과 동일한 은혜가 임하기를 바랍니다.

5. 헛된 믿음

땅콩 여호야김 시대에 대한 말씀을 나누다 보니, 요시야의 개혁의 문제를 좀 더 살펴보는 것이 좋겠다는 생각이 듭니다. 그 문제에 대한 이해 없이는 개혁 이전으로 후퇴했던 여호야김 시대를 제대로 이해하기가 어려울 것 같아서요. 어젯밤에 저는 열왕기서에 실려 있는 요시야의 개혁에 대한 구절들을 꼼꼼히 살펴보았습니다. 그런데 그중 이런 내용을 읽고 조금 혼란스러웠습니다.

> 사사들이 이스라엘을 다스리던 시대로부터 이스라엘과 유다 왕들의 시대에 이르기까지, 어느 시대에도 이와 같은 유월절을 지킨 일은 없었다. 요시야 왕 제 십팔 년에 이르러서야, 비로소 예루살렘에서 주를 기리는 유월절을 지켰다. (왕하 23:22-23)

저는, 이 말씀대로라면, 이스라엘 백성이 그들의 왕국 역사 기간에 율법을 한 번이라도 제대로 지킨 적이 있었을까 하는 의문이 들었습니다.

예레미야 왜 그런 생각을 하셨을까요?

땅콩 유월절은 이스라엘 민족의 최대 축제 아닙니까?

예레미야 그렇습니다. 유월절은 한국의 설날과 광복절을 합친 것과 같은 큰 기쁨의 축제입니다. 유월절 사건으로 인해 히브리 노예들이 주님의 백성으로 다시 태어나게 되었으니까요.

땅콩 그런데 만약 이스라엘 백성이 그처럼 즐거운 명절마저 지키지 않았다면, 그보다 귀찮거나 까다로운 율법들은 더더욱 지키지 않았을 것 아닙니까? 그리고 만약 그게 사실이라면, 유월절을 비롯해 각종 율법을 복원시킨 요시야의 개혁은 정말로 대단한 사건이 아니었을까요? 그런데 그렇게 대단한 개혁이 10년 이상 지속되었음에도 어째서 유다 백성의 삶은 조금도 나아지지 않았던 걸까요? 주님이 이스라엘 백성에게 율법을 주신 이유가 결국 그 율법을 통해 그들의 삶을 바꾸시기 위한 것 아닙니까? 그렇다면, 비록 강제에 의한 것일지라도, 율법을 준수했던 유다 백성의 삶이 어떤 형태로든 변화되었어야 하는 것 아닐까요? 아이고, 이런, 죄송합니다. 제가 조금 혼란스러워서 횡설수설하고 있네요…….

예레미야 아닙니다. 조금 어수선하기는 하나 방금 하신 질문은 아주 중요하기에 한 번은 짚고 넘어갈 필요가 있습니다. 땅콩 선생의 질문을 정리해 보면, '첫째, 이스라엘 백성이 그들의 왕국 역사 기간 내내 율법을 지키지 않았던 것 아니냐? 둘째, 그렇다면 율법을 부활시킨 요시야는 아주 대단한 일을 한 것 아니냐? 셋째, 그럼에도 어째서 요시야의 개혁이 유다 백성의 삶을 변화시키지 못했느냐?' 하는 거죠?

땅콩 네, 그렇습니다.

율법의 문제

예레미야 그럼 첫 번째 질문부터 생각해 봅시다. 땅콩 선생은 이스라엘 백성이 그들의 왕국의 역사가 지속되었던 기간에 율법을 거의 지키지 않은 것 같아 충격을 받았다고 하셨습니다. 그렇다면 혹시 그동안에는 이스라엘 백성이 '당연히' 율법을 지켰으리라고 생각해 오셨던 건가요?

땅콩 그렇습니다. 그동안 저는 이스라엘 백성이 어떤 형태로든 율법을 지켰으리라고 생각했습니다. 다만 그런 율법 준수가 자발적이지 않고 형식적이어서 여호와의 진노를 샀던 것이라고 생각했습니다. 그리고 유다 말기에는 백성들이 완전히 타락해서 그동안 형식적으로나마 지켜왔던 율법을 아예 지키지 않았을 거라고 여겼고요. 그런데 열왕기서를 읽다보니 사정이 그런 것 같지 않아 무척 놀랐습니다.

예레미야 제가 보기에 오늘날의 성경 독자들은 고대 이스라엘의 상황을 지나치게 미화하는 경향이 있습니다. 그러나 소위 '이스라엘 역사의 황금기'라고 불리는 다윗과 솔로몬 시절의 이스라엘조차 결코 이상국가(理想國家)가 아니었습니다. 다윗은 평생을 이스라엘의 열두 지파를 통합해 통일왕국을 이루고, 전쟁을 통해 영토를 넓히고, 자신의 왕위를 공고히 하는 일에 몰두했던 일종의 정복군주였습니다. 한마디로 그는 이스라엘 백성을 주님의 율법에 기초해 다스리는 일을 하기에 적합한 사람이 아니었습니다. 사무엘서에 실려 있는 그에 관한 기록을 살펴보십시오. 온통 싸움과 전쟁 이야기뿐 아닙니까? 물론 그가 개인적으로 주님에 대해 큰 열심을 품었던 이었음은 분명합니다. 그러나 그것이 곧 그가 실제로 이스라엘 왕국을 주님의 율법의 바탕 위에서 다스렸다는 증거가 될 수는 없습니다. 그는 그런 일을 하기에는 너무나 바쁘고 호전적인 사람이었습니다.

다윗보다는 그의 아들 솔로몬이 이스라엘 백성을 율법에 따라 이끌 만한 인물이었습니다. 그에게는 그럴 만한 재능과 여유가 있었기 때문입니다. 그러나 안타깝게도 솔로몬은 그런 재능과 여유를 엉뚱한 곳에 사용했습니다. 그는 재위 기간 내내 예루살렘 성전과 자신의 왕궁을 세우고, 전 국토를 요새화하고, 국가의 부를 쌓는 일에 매진했습니다. 그 덕분에 그의 재위 기간에 이스라엘 왕국은 전성기를 맞이했으나, 그것이 곧 그 왕국이 주님의 율법을 따라 살았다는 증거가 될 수는 없습니다. 세상에는 주님의 뜻과 명령을 따르지 않으면서도 부강한 나라들이 얼마든지 있지 않습니까?

솔로몬이 죽고 이스라엘 왕국이 남과 북으로 나뉜 이후의 사정은 우리 모두가 아는 바와 같습니다. 북왕국은 처음부터 줄곧 타락한 삶을 살다가 주전 722년에 앗시리아 제국에 의해 멸망했습니다. 아모스나 호세아 같은 예언자들이 나타나 심판을 경고하고 주님의 율법을 지키라고 호소했음에도 북왕국 백성들은 그들의 말을 듣지 않았습니다. 남왕국의 사정도 북왕국의 그것보다 나을 게 없었습니다. 그들 역시 예언자들의 말을 무시하다가 결국 북왕국 백성들처럼 이방민족인 바빌로니아에 의해 멸망당하고 말았습니다.

그러니 이스라엘 백성이 주님의 택함을 받은 백성이었기에 율법을 잘 지켰으리라는 생각은 성경 독자들의 상상에 불과합니다. 열왕기서 기자가 기록했듯이, 그리고 땅콩 선생이 그 기록을 읽고 놀라셨듯이, 이스라엘 백성은 유다 말기에 이르러서야 처음으로 유월절을 지켰을 정도였습니다.

땅콩 그렇다면 율법은 성경에 기록만 되어 있을 뿐 실제로는 전혀 지켜지지 않았다는 말씀인가요?

예레미야 그렇지는 않습니다. 율법은 크게 세 가지로 분류됩니다. 첫째는 '도덕법'(moral law)입니다. 십계명을 핵심으로 하는 도덕법은 언약 백성인 이스라엘의 삶의 방식을 규정하는 법이었습니다. 그리고 둘째는 '시민법'(civil law)입니다. 시민법은 이스라엘 공동체를 유지하기 위한 제도적 장치로서 각종 범죄 및 재판에 관한 규정들과 십일조를 비롯한 백성들의 의무들을 규정하고 있습니다. 그리고 셋째는 '제의법'(ritual law)입니다. 레위기에 집중되어 있는 제의법은 각종 제사 의식과 절기를 지키는 것과 관련된 것으로, 땅콩 선생이 언급하신 유월절 준수도 여기에 해당됩니다. 그런데, 저보다 잘 아시겠지만, 어느 공동체 안에 법이 존재한다고 해서, 그 공동체에 속한 모든 이들이 그 법의 내용을 알고 있는 것은 아닙니다. 혹시 땅콩 선생은 대한민국의 헌법을 읽어보신 적이 있나요?

땅콩 부끄럽지만 아직 읽어보지 못했습니다.

예레미야 부끄러워하실 것 없습니다. 아마 동서고금을 막론하고 자기 나라의 헌법을 읽어본 이들은 전 국민의 5퍼센트도 안 될 겁니다. 헌법이 그렇다면 민법, 상법, 형사소송법 같은 하위법들의 경우는 말할 것도 없겠지요. 물론 이런 사정은 백성들 대부분이 글을 읽지 못했던 고대에는 훨씬 더했습니다. 고대 이스라엘 백성들은 누군가가 그들에게 "이게 법이다"라고 가르쳐 주지 않는 한, 그것을 지키고 안 지키고는 고사하고, 도대체 무엇을 지켜야 하는지조차 알 수가 없었습니다. 그러니 결국 율법을 생활화하고 보존해 나갈 책임과 의무는 전적으로 왕과 고관과 제사장 같은 지배 세력의 몫이었습니다.

문제는 그런 상황에서 이스라엘의 지배층이 율법 중 자기들에게 필요한 것들만 뽑아서 백성들에게 가르치고 지키게 했다는 데 있었습니다. 이스라엘의 왕과 관리들은 백성들에게 십일조를 비롯한 각종 재정 부담과 관련된 법들, 그리고 공동체의 안녕과 질서를 유지하기 위해 필요한 법들, 즉 '시민법'을 가르쳐 지키게 했습니다. 다른 한편으로 제사장들은 백성들에게 '제의법'을 가르쳐 지키게 했습니다. 주로 그들은 백성들이 바쳐야 할 제사와 제물에 대한 교육에 힘을 쏟았는데, 이런 상황은 특히 예루살렘 성전 건축 이후에 더욱 강화되었습니다. 그 정도 규모의 성전을 유지하려면 엄청난 양의 제물이 필요했기 때문입니다.

그렇다면 땅콩 선생의 첫 번째 질문, 즉 이스라엘에서 율법이 전혀 지켜지지 않았던 것 아니냐는 질문에 대한 답을 얻으셨으리라고 봅니다. 율법은 이스라엘 백성의 삶 속 깊이 스며들어 있었습니다. 문제는 그렇게 스며든 율법이 주로 지배층의 편익과 관련된 것들에 국한되었다는 데 있었습니다. 시민법과 제의법의 일부는 백성들에게 분명하게 알려져 있었고 지켜지고 있었습니다. 적극적으로 그것들을 가르치고 집행하는 세력이 존재했기 때문입니다.

그러나 안타깝게도 주님이 자기 백성에게 가장 바라셨던 도덕법의 사정은 그렇지 않았습니다. 물론 도덕법의 핵심이 시민법이나 제의법 체계 안에 스며들어가 있었던 것은 사실이지만, 백성들에게 그것을 집중적으로 가르치는 주체가 존재하지 않았습니다. 저는 그것이야말로 이스라엘이 주님의 심판을 받아 멸망하게 된 가장 큰 원인들 중 하나였다고 보고 있습니다. 이스라엘 지도자들은 시민법이나 제의법을 통해 자신들이 원하는 것을 확보하고 유지할 수만 있다면 백성들의 삶의 모습이 어떠하든 상관하지 않았습니다. 그뿐만 아니라 심지어 제사장들은 백성들의 죄를 통해 이득을 보았습니다. 백성들이 죄를 지을수록 속죄를 위해 더 많은 제물을 바쳐야 했으니 말입니다(레 4:1-6:7). 제가 존경하는 선배 예언자 호세아는 북왕국이 멸망하기 직전의 상황을 이렇게 묘사했습니다.

> 제사장이 많아지면 많아질수록,
> 나에게 짓는 죄도 더 많아지니,
> 내가 그들의 영광을 수치로 바꾸겠다.
> 그들은 내 백성이 바치는 속죄제물을 먹으면서 살고,
> 내 백성이 죄를 더 짓기를 바라고 있다. (호 4:7-8)

바로 그게 도덕법은 무시한 채 제의법만 중시하는 사회의 실상입니다. 그리고 안타깝게도 유다 말기의 상황이 꼭 그러했습니다.

땅콩 말씀을 듣고보니 두 번째와 세 번째 질문은 쉽게 해결될 것 같습니다.

예레미야　그렇습니다. 땅콩 선생의 두 번째 질문은, 그런 상황에서 요시야가 이스라엘 왕국 역사상 처음으로 유월절을 지키는 등 율법을 부활시킨 것은 대단한 일이 아니냐는 것이었는데, 물론 그것은 그 자체로 대단한 일이었습니다. 특히 므낫세 시절에 시작된 우상 숭배의 영향으로 인해 제의법들이 극도로 혼탁해져 있었음을 감안한다면, 요시야가 율법책에 근거해 제의법을 바로잡은 것은 칭송받아야 마땅한 일이었습니다.

땅콩　저의 세 번째 질문은 어째서 요시야가 부활시킨 율법이 유다 백성의 삶을 변화시키지 못했느냐 하는 것이었는데, 대충 답이 나오네요. 그가 부활시킨 율법이 도덕법이 아니라 주로 제의법이었기 때문이라는 것이죠?

예레미야　그렇습니다. 다시 말씀드리지만, 요시야의 개혁은 아주 중요하고 의미 있는 사건이었습니다. 그럼에도 우리가 분명하게 알아야 할 것은, 제의법 중심의 개혁, 즉 성전과 제사 중심의 개혁에는 분명한 한계가 있다는 겁니다.

구체화된 심판

땅콩　예언자님이 여호야김 시절에 생명의 위험을 무릅쓰고 성전 설교를 하신 이유를 이제야 조금 알 것 같습니다. 요시야의 개혁 덕분에 회복된 성전 제사가 사실은 주님이 받으실 만한 것이 아니었기 때문이라고 이해해도 되겠습니까?

예레미야 그 정도가 아니었습니다. 제가 보기에 여호야김 시대에 예루살렘 성전에서 행해진 제사는 조금 부족하거나 잘못된 정도가 아니라 역겨움 그 자체였습니다. 물론 당시의 유다 백성들은 성전을 예전과는 달리 바라보고 있었습니다. 지방의 성소들이 폐쇄된 상태에서 모든 공식적인 제사가 오직 성전에서만 이루어지고 있었기 때문입니다. 당시에 사람들은 성전에서 드리는 제사가 주님을 기쁘게 해드리리라는 것을 추호도 의심하지 않았습니다. 겉보기에 그 제사는 그 어떤 신이라도 입가에 미소를 짓게 할 만큼 대단해 보였기 때문입니다. 그러나 주님은 그 요란하고 대단한 제사를 몹시 역겨워하셨습니다. 주님이 기뻐하시는 삶을 살지 않는 자들이 드리는 제사는 제멋에 겨워 행하는 공연에 불과할 뿐입니다. 그래서 주님은 그런 위선적인 제사가 행해지고 있던 예루살렘 성전을 오래전의 실로처럼 파괴하겠노라고 선언하셨던 겁니다.

땅콩 예언자님은 성전 설교 이후에도 계속해서 성전을 출입하실 수 있었습니까?

예레미야 아닙니다. 저는 그 사건 직후 성전의 블랙리스트에 이름이 올랐습니다. 성전 문지기들은 저를 성전 안으로 들여보내지 말라는 엄중한 명령을 받았습니다.

땅콩 그러면 그 이후에는 어떻게 예언 활동을 하셨습니까?

예레미야 다시 거리로 나설 수밖에요. 저는 요시야의 개혁이 시작되기 전처럼 예루살렘 거리에서 외치기 시작했습니다.

땅콩 무슨 말씀을 외치셨나요?

예레미야 유다가 요시야의 개혁 이전으로 후퇴했기에 유다를 향한 주님의 말씀 역시 그 이전의 말씀으로 되돌아갈 수밖에 없었습니다. 예전과 달라진 게 하나 있다면, 주님이 유다에 대한 심판 계획을 훨씬 더 분명하게 알려주셨다는 점입니다. 그분은 그 심판과 관련해 이렇게 말씀하셨습니다.

> 너희가 나의 말을 듣지 않았기 때문에, 내가 **나의 종 바빌로니아 왕 느부갓네살**을 시켜서 북녘의 모든 민족을 데려오겠다. … 내가 그들을 완전히 진멸시켜, 영원히 놀라움과 빈정거림과 조롱거리가 되게 하고, 이 땅을 영원한 폐허 더미로 만들겠다. … 이 땅은 깡그리 끔찍한 폐허가 되고, 이 땅에 살던 민족은 **칠십 년 동안** 바빌로니아 왕을 섬길 것이다. (25:8-11)

제가 예언자로 부르심을 받았을 때 주님은 저에게 "북쪽에서 오는 적"(1:13-14; 6:22)에 대해 말씀해 주셨습니다. 그런데 이스라엘 역사에서 적은 늘 북쪽에서 왔기에 당시 저는 그 말씀을 유다 백성에게 경고하기 위한 관용적 표현 정도로 여겼습니다. 그러나 여호야김 4년에 주님은 저에게 다시 말씀을 주시면서 그 적을 "바빌로니아 왕 느부갓네살"이라고 적시하셨습니다. 또한 유다 백성이 느부갓네살을 "칠십 년 동안" 섬겨야 할 것이라고도 말씀하셨습니다(29:10). 이것은 유다에 대한 주님의 심판 계획이 구체화되어 실행단계에 돌입했음을 알려주는 것이었습니다.

땅콩 당시의 국제정세는 어떠했습니까? 실제로 바빌로니아가 유다를 침공할 가능성은 있었습니까?

예레미야 충분히 있었습니다. 앞서 말씀드렸듯이, 주전 609년에 이집트 왕 느고는 바빌로니아의 팽창을 저지하기 위해 유프라테스 강 서쪽에 있는 갈그미스로 진격했습니다. 당시 이집트와 바빌로니아의 군사력은 백중지세였고, 그로 인해 전투는 승패를 가르지 못한 채 끝나고 말았습니다. 그러나 이집트는 그 원정을 통해 갈그미스에 군대를 주둔시켰고 시리아-팔레스타인 지역에 대해 영향력을 행사할 수 있게 되었습니다. 그런데 그로부터 4년 후인 주전 605년에 정세가 급변했습니다. 바빌로니아의 왕세자 느부갓네살이 갈그미스에 주둔하고 있던 이집트 군대를 쳐서 패퇴시켰던 겁니다. 그로 인해 유다를 포함해 시리아-팔레스타인 지역에 속한 소왕국들은 이제 어느 쪽에 붙을 것인지 결정해야 했습니다. 전통적 강자인 이집트를 따를 것인지, 아니면 새로운 강자로 부상하고 있는 바빌로니아를 따를 것인지를 말입니다. 그야말로 올바른 정치적 판단이 필요한 순간이었습니다.

땅콩 그리고 예언자님은 바로 그 무렵에 여호와의 말씀을 들으셨던 거고요.

예레미야 그렇습니다. 그분은 자신이 일정한 기간 동안 바빌로니아를 사용해 유다뿐 아니라 근동 지역의 모든 나라를 심판하시겠노라고 말씀하셨습니다(25:15-26a). 물론 마지막에는 바빌로니아 역시 주님의 진노의 잔을 마시게 되겠지만(26b), 주님은 당분간 바빌로니아와 그 나라 왕 느부갓네살(주전 605-562년)을 이용해 근동의 모든 나라들에 대해 심판을 수행하실 계획이었습니다.

예언하지 말라

땅콩 예언자님으로부터 그런 메시지를 들은 백성들의 반응은 어떠했습니까?

예레미야 그들은 두 가지로 반응했습니다. 하나는 다시는 그런 불길한 예언을 하지 못하도록 저를 협박하는 것이었습니다. 물론, 앞서 말씀드렸듯이, 이스라엘에는 예언자로 자처하는 이들의 말을 대체로 관용하는 분위기가 있었습니다. 그러나 요시야가 전장에서 사망한 후에는 사정이 달라졌습니다. 대개 사람들은 충격적인 일을 겪고 나면 아주 예민해지지 않습니까? 유다 백성 중 어떤 이들은 이제 더 이상 자신들에게 불리한 말을 하는 예언자들을 용납하려 하지 않았습니다. 심지어 그들은 저에게 이런 말까지 했습니다.

> 너는 주의 이름으로 예언하지 말아라. 주의 이름으로 예언을 계속하다가는 우리 손에 죽을 줄 알아라. (11:21)

이스라엘에 예언자 전통이 있었다는 것은 그 백성이 싫든 좋든 주님으로부터 오는 말씀을 존중했다는 것을 의미합니다. 그런데 이제 그들은 더 이상 듣기 싫은 소리는 들으려 하지 않았습니다. 그들은 예언자들이 자신들의 귀나 간질여 주기를 바랐을 뿐 "부담이 되는 주의 말씀"(23:33)은 아예 들으려 하지 않았습니다. 아니, 그저 들으려 하지 않는 정도가 아니라, 그런 말을 하는 예언자들의 입을 틀어막으려 했고 심지어 그들을 죽이기까지 했습니다.

땅콩 실제로 그들이 예언자들을 죽인 적이 있었나요?

예레미야 물론입니다. 저와 동시대에 활동했던 예언자들 중 기럇여아림 출신의 우리야라는 이가 있었습니다(26:20). 그는 내용적으로 저와 거의 동일한 예언을 했습니다. 그리고 저와 마찬가지로 여러 사람들로부터 살해 위협을 당했습니다. 특히 여호야김이 그를 아주 미워했습니다. 그가 여호야김과 그의 측근들을 저만큼이나 독하게 비난했기 때문입니다. 결국 여호야김은 그를 잡아서 죽이려 했고, 그 소식을 들은 우리야는 이집트로 도망을 쳤습니다. 하지만 잔뜩 화가 난 여호야김은 그곳까지 사람들을 보내 그를 잡아 유다로 압송했습니다. 그리고 직접 칼을 들어 그의 목을 베었습니다. 참으로 무서운 사건이었습니다.

시온 신학

땅콩 당시의 유다 백성이 예언자님의 메시지에 대해 보였던 또 다른 반응은 어떤 것이었습니까?

예레미야 '헛된 믿음'이었습니다. 그들은 자기들이 주님의 선민(選民)이기에 어떤 상황에서도 망하지 않는다고 주장했습니다. 이것은 오늘날의 성경 독자들에게는 터무니없는 소리처럼 들릴는지 모르나 당시의 유다 백성들에게는 역사적 사건에 근거를 둔 제법 확고한 믿음이었습니다. 오늘날 성경학자들은 그것을 '시온 신학'이라고 부르는 것 같더군요.

땅콩 시온 신학요? 그게 뭐죠?

예레미야 한마디로 "시온은 절대로 망하지 않는다"라는 주장을 뒷받침하는 이론체계입니다. 그 주장은 제법 오랜 역사를 갖고 있으나 지금 그 내용을 상세히 소개하기는 어렵습니다. 다만 그런 주장이 신학으로까지 발전하게 된 결정적인 사건 하나는 언급할 필요가 있을 것 같습니다. 히스기야 시절인 주전 701년에 앗시리아 왕 산헤립이 대군을 이끌고 남왕국 유다를 침공했습니다(왕하 18:13-19:37). 당시에 앗시리아는 대적할 자가 없을 만큼 강력한 제국이었습니다. 따라서 유다의 멸망은 그야말로 시간문제였습니다. 그처럼 절박한 상황에서 히스기야는 예언자 이사야에게 사람들을 보내 주님께 기도해 주기를 간청했습니다. 그런데 그때 이사야는 그 사람들에게 돌아가 히스기야에게 전하라며 이렇게 말했습니다.

> 그[앗시리아 왕]는 이 도성에 들어오지 못하며,
> 이리로 활도 한 번 쏘아보지 못할 것이다.
> 방패를 앞세워 접근하지도 못하며,
> 성을 공격할 토성을 쌓지도 못할 것이다.
> 그는 왔던 길로 되돌아갈 것이고,
> 이 도성 안으로는 절대로 들어오지 못한다.
> 이것은 나 주의 말이다.
> 나는 나의 명성을 지키려 하여서라도 이 도성을 보호하고,
> 나의 종 다윗을 보아서라도 이 도성을 구원하겠다. (사 37:33-35)

그리고 실제로 그런 일이 일어났습니다. 예루살렘이 포위되어 있던 어느 날 밤, 주의 천사가 앗시리아 군대의 진영을 쳐서 십팔만 오천 명의 군사를 죽였습니다. 그로 인해 산헤립은 허둥지둥 제 나라로 돌아가야 했고 얼마 후 그곳에서 그의 아들들에 의해 살해되었습니다(왕하 19:35-37). 그리고 유다 백성은 그런 역사적 사건에 기초해 '시온은 어떤 상황에서도 무너지지 않는다'는 확신을 갖게 되었습니다.

땅콩 들어보니 아주 터무니없는 믿음은 아니네요. 어쨌거나 분명한 역사적 근거를 갖고 있지 않습니까?

예레미야 그렇습니다. 그러나 우리가 알아야 할 것은, 흔히 시온 신학의 선봉장으로 여겨지는 이사야의 경우, 단 한 번도 그런 주장을 한 적이 없다는 점입니다. 오히려 그는 이렇게 말했습니다.

예루살렘이 넘어지고 유다는 쓰러진다. (사 3:8)

시온의 성문들이 슬퍼하며 곡할 것이요, 황폐된 시온은 땅바닥에 주저앉을 것이다. (사 3:26)

너에게 재앙이 닥칠 것이다. 아리엘아, 아리엘아, 다윗이 진을 쳤던 성읍아. (사 29:1)

물론 예언자 이사야가 시온이 그런 무서운 일을 겪은 후 주님의 은총과 개입을 통해 다시 회복될 것이고, 오히려 시온을 쳤던 무리들이 멸망하게 되리라고 주장한 것은 틀림없는 사실입니다(사 29:5-8). 하지만 시온의 회복과 존속에 대한 예언이 곧 시온은 어떤 상황에서도 무너지지 않는다는 주장일 수는 없습니다. 사람들은 모든 말을 자기들에게 유리한 대로 해석하는 경향이 있는데, 시온 신학이야말로 그런 경향을 보여주는 대표적인 경우라고 할 수 있습니다.

예언 혹은 거짓말

땅콩 그런데 당시의 유다 백성은 이미 시온 신학에 대해 의심을 품을 만한 이유를 갖고 있지 않았나요? 다윗의 후손인 요시야가 전장에서 죽지 않았습니까? 언뜻 봐도 그런 상태에서 유다 백성이 시온 신학을 고수하기는 쉽지 않았을 것 같은데…….

예레미야 그렇습니다. 아마도 정상적인 경우라면, 사람들이 이미 국운이 기울고 있음이 분명한 상황에서 그런 터무니없는 믿음에 집착하지 않았을 겁니다. 오히려 어떻게든 스스로를 지키기 위해 변화를 모색했을 겁니다. 그러나 안타깝게도 그들은 그렇게 하지 않았습니다. 그리고 사정이 그렇게 된 것은 전적으로 그들의 종교 지도자들 때문이었습니다. 제가 백성들에게 주님이 계획하고 계신 심판에 대해 경고할 때마다 거짓 예언자들이 들고 일어나 이렇게 말했습니다.

그[예레미야]는 아무것도 아니다.
어떤 재앙도 우리를 덮치지 않을 것이다.
우리는 전란이나 기근을

당하지 않을 것이다. (5:12)

전쟁이 일어나지 않는다. 기근이 오지 않는다. 오히려 주께서 이곳에서 너희에게 확실한 평화를 주신다. (14:13)

땅콩 예언자님의 예언과 정반대되는 주장이네요. 그런데 도대체 그들은 무슨 근거로 그렇게 말했던 겁니까?

예레미야 근거는 무슨……. 그들의 말은 완전히 헛소리였습니다. 앞서 말씀드렸듯이, 예언(預言)은 주님이 주시는 말씀을 받아서 전하는 겁니다. 예언자 자신의 의견과 판단이 전적으로 배제되는 것은 아니지만, 예언의 토대는 어디까지나 주님이 주시는 말씀입니다. 그 말씀이 없다면, 겉보기에 제아무리 그럴듯한 말일지라도, 그것은 그저 개인의 주장일 뿐 절대로 예언이 될 수 없습니다. 제가 그들을 '거짓 예언자'라고 불렀던 것은 바로 그런 이유 때문입니다. 언젠가 주님은 그런 자들에 대해 이렇게 말씀하셨습니다.

그들은 내가 보내지도 않았는데, 내 이름으로 거짓 예언을 하였다. "이 땅에는 전쟁과 기근이 없을 것이다" 하고 말한 예언자들은 전쟁과 기근으로 죽을 것이다. (14:15)

그럼에도 거짓 예언자들과 제사장들은 헛소리를 그치지 않았습니다. 그들은 계속해서 유다 백성의 귀에 듣기 좋은 소리를 속삭였습니다. 백성들이 마음을 찢으며 회개해야 할 시점에 그들은 계속해서

"괜찮다, 괜찮다"(8:11)라고 말했습니다. 그리고 그런 소리를 들은 백성들은 정말로 괜찮은 줄 알고 안심하며 그동안 해왔던 혐오스러운 일들을 계속했습니다.

땅콩 동일한 상황에 대한 판단이 서로 다를 경우, 사람들은 대개 치열한 논리 싸움을 벌이기 마련입니다. 죄송한 말씀이지만, 예언자님이 거짓 예언자들과의 논리 싸움에서 밀리신 것은 아닙니까? 그래서 백성들을 설득하지 못하신 것은 아닙니까?

예레미야 제가 백성들을 설득하지 못한 것은 논리 싸움에서 밀렸기 때문이 아니라, 백성들이 '들어야 할 말' 대신 '듣고 싶은 말'에 귀를 기울였기 때문입니다. 저는 백성들이 '들어야 할 말'을 했고, 거짓 예언자들과 제사장들은 그들이 '듣고 싶어 하는 말'을 했습니다. 그러니 게임의 결과는 보나마나였습니다. 아, 그러고 보니 저와 반대편에 서서 백성들이 듣고 싶어 하는 말을 했던 또 한 부류의 사람들이 있었네요.

땅콩 그게 누구죠?

예레미야 '서기관'이라고 불리는 자들이었습니다. 그들은 전에는 주로 왕실과 성전의 문서를 기록하고 보존하는 일을 했었는데, 요시야가 성전에서 율법책을 발견한 후에는 그 책을 필사하고 연구하고 해석하는 일을 맡았습니다. 오늘날로 치자면 성경학자나 신학자들 정도가 되지 않을까 합니다. 사실 요시야의 개혁 이후에 백성들이 율법과 관련해 알게 된 모든 지식은 그들을 통해서 나왔다고 할 수 있습니다. 그런데 언젠가 주님은 그들과 관련해 이런 말씀을 하셨습니다.

하늘을 나는 학도 제 철을 알고,

비둘기와 제비와 두루미도 저마다 돌아올 때를 지키는데,

내 백성은 주의 법규를 알지 못한다.

너희가 어떻게

"우리는 지혜를 가진 사람들이요,

우리는 주의 율법을 안다"

하고 말할 수가 있느냐?

사실은 서기관들의 거짓된 붓이

율법을 거짓말로 바꾸어 놓았다. (8:7-8)

　　실제로 서기관들이 유다 백성에게 알려준 율법은 그 백성을 주님께 돌이키는 데 아무런 도움이 되지 않았습니다. 학이나, 비둘기나, 제비나, 두루미 같은 날짐승들은 누가 가르쳐 주지 않아도 자연의 이치만으로도 제때에 제 길을 찾아가건만, 유다 백성은 밤낮으로 율법책을 끼고 살았던 서기관들의 가르침을 통해서도 올바른 삶의 행로를 지시받지 못했던 겁니다. 그들이 백성들이 들어야 할 말이 아니라 듣고 싶어 하는 말을 쏟아냈고, 주님이 그 백성에게 하고자 하시는 말씀이 아니라 자기들이 하고 싶은 말만 쏟아냈기 때문입니다.

　　사실 저는 신분의 귀천과 지위의 고하를 막론하고 당시의 유다 백성 모두가 죄를 지었다고 여기는 편입니다. 제가 보기에 당시의 유다 백성 중 주님의 심판에서 제외되어야 할 만큼 바르게 살았던 이는 거의 없었습니다. 그럼에도 저는 유다 공동체가 그 지경에 이르고 결국 심판을 받게 된 데에는 무엇보다도 그 땅의 종교 지도자들의 잘못이 크다고 믿고 있습니다. 백성들 모두가 잘못된 길로 나아가더라도 종

교 지도자들만큼은 올바른 길로 걸어가며 모범을 보였어야 했습니다. 그랬더라면 유다는 주님의 심판에서 벗어날 수 있었을 겁니다. 그러나 안타깝게도 그렇게 되지 않았습니다. 그들은 백성들을 향해 온갖 그럴 듯한 말들을 쏟아냈으나, 결국 그 굉장한 말들은 백성들을 주님이 원하시는 길로 이끌지 못했습니다. 한마디로, 그들의 현란하고 매끄러운 말들은 학이나 비둘기나 제비나 두루미 같은 날짐승들의 단조로운 울음소리만도 못했던 겁니다.

땅콩 앞에서 예언자님은 요시야의 개혁이 일어나기 직전의 시대를 '탐욕의 시대'로 규정하셨습니다. 그런데 지금 말씀하신 대로라면 여호야김 시대는 '거짓 종교의 시대'라고 부를 수도 있을 것 같습니다.

예레미야 잘 보셨습니다. 물론 여호야김 시대에 탐욕의 문제가 사라진 것은 아니었습니다. 그것은 유다가 멸망할 때까지 계속된 고질적인 문제였습니다. 그러나 여호야김 시대에 유다 백성들은 그 문제에 더하여 거짓 종교의 문제를 갖고 있었습니다. 당시에 유다에서는 종교 활동이 활발했음에도 주님이 그 백성에게 기대하시는 삶의 모습은 어디에서도 나타나지 않았습니다. 당시의 종교는 제사장들의 배를 불리고 예배자들에게 헛된 위안을 제공하는 거짓 종교였습니다. 그리고 그런 거짓 종교의 중심에는 요시야의 개혁을 통해 새로운 위상을 갖게 된 예루살렘 성전이 있었습니다. 주님이 예루살렘 성전을 실로처럼 파멸시키겠다고 하신 것은 그냥 하신 소리가 아니었습니다. 주님이 보시기에 당시의 예루살렘 성전은 유다의 타락을 주도했던 "도둑의 소굴"(7:11, 개역개정역)이었던 겁니다.

6. 예언의 어려움

땅콩 때로 인간은 터무니없는 거짓말에도 갈
대처럼 흔들리지만, 때로는 명백한 진리 앞에서도 완강하게 고집을
부립니다. 예레미야서를 보면 말기의 유다 백성이 그러했던 것 같습
니다. 예언자님은 줄기차게 심판을 경고하시는데 유다 백성은 그야말
로 꼼짝을 않더군요. 한국에서는 그런 경우를 두고 "쇠귀에 경 읽기"
라는 표현을 사용합니다만······.

예레미야 완악한 유다 백성에 비하면 소는 양반입니다. 소는 말귀는
못 알아들어도 경 읽어주는 사람을 적대시하지는 않잖습니까? 그러
나 유다 백성은 제가 예언을 할 때마다 온갖 방식으로 저를 비난하고
협박했습니다.

땅콩 음······ 그런데요, 비난과 협박이라면 유다 백성들이 아니라
예언자님이 먼저 하신 것 아닌가요? 백번 옳은 말씀이기는 하나 듣는
이들로서는 가슴이 철렁할 만큼 두렵고 불쾌한 말씀들만 골라서 하
시지 않으셨습니까? 너희는 모두 썩었다, 이 나라는 곧 망한다, 적들

이 몰려와 너희를 사로잡아갈 것이다……. 유다 백성들로서는 예언자 님이 하신 그런 말씀들을 자신들에 대한 비난과 협박으로 여길 수밖에 없지 않았을까요?

예레미야 그렇게 생각할 수도 있겠군요. 그동안 저는 늘 제가 유다 백성들로부터 억울하게 핍박을 당했다고 생각해 왔는데, 땅콩 선생의 말씀을 듣고 보니, 그들이 아니라 제가 먼저 그들을 비난하고 협박했던 거네요. 허허.

땅콩 요즘은 한국 교회 안에서도 교회를 향해 쓴소리를 하는 기관과 단체와 개인들이 꽤 많이 나타나고 있습니다. 그중에서도 어느 인터넷 언론사 하나가 대표적으로 쓴소리를 하고 있는데, 한국 교회 신자들 중에는 그 언론사를 싫어하는 이들이 아주 많습니다. 그냥 덮고 넘어가면 좋을 것 같은 일들을 굳이 들쑤셔서 폭로하고 비판하고 있기 때문이죠.

예레미야 아, 저도 그 언론사에 대해 들어서 알고 있습니다.

땅콩 그 언론사가 등장하기 이전에는 한국 교회의 치부가 잘 드러나지 않았습니다. 치부가 없었던 것이 아니라, 있어도 드러나지 않았던 거지요. 물론 그 이전에도 기독교 언론사들은 많이 있었습니다. 그러나 대개 그들은 '감시견'이 아니라 '애완견' 노릇을 하고 있었습니다. 언론이라는 명패는 달고 있었으나 교회를 감시하기보다 홍보하고 옹호하는 역할을 했던 거지요. 그런데 어느 날 그 인터넷 언론사가 등장해 말 그대로 감시견 노릇을 했고, 그때부터 한국 교회의 온갖 치부들이 드러나기 시작했습니다. 그래서인지 요즘은 한동안 그 짖는 소리에 움츠려 있던 이들이 들고 일어나 맹렬하게 반격을 펴고 있습니다. 그들 중에는 그 언론사를 교회를 해치기 위한 사탄의 도구라고 말하는 이들까지 있을 정도입니다.

예레미야 그 언론사에 대해 동병상련(同病相憐)을 느낍니다. 그러나 저는 그 언론사가 자신에 대한 그런 비난을 감내해야 한다고 봅니다. 다른 이들을 비판하는 이가 다른 이들의 비판으로부터 자유로울 수는 없습니다. 그것은 모든 예언자들의 숙명입니다.

땅콩 그런데 어떻습니까? 오늘날 한국 교회 신자들 중에는 교회가 세상에 유익을 끼치는 방법은 계속해서 세상에 맑은 물을 공급하는 것이지 부정과 부패를 들춰내는 게 아니라고 주장하는 이들이 있습니다. 그들은 세상에 맑은 물이 넘쳐흐르면 어지간한 더러움은 희석될 수 있으니 교회에서는 모쪼록 좋은 소식만 퍼져나가게 해야 한다고 주장합니다. 그런 주장에 대해 어떻게 생각하십니까?

예레미야 원론적으로 동의합니다.

땅콩 원론적이라는 말씀은 무슨 뜻이죠?

예레미야 원론적으로 교회는 그런 곳이고 또한 그런 곳이 되어야 한다는 뜻입니다. 그러나 문제는, 현실의 교회가 세상을 향해 끊임없이 맑은 물을 흘려보낼 만큼 완전하지 않다는 점입니다. 바울이 말했던 "이 시대"(롬 12:2)에 속한 교회는 늘 이 시대에 속한 세상만큼이나 불완전하고 부패한 상태에 있습니다. 그러기에 교회는 늘 자신의 그런 상태를 인식하고 그것을 고쳐나가기 위해 애써야 합니다. 그런데 때로 그 불완전함과 부패는 일회용 반창고나 알약이나 주사만으로는 해결되지 않고 외과수술 같은 심각한 처치를 필요로 합니다. 그리고 그런 처치를 하는 동안 교회는 세상에 맑은 물 대신 피고름을 흘려보내는 곳이 될 수도 있습니다.

땅콩 그러다 보면 세상이 교회가 짜내는 피고름 때문에 질식할 수도 있지 않을까요?

예레미야 그러나 그것이 무서워서 악성 종기를 도려내지 않고 숨기다 보면 결국 교회 자체가 죽습니다. 그리고 부패한 시체가 뿜어내는 유해물질은 수술과정에서 나오는 피고름과는 비교가 되지 않습니다. 그에 대한 대표적인 경우가 종교개혁 직전의 중세교회입니다. 중세 말기에 세상은 교회가 품어내는 악취로 인해 질식해 가고 있었습니다. 우리는 오늘의 교회 역시 그렇게 될 수 있음을 유념해야 합니다. 교회는 부패로부터 자유로운 집단이 결코 아니기 때문입니다. 그러나 또한 우리는 주님의 교회가 '보편 교회'(catholic church)임을 기억해야 합니다. 어느 한 지역교회에 수술이 필요할 만큼 심각한 문제가 있다고 해서 주님의 교회 자체가 흔들리는 경우는 없습니다. 지금도 주님의 교회는 모두가 마시기에 충분할 만큼의 맑은 물을 세상 속으로 흘려보내고 있습니다. 그 물의 양은 어느 한 지역교회가 수술과정에서 잠시 흘려보내는 피고름에 의해 오염될 만큼 적지 않습니다.

달콤한 헛소리

땅콩 방금 하신 말씀은 오늘 우리 사회에 불고 있는 '힐링' 열풍과 관련해 한 가지 도전을 제기하는 듯 보입니다. 지금 우리 사회에는 각종 힐링 메시지가 분출하고 있고 많은 사람들이 그런 메시지를 통해 위로를 얻고 있습니다. 실제로 그런 메시지들은 고통 중에 있는 많은 이들에게 절망을 딛고 일어설 용기를 주고 있습니다. 그러나 한편으로는 과연 그런 메시지들이 우리 사회의 고통을 얼마나 실제적으로 치유하고 있는지에 대해 의구심이 들기도 합니다. 그런 메시지들 대부분이 고통의 원인을 해소하거나 제거하기보다 고통당하고 있는 이가 '마음을 고쳐먹는 것'에만 초점을 맞추고 있기 때문입니다.

예레미야 지금 한국 사회를 달구고 있는 힐링 열풍은 특별한 게 아닙니다. 아, 오해는 마시기 바랍니다. 제가 그것이 특별하지 않다고 말씀드리는 것은 그것이 하찮다는 뜻이 아닙니다. 다만 저는 힐링에 대한 관심이 어제오늘의 문제가 아니라 역사 속에 늘 있었던 것임을 지적하고자 할 뿐입니다. 인생은 그 자체가 고해(苦海)입니다. 그러기에 사람들이 살아가는 곳에는 늘 힐링에 대한 관심과 요구가 있기 마련입니다. 제가 활동했던 시절에도 유다 백성들 대부분이 큰 고통을 당하고 있었고, 그로 인해 요즘 말로 '힐링'이 절실하게 필요했습니다.

땅콩 그러면 당시에도 오늘날처럼 힐링 메시지를 전하는 이들이 있나요?

예레미야 물론입니다. 병이 있는 곳에는 항상 의사가 있기 마련입니다. 제가 활동할 무렵에 유다에서 인기 있는 의사들은 제사장, 예언자, 그리고 서기관 같은 종교 지도자들이었습니다. 당시에 그들은 고통당하는 백성들이 믿고 의지했던 힐링 전문가들이었습니다.

땅콩 그들은 고통당하는 백성에게 어떤 메시지를 전했나요?

예레미야 예나 지금이나 인간의 상황은 거의 같고, 그 상황에 대한 처방 역시 비슷합니다. 당시에 그들은 오늘날의 힐링 전문가들처럼

'적극적 사고'와 '긍정의 힘'을 강조했습니다. 그들은 "괜찮다! 괜찮다!"(8:11), "전쟁이 일어나지 않는다. 기근이 오지 않는다. 오히려 주께서 이곳에서 너희에게 확실한 평화를 주신다"(14:13)라고 말했습니다. 하지만 그들의 그런 말들은 몽땅 헛소리였습니다! 당시에 유다 백성의 상황은 전혀 괜찮지 않았고, 주님은 유다 백성에게 평화가 아니라 전쟁과 기근을 보내기로 작정하고 계셨기 때문입니다. 그러니 그들이 고통당하는 유다 백성에게 내렸던 모든 처방은 새빨간 거짓말이었던 겁니다. 그런데 사람들은 그 거짓말에 열광하며 "아멘! 할렐루야!"를 외쳤습니다. 듣기에 너무나 달콤했기 때문이죠.

위로 혹은 회개

땅콩 하지만 긍정적이고 낙관적인 태도를 가지라는 조언은 누구에게나 유익한 것 아닌가요? 특히 고통 속에서 살아가던 유다 백성들에게는 큰 힘이 되지 않았을까요? 설령 그것이 거짓말일지라도 말입니다.

예레미야 혹시 유다의 힐링 전도사들이 백성들을 위로하기 위해 '하얀 거짓말'(white lie)을 했던 것 아니냐고 묻고 계신 건가요?

땅콩 네, 그렇습니다.

예레미야 절대 그렇지 않습니다. 그런 주장에는 두 가지의 문제가 있습니다. 첫째, 하얀 거짓말은 그 거짓말로 인해 아무도 해를 입지 않아야 하는데, 당시의 힐링 전도사들이 한 말은 백성들에게 큰 해를 주었습니다. 왜냐하면 당시에 유다 백성은 긴급한 수술이 필요한 중환자였기 때문입니다. 당장 수술을 받지 않으면 죽을 수밖에 없는 환자에게 "괜찮다"고 말하는 것은 하얀 거짓말이 아니라 새빨간 거짓말입니다. 둘째, 당시의 힐링 전도사들은 "괜찮다"라는 헛소리를 남발하며 종교 장사를 하고 있었습니다. 그들은 백성들에게 이렇게 말했습니다. "예레미야가 헛소리를 하고 있지만 걱정 마라. 괜찮다. 상황이 썩 좋지는 않으나 주님이 지켜 주실 것이다. 그러니 제사를 통해 주님을 만족시켜 드려라. 너희가 성심껏 제사를 드리면 주님이 그것을 받으시고 너희를 용서하실 것이다. 용서 정도가 아니라 예비해 두신 풍성한 복까지 내리실 것이다." 힐링 메시지가 분출하는 사회는 사람들의 심리상태가 매우 불안정한 사회입니다. 그런 사회에 사는 이들이 힐링 전도사들로부터 이런 말을 듣고도 바리바리 제물을 싸들고 성전을 찾아가지 않기란 불가능합니다.

　땅콩 주님의 백성들이 성전을 찾아가 제사를 드리는 게 어째서 문제가 되지요? 저 역시 주일마다 교회에 가서 사는 편인데, 저는 교회에 가 있으면 세상살이와 관련된 온갖 근심을 잊고 즐겁기만 하던데요? 신자들이 교회에 가는 일을 자제해야 한다는 말씀은 아니지요?

　예레미야 아이고, 우리 땅콩 선생마저 그런 질문을 하시네요. 제가 성전 설교를 한 후에 가장 많이 받았던 질문이 바로 그것이었습니다. 사람들은 저에게 따지듯 물었습니다. "도대체 주님이 계신 성전을 자주 찾아가는 게 뭐가 문제냐?" 하고 말입니다. 제가 성전 중심의 신앙생활을 문제 삼는 것은 대개 그것이 위선과 기만으로 이어지기 때문입니다. 성전 중심, 아니 좀 더 정확하게 말해 성전 제사 중심의 신앙생활을 하는 이들 대부분은 자기들이 '주님이 가장 기뻐하시는 일'을 하고 있다고 여깁니다. 그러면서 자기들이 저지르고 있는 온갖 죄들을 그 일로써 '퉁쳤다'고 생각합니다. 말기의 유다 백성들이 그러했습니다. 그들은 세상에서 간음하고, 도적질하고, 사기 치고, 남의 눈에 피눈물 나게 하고도 정기적으로 성전을 찾아가 제물을 바치며 마음의 평안을 얻었습니다. 자기들이 잘못 살고 있는 것은 분명하지만, 그래도 주님이 기뻐하시는 일을 해드렸으니, 주님도 자기들을 용서해 주실 거라고 믿으면서 말입니다.

땅콩   하지만 사람들이 자주 예배에 참석하다 보면 좋은 말씀도 듣게 되고, 좋은 말씀을 듣다보면 주님이 기뻐하시는 삶을 살 수도 있지 않을까요?

예레미야   저런, 우리 땅콩 선생이 보기보다 많이 순진하시네요. 혹시 땅콩 선생은 '성전 중심'을 외치는 교회에 다녀보신 적이 있나요?

땅콩   아니요.

예레미야   다행입니다. '성전 중심'을 외치는 교회들은 대개 사람들을 성전으로 끌어들이기 위해 애씁니다. 그런 노력들 중 가장 대표적인 것이 사람들의 귀를 즐겁게 하는 겁니다. 따라서 그런 교회에서 선포되는 설교들은 대부분 아주 달콤합니다. 그런 교회의 목회자들은 회중이 듣기 싫어하는 말은 절대로 하지 않습니다. 예배에는 늘 축복과 성공에 관한 말들이 넘쳐나지요. 그리고 그런 설교를 자주 듣다보면 사람들은 자신에 대해 아주 긍정적이 됩니다. 그런 설교의 메커니즘 자체가 사람들에게 "괜찮다! 괜찮다!"를 반복해서 들려주는 것이기 때문입니다. 그러나 많은 경우 예배자들에게 정말로 필요한 것은

'위로'가 아니라 '회개'입니다. 특히 그들이 간음하는 자, 사기 치는 자, 도적질하는 자, 연약한 이웃을 짓밟는 자, 그리고 무엇보다도 이런저런 형태로 공동체의 악에 복무(服務)하는 자들일 경우, 그들에게는 '희망찬 위로'가 아니라 자신들의 잘못에 대한 '뼈저린 회개'가 필요합니다.

네가 돌아오려거든

땅콩　예언자님이 말씀하시는 '회개'란 무엇이고, 구체적으로 어떻게 해야 하는 겁니까?

예레미야　사실 유다 말기에 저는 백성들에게 "회개하라"보다는 "돌아오라"라는 말을 자주 했습니다. 주님은 심판받아야 마땅한 유다 백성을 구원하시기 위해 거듭 그들에게 "돌아오라"고 호소하셨습니다 (3:12; 4:1; 5:3; 8:5; 18:11; 25:5 등). 주님이 이미 확정해 놓으신 심판을 취소하고 그들을 구하실 수 있는 유일한 길이 그 백성이 그분에게 돌아오는 것뿐이었기 때문입니다.

땅콩　주님께 돌아간다는 것은 무엇을 의미합니까? 우리가 무엇을 어떻게 해야 주님께 돌아갈 수 있는 겁니까?

예레미야　주님은 그 문제와 관련해 이렇게 말씀하셨습니다.

이스라엘아,
정말로 네가 돌아오려거든,

어서 나에게로 돌아오너라.

나 주의 말이다.

내가 싫어하는 그 역겨운 우상들을

내가 보는 앞에서 버리고,

너의 마음이 흔들리지 않으면,

그리고 네가 '주의 살아 계심을 두고'

진리와 공의와 정의로 서약하면,

세계 만민이 주의 복을 받고,

그들도 주를 자랑할 것이다. (4:1-2)

이 말씀에 따르면, 우리가 주님께 돌아가는 방법은 세 가지입니다. 첫째, '우상을 버리는 것'입니다. 우상이란 하나님이 아니면서 하나님의 지위를 차지하고 있는 모든 것을 가리킵니다. 둘째, '살아 계신 주님을 의지하는 것'입니다. 어찌 보면 이것은 돈이나 명예나 권세 같은 우상들을 포기한 자들에게 자연스럽게 수반하는 현상일 수 있습니다. 그리고 셋째, '진리와 공의와 정의를 추구하는 것'입니다. 진리와 공의와 정의는 주님이 자기 백성에게 기대하시는 아주 소중한 가치들입니다. 그런 것들이 사라진 사회는 제아무리 화려한 예배가 넘칠지라도 거룩하신 주님의 백성의 공동체일 수 없습니다.

땅콩 그런데 정말로 주님께 돌아가면 우리가 바라는 '힐링'이 일어날 수 있는 겁니까?

예레미야 물론입니다. 한번 상상해 보시기 바랍니다. 한 공동체의 구성원들이 우상 숭배의 형태로 드러나는 탐욕을 버리고, 자기들을 향해 선한 뜻을 갖고 계신 주님만을 의지하고 따르며, 자신에 대한 집착에서 벗어나 서로에게 진리와 공평과 정의를 행하려 애쓰는 모습을 말입니다. 아마도 그런 공동체에 속한 이들은 더 이상 그 누구도 힐링에 대해 논하지 않을 겁니다. 힐링이 필요한 고통 자체가 존재하지 않을 것이기 때문입니다.

땅콩 그렇다면 사람들은 왜 그런 세상을 이루기 위해 노력하지 않고 오히려 저마다 욕심을 부리고, 주님의 뜻을 거스르고, 온갖 거짓과 불의와 부정을 행하며 서로에게 상처를 주고 있는 걸까요?

예레미야 믿음이 없기 때문입니다. 그런 세상의 아름다움을 몰라서가 아니라, 그런 세상이 실제로 가능하다는, 그리고 자신이 그런 세상을 만드는 데 힘을 보탤 수 있다는 믿음이 없기 때문입니다. 당시에 유다 백성은 이사야가 선포했던 평화의 나라에 대해 아주 잘 알고 있었습니다. 오래전에 이사야는 이렇게 노래했습니다.

> 그때에는, 이리가 어린 양과 함께 살며,
> 표범이 새끼 염소와 함께 누우며,
> 송아지와 새끼 사자와 살진 짐승이
> 함께 풀을 뜯고,
> 어린아이가 그것들을 이끌고 다닌다.
> 암소와 곰이 서로 벗이 되며,
> 그것들의 새끼가 함께 누우며,
> 사자가 소처럼 풀을 먹는다.
> 젖 먹는 아이가 독사의 구멍 곁에서 장난하고,

젖 뗀 아이가 살무사의 굴에 손을 넣는다.

"나의 거룩한 산 모든 곳에서,

서로 해치거나 파괴하는 일이 없다."

물이 바다를 채우듯,

주님을 아는 지식이

땅에 가득하기 때문이다. (사 11:6-9)

유다 백성은 누구나 그런 나라가 오기를 바랐습니다. 그러나 아무
도 그런 나라가 자신들의 '돌이킴'을 통해 올 수 있다고 믿지 않았습
니다. 이사야가 묘사했던 평화의 나라는 분명히 메시아가 주도하는
나라입니다. 하지만 또한 그 나라는, 그것을 이끄는 주체가 누구이든
간에, 그 나라의 백성들이 실제로 그렇게 살아야만 실현될 수 있는 나
라이기도 합니다. 백성들이 실제로 그렇게 살지 않는다면, 그 나라는
메시아가 아니라 메시아 할아버지가 이끌지라도 결코 현실화될 수
없습니다. 그럼에도 그 나라가 오기를 바라는 유다 백성들 중 그 누구
도 그렇게 살기 위해 애쓰지 않았습니다. 오히려 그들은 그 나라의 삶
과 정반대되는 방식으로 살았습니다. 그들은 정의 대신 불의를 택했
고, 약육강식의 원리를 당연시했고, 서로를 해치는 일에 골몰했고, 주
님에 대한 지식을 구하지 않았습니다.

땅콩 무슨 말씀이신지는 알겠는데, 사람들이 오랜 삶의 방식을 바꾸는 것은 결코 쉽지 않습니다. 우스갯소리지만 우리나라에는 "사람이 안 하던 짓 하면 죽는다"는 말이 있을 정도입니다.

예레미야 여호야김 시대의 유다 백성들 역시 그러했습니다. 제가 하는 말에 동의하지 않는 이들은 물론이고 동의하는 이들조차 그들의 삶을 바꾸려 하지 않았습니다. 저는 그런 상황이 매우 답답하고 안타까웠습니다.

땅콩 그러셨을 것 같습니다. 바른길을 제시했음에도 계속해서 엉뚱한 길로 걸어가는 자들을 보면 속이 터지죠. 특히 겉으로는 고개를 끄덕이면서도 결국 다른 이들과 똑같이 살아가는 이들을 보면 한 대 쥐어박고 싶은 생각마저 들 때가 있습니다. 예언자님은 그런 답답한 상황을 어떻게 헤쳐나가셨습니까?

예레미야 제가 쇠귀에 경을 읽다 지쳐 널브러져 있던 어느 날이었습니다. 주님이 저를 부르시더니 조금 색다른 명령을 내리셨습니다.

땅콩 색다른 명령요?

예레미야 네, 당시에 주님은 쇠귀만도 못한 귀를 가진 이들에게는 장황한 말보다도 인상적인 시청각 교육이 필요하다고 말씀하셨습니다.

땅콩 시청각 교육요?

예레미야 네, 그렇습니다. 주님은 저에게 토기장이의 집으로 내려가 항아리 하나를 구입하라고 하셨습니다. 그리고 백성들의 장로들과 제사장들 몇 사람을 불러 힌놈의 아들 골짜기로 데려가 그들 앞에서 이렇게 선포하라고 명하셨습니다.

> 너희 유다 왕들과 예루살렘 모든 주민아, 너희는 나 주의 말을 들어라. 나
> 만군의 주 이스라엘의 하나님이 이렇게 말한다. 내가 이곳에 재앙을 내릴
> 터이니, 이 재앙은 그 소식을 듣는 모든 사람의 귀가 얼얼해질 만큼 무서
> 운 재앙이 될 것이다. (19:3)

그리고 이어서 주님은 저에게 그들 앞에서 항아리를 내리쳐 깨뜨
린 후 이렇게 전하라고 하셨습니다.

> 토기 그릇은 한 번 깨지면 다시 원상태로 쓸 수 없다. 나도 이 백성과 이
> 도성을 토기 그릇처럼 깨뜨려 버리겠다. 그러면 더 이상 시체를 묻을 자
> 리가 없어서, 사람들이 도벳에까지 시체를 묻을 것이다. 내가 이곳과 여
> 기에 사는 주민을 이처럼 만들어 놓겠다. 반드시 이 도성을 도벳처럼 만
> 들어 놓겠다. 나 주의 말이다. (19:11-12)

저는 주님이 명하신 대로 했습니다. 그리고 성전 설교 이후 출입이
금지되어 있던 성전 안으로 밀치고 들어가 그곳에 모여 있던 이들을
향해 동일한 말씀을 선포했습니다.

땅콩 사건의 여파가 만만치 않았겠습니다?

예레미야 그렇습니다. 장로들과 제사장들은 제가 항아리를 내리쳐
깨뜨리는 순간 비명을 지르며 자신들의 옷을 찢고 머리털을 쥐어뜯
었습니다. 그들은 성전으로 올라가 그곳의 책임자에게 저를 고발했습

니다. 하기야 뭐 굳이 고발할 필요까지도 없었습니다. 그 책임자 역시 제가 성전출입 금지명령을 어기고 성전 안으로 들어와 사람들에게 떠들어 대는 것을 직접 목격했으니까요.

땅콩 그래서 어떻게 되었나요?

예레미야 당시의 성전 책임자는 바스훌이라는 제사장이었는데, 그는 성전출입 금지명령 위반혐의로 저를 체포했습니다. 그리고 명령 위반에 대한 벌로 태형(笞刑)을 가한 후 감옥에 가뒀습니다.

땅콩 아이고, 많이 맞으셨나요?

예레미야 제가 얼마나 맞았느냐는 중요하지 않습니다. 정말 고통스러운 것은 절망감이었습니다. 결국 주님이 저에게 그런 일을 시키신 것은 유다 백성들을 회개시켜 그분이 작정하신 심판을 철회하시기 위함이었습니다. 그런데 그들이 회개는커녕 그분의 뜻을 전하는 저를 미친놈 취급하며 조롱하고 핍박했으니 말입니다. 저는 제가 수치와 고통을 당한 것보다도 저의 조국 유다가 더 이상 돌이킬 수 없는 파멸의 길로 빠져들고 있는 것이 더 안타까웠습니다.

"예레미야의 비밀"

땅콩 아마도 그것이 예언자님이 당하신 최초의 물리적 고초였지요?

예레미야 그렇습니다.

땅콩 그때의 충격이 무척 크셨던 것 같습니다. 예레미야서에는 예언자님이 그 사건 직후에 주님께 노골적으로 불만을 터뜨리시는 내용이 실려 있습니다. 예언자님은 이렇게 말씀하셨더군요.

> 주님, 주께서 나를 속이셨으므로,
> 내가 주께 속았습니다.
> 주께서는 나보다 더 강하셔서
> 나를 이기셨으므로,
> 내가 조롱거리가 되니,
> 사람들이 날마다 나를 조롱합니다.
> 내가 입을 열어 말을 할 때마다
> '폭력'을 고발하고 '파멸'을 외치니,
> 주의 말씀 때문에, 나는 날마다
> 치욕과 모욕거리가 됩니다. (20:7-8)

  학자들에 따르면, 이 구절에서 "속이다"로 번역된 히브리어 '파타' (*patah*)가 실제로는 어떤 남자가 젊은 여자를 꾀어 범하는 것을 가리킨다고 하더군요. 즉 주님이 예언자님을 살살 꼬여서 자기 욕심을 채운 후 그 일로 인해 사람들로부터 수치를 당하게 하셨다는 의미라고요. 그들의 설명이 맞나요? 그리고 예언자님은 정말로 주님께 그런 말을 하며 항의하셨던 건가요?
  예레미야 네, 학자들의 설명이 맞습니다. 불경스럽게도 그때 저는 감히 주님께 그렇게 항의를 했습니다.
  땅콩 단순히 항의 정도가 아니던데요. 곧 이어서 예언자님은 자신이 태어난 날을 저주하며 이런 극단적인 말씀까지 하셨습니다.

내가 모태에서 죽어,

어머니가 나의 무덤이 되었어야 했는데,

내가 영원히 모태 속에 있었어야 했는데,

어찌하여 이 몸이 모태에서 나와서,

이처럼 고난과 고통을 겪고,

나의 생애를 마치는 날까지

이러한 수모를 받는가! (20:17-18)

예레미야 네, 그렇게도 말했습니다.

땅콩 예레미야서 곳곳에는 예언자님이 이런저런 고통에 처해서 울고, 탄식하고, 항의하고, 좌절하는 모습이 여러 번 나옵니다. 어느 성서학자는 예언자님의 그런 불만과 탄식과 좌절의 언어들을 꼼꼼히 살핀 후, 아마도 당시에 예언자님이 거의 정신분열 상태에 이르러 있었을 거라는 주장도 하던데…….

예레미야 그 양반 말이 맞습니다. 실제로 저는 사역 기간 내내 아주 고통스럽고 외롭고 두려웠습니다. 미치지 않은 게 오히려 이상할 정도이지요.

땅콩 그런데도 그 오랜 세월 동안 어떻게 포기하지 않고 끝까지 예언 활동을 하실 수 있었던 겁니까? 얼마나 강인한 인내력을 지녀야 그런 사역을 감당할 수 있을까요?

예레미야 글쎄요. 인내력만으로 그런 일을 감당할 수 있는 이가 있을까요? 저는 40년 넘게 사역하는 동안 여러 차례 죽을 고비를 넘기고 옥에 갇히고 매를 맞았습니다. 사람들로부터 저주와 조롱과 모욕을 당한 것은 일일이 헤아리기가 어려울 정도고요. 저 역시 내가 왜 그토록 모진 고통을 당하면서 그 일을 계속하고 있는지 의아할 때가 있었습니다. 그런데 모든 사역을 마친 후 안식에 들어갈 무렵, 문득 한 가지 깨달음이 왔습니다.

땅콩 어떤 깨달음이었나요?

예레미야 주님이 저를 예언자로 부르셨을 때 주셨던 말씀이 떠오르더군요. 그때 주님은 앞으로 제가 겪게 될 온갖 어려움들을 예고하신 후 이렇게 말씀하셨습니다.

> 내가 오늘 너를,
> 튼튼하게 방비된 성읍과
> 쇠기둥과 놋성벽으로 만들어서,
> 이 나라의 모든 사람,
> 곧 유다의 왕들과 관리들에게 맞서고,
> 제사장들에게 맞서고,
> 땅의 백성에게 맞서도록 하겠다.
> 그들이 너에게 맞서서 덤벼들겠지만,
> 너를 이기지는 못할 것이다.
> 내가 너를 보호하려고
> 너와 함께 있기 때문이다. (1:18-19)

제 힘으로 한 게 아니었습니다. 주님이 저를 쇠기둥과 놋성벽처럼 강인하게 만들어 주셨기에 할 수 있었던 겁니다. 때로 주님은 모든 이들이 저를 비난하는 중에도 어떤 이들을 일으켜 저를 옹호해 주셨습니다(26:10-24). 사람들이 저에 대해 꾸미고 있던 악한 계획을 미리 알려주시어 죽음을 면하게도 해주셨습니다(11:18-23). 무엇보다도 주님은 제가 고통 중에 무릎을 꿇고 기도하거나 묵상에 잠길 때마다 저의 외로움과 두려움과 절망감 모두를 압도하고도 남을 만큼 가슴 뛰는 벅찬 소망의 말씀으로 저를 위로해 주셨습니다(30-31, 33장).

땅콩 그러면 예언자님은 자신의 사역이 결국에는 성공할 거라고 믿으셨던 건가요?

예레미야 웬걸요. 아무리 좋게 생각하려 해도 그렇게 믿을 수는 없었습니다. 당시에 제가 선포한 말을 듣고 주님을 향해 돌아서는 이가 거의 없었으니까요. 성공에 대한 확신은커녕 점점 더 제가 하는 일이 결국 실패로 끝날 거라는 생각을 했습니다.

땅콩 그렇다면 더더욱 이해가 되지 않습니다. 아무리 주님의 도우심이 있었을지라도 그토록 어두운 전망을 지닌 채 어떻게 계속해서 그 길을 걸어가실 수 있었던 겁니까?

예레미야 언젠가 게르하르트 폰 라트라는 구약학자가 그 질문에 대해 이렇게 답했더군요. "그것은 예레미야의 비밀로 남아 있다." 아마도 그는 그 질문에 대해서는 오직 당사자인 저만이 답할 수 있을 거라고 여겼던 것 같습니다. 그러나 사실 그 문제는 저에게도 여전히 신비로 남아 있습니다. 다만 저는 제가 온갖 어려움 가운데서도 포기하지 않고 사역을 마칠 수 있도록 이끌어 주신 주님께 감사할 뿐입니다.

7. 주님의 고통

──────────── 땅콩 벌써 시간이 많이 흘렀네요. 이제 여호
야김 시절 막바지에 하신 예언에 대해 듣고 싶습니다.

예레미야 여호야김은 백성의 추대가 아니라 이집트의 무력을 통해
유다의 왕이 되었습니다. 따라서 그의 행보는 처음부터 친이집트적일
수밖에 없었습니다. 그러나 그 무렵에 세상은 이미 바빌로니아의 것
이 되어가고 있었습니다. 시간이 흐를수록 상황은 여호야김에게 더욱
더 불리해졌고요. 바빌로니아의 느부갓네살은 주전 605년에 유프라
테스 강 유역의 갈그미스에서 앗시리아와 이집트의 연합군을 패퇴시
킴으로써 메소포타미아의 명실상부한 주인이 되었습니다. 이듬해에
는 블레셋 평야에 모습을 드러냈고 아스글론을 점령했습니다. 블레셋
이 무너졌으니 다음이 유다의 차례가 될 것은 불 보듯 뻔한 일이었습
니다. 그런데 그런 위기 상황에서 여호야김이 믿고 의지하던 이집트
는 꼼짝도 하지 않았습니다. 결국 궁지에 몰린 여호야김은 그동안의
태도를 바꿔 바빌로니아 쪽으로 붙었습니다. 이집트로 보내던 공물을

바빌로니아로 보내기 시작한 겁니다. 정황상 어쩔 수 없는 일이었기는 하나, 그동안의 행보에 비추어 보면 참으로 낯 뜨거운 처신이 아닐 수 없었습니다.

그러나 여호야김의 얄팍함은 그 정도로 그치지 않았습니다. 주전 601년에 느부갓네살은 이집트를 정복하기 위해 이집트의 국경까지 진군했습니다. 그런데 이빨 빠진 호랑이인 줄로만 알았던 이집트가 그 싸움에서 승리해 국경을 지켜냈습니다. 느부갓네살은 그 전투에서 막대한 피해를 입고 본국으로 돌아갈 수밖에 없었습니다. 그러자 여호야김은 언제 그랬냐는 듯 바빌로니아에게 등을 돌리고 다시 이집트를 향해 꼬리를 흔들었습니다. 아마 뒷골목 양아치들도 그렇게 속 보이는 짓은 하지 않을 겁니다. 주님도 그런 그가 너무 한심해 보이셨던지 이런 말씀을 하셨습니다.

> 간에 붙었다 쓸개에 붙었다 하다니,
> 너는 어쩌면 그렇게 지조도 없느냐?
> 그러므로 너는,
> 앗시리아에게서 수치를 당했던 것처럼,
> 이집트에게서도 수치를 당할 것이다. (2:36)

저는 이 말씀이야말로 여호야김의 경박한 인물됨을 보여주는 가장 적절한 표현이 아닐까 생각합니다.

땅콩 그렇군요. 그런데, 예언자님의 말씀을 듣다보면, 어쩐지 여호야김에 대한 묘한 적대감과 경멸 및 증오가 느껴집니다. 혹시 그에게 무슨 개인적인 원한이라도 있으신가요?

예레미야　아이쿠, 이거 속마음을 들켰네요.(웃음) 솔직히 말씀드리면 개인적인 원한이 없었던 것은 아닙니다. 그 문제에 대해서는 곧 말씀을 드리지요. 그러나 제가 그를 부정적으로 평가하는 이유는 단순히 그런 개인적인 감정 때문만은 아닙니다. 무엇보다도 그는 한 나라의 왕 노릇을 하기에는 너무나 멍청하고 무능했습니다. 그리고 시정잡배만도 못한 얄팍한 처신으로 이스라엘 역사상 처음으로 예루살렘 성 안으로 이방인 군대를 불러들였습니다. 그는 유다의 모든 왕들 중에서도 최악에 속하는 자입니다.

왕에 대한 비난과 투옥

땅콩　예언자님은 당시에도 지금처럼 여호야김을 맹비난하셨던 것으로 알려져 있습니다. 그런 비난들 중에는 지금 들어도 발언 수위가 아주 센 것들이 있었고요. 예언자님은 그에 대해 이런 말씀도 하셨지요?

아무도 여호야김의 죽음을
애도하지 않을 것이다.
남자들도 "슬프다!" 하지 않고
여자들도 "애석하다!" 하지 않을 것이다.
"슬픕니다, 임금님!

슬픕니다, 폐하!" 하며

애곡할 사람도 없을 것이다.

사람들은 그를 끌어다가

예루살렘 성문 밖으로 멀리 내던지고,

마치 나귀처럼 묻어버릴 것이다. (22:18-19)

아실는지 모르나, 지난 시대에 우리나라에는 '국가원수 모독죄'라는 게 있었습니다. 그 시절에는 사석에서라도 대통령을 비난하면 처벌을 받았습니다. 예언자님의 시대는 오늘날과 같은 민주주의 사회도 아니었으니 사정이 더 심각했을 것 같습니다만…….

예레미야 그렇습니다. 당시에 왕을 비난하는 것은 반역죄나 다름없었습니다. 잡히면 죽음을 면하기 어려웠지요. 다만, 전에도 말씀드렸듯이, 이스라엘에는 예언자 전통이라는 게 있어서 보통 사람들이 하면 죽음을 면하기 어려운 발언도 예언자로 알려진 이가 하면 관용하는 분위기가 있었습니다.

땅콩 그러면 예언자님은 그런 말씀을 하시고도 아무런 제재도 받지 않으셨던 겁니까?

예레미야 아닙니다. 성전 설교에 관한 이야기를 하면서 말씀드렸듯이, 저는 사역 기간 내내 자주 고소와 고발을 당했고 감옥에 갇히기도 했습니다. 그런데, 비록 극소수이기는 하나, 성전과 왕실 안에도 내심 저를 지지하는 이들이 있었습니다. 때로 그들은 저의 목숨을 구하기 위해 별것 아닌 문제로 저를 투옥시키기도 했습니다.

땅콩 정말입니까? 잘 믿어지지 않는데요.

예레미야 예레미야서를 잘 읽어보면 그런 사람들이 있었다는 걸 알아차릴 수 있을 겁니다.

땅콩 예를 들면 어떤 경우입니까?

예레미야 여호야김 4년, 그러니까 주전 605년이었습니다. 주님은 자신이 계획하고 계신 심판과 관련해 여호야김에게 강력한 경고를 주고 싶어 하셨습니다. 어느 날 주님이 저에게 말씀하셨습니다.

너는 저 왕과 왕후에게 전하여라.
왕의 자리에서 내려와서
낮은 곳에 앉으라고 하여라.
그들의 영광스러운 면류관이
머리에서 벗겨져 떨어졌기 때문이라고 하여라. (13:18)

저는 주님의 명령을 따라 여호야김을 찾아가 그 말씀을 전하려고 했습니다.

땅콩 아이고, 그건 죽으러 가는 거나 다름없지 않습니까?

예레미야 맞습니다. 만약 제가 실제로 왕의 면전에서 그렇게 말했다면, 저는 그때 죽었을 겁니다. 그런데 당시에 저를 지지하던 소수의 사람들이 제가 여호야김을 찾아가려 하고 있음을 알아차렸습니다. 그래서 그들은 저의 목숨을 구하기 위해 제가 선포했던 것보다 낮은 수위의 발언을 빌미 삼아 저를 감옥에 가뒀습니다(36:5).

두루마리의 작성과 낭독

땅콩 참 고마운 사람들이네요.

예레미야 개인적으로는 고마운 일이었으나, 그로 인해 저는 주님의 명령을 수행할 수 없게 되었습니다. 저는 그들에게 제발 좀 풀어달라고 간청했으나 소용이 없었습니다.

땅콩 감옥생활은 어떠했습니까?

예레미야 밖으로 나갈 수 없는 것만 빼놓고는 괜찮았습니다. 저는 감옥 안으로 사람들을 불러서 대화를 나눌 수 있었습니다. 특히 그 무렵에는 저의 친구이자 제가 개인적으로 고용했던 서기관인 바룩이 자주 저를 찾아왔습니다. 그런데 그렇게 옥에 갇혀 시간을 보내던 어느 날, 주님이 저에게 이렇게 명하셨습니다.

> 너는 두루마리를 구해다가, 내가 너에게 말한 날로부터, 곧 요시야의 시대부터 이날까지, 내가 이스라엘과 유다와 세계 만민을 두고 너에게 말한 모든 말을, 그 두루마리에 기록하여라. 내가 유다 백성에게 내리기로 작정한 모든 재앙을 그들이 듣고, 혹시 저마다 자신의 악한 길에서 돌아선다면, 나도 그들의 허물과 죄를 용서하여 주겠다. (36:2-3)

성경 독자들이 이 말씀에서 주목해야 할 것은, 주님이 저에게 예언의 내용을 기록하게 하신 이유가 유다 백성이 그것을 읽거나 듣고서 그들의 잘못을 깨닫고 자신에게 돌아오게 하시기 위함이었다는 것입니다. 주님은 유다에 대한 심판을 확정해 놓으신 상태에서도 그들의 회개를 바라셨던 겁니다.

땅콩 하지만 그것은 논리적으로 모순 아닌가요?

예레미야 아닙니다. 그것은 어떤 이가 시한폭탄의 타이머를 작동시킨 후 마지막 순간까지 그 폭탄의 정지버튼을 누르고 싶어 하는 것과 같다고 할 수 있습니다. 자기 백성에 대한 주님의 사랑은 그런 것이었습니다.

땅콩 그래서 두루마리는 잘 작성하셨나요?

예레미야 네, 서기관 바룩을 시켜서 작성했습니다.

땅콩 두루마리 작성을 마친 후에 발생한 일에 대해 말씀해 주시죠.

예레미야 두루마리 작성이 끝난 후 얼마 지나지 않아 불길한 소식이 들려왔습니다. 바빌로니아 왕 느부갓네살이 블레셋을 침공해 아스글론을 폐허로 만들었다는 것이었습니다. 유다 백성은 이제 곧 느부갓네살이 유다를 침공하리라고 여겼습니다. 다급해진 그들은 온 나라에 금식일을 선포하고 성전에 모여 주님께 기도를 드리기로 했습니다 (36:6). 저는 그 금식일에 성전을 찾아가고 싶었습니다. 가능한 한 많은 이들에게 주님의 뜻을 전하고 싶었거든요. 하지만 당시에 저는 비록 감옥에서는 풀려났으나 여전히 성전 출입이 금지된 상태였습니다. 그래서 저는 바룩에게 저 대신 성전으로 가서 사람들에게 그가 기록한 두루마리를 낭독해 달라고 부탁했습니다. 바룩은 저의 부탁에 기꺼이 응했습니다.

땅콩 그 두루마리의 내용을 접한 백성들의 반응은 어떠했나요?

예레미야 난리가 났었다고 하더군요. 그럴 만도 한 것이, 당시는 오늘날처럼 미디어가 발달된 세상이 아니었습니다. 그래서 비록 제가 여러 해 동안 사람들을 찾아다니며 예언을 하기는 했으나, 제가 만날 수 있었던 사람들의 수는 제한되어 있었습니다. 특히 그 무렵에 저는 성전 출입을 금지당한 상태였기에 좀처럼 많은 이들 앞에서 말할 기회를 얻지 못했습니다. 예나 지금이나 기성질서의 옹호자들이 자신들의 지위와 입장을 고수하기 위해 취하는 가장 기본적인 조치는 자기들과 생각이 다른 이들의 입을 틀어막는 겁니다. 그들은 늘 자기들만 마이크를 잡고 일방적으로 떠들어 대면서 다른 생각을 가진 이가 사람들 앞에서 말할 기회를 원천 봉쇄하지요. 그렇게 늘 자기들만 말하다 보니, 그들은 세상에 자기들과 다른 생각을 하는 사람들이 있다는 사실을 자주 망각합니다. 그래서 간혹 그런 이들과 마주하면 몹시 당황하고 불안해합니다.

바룩의 말에 의하면, 그날 성전에서도 그런 일이 일어났다고 하더군요. 성전에 소속된 예언자들이 "괜찮다! 괜찮다!"로 시작되는 뻔한 레퍼토리를 읊어대고 난 직후, 바룩이 번쩍 손을 들어 발언권을 신청했습니다. 성전 지도자들은 그가 자기들과 같은 취지의 발언을 하리라고 여겨 그에게 발언권을 주었습니다. 바룩은 자기를 주목하는 이들을 향해 문제의 그 두루마리를 펴서 읽어나갔습니다. 그가 두루마리의 첫 부분을 읽자 백성들이 술렁이기 시작했습니다. 그 내용이 조금 전에 성전 소속 예언자들이 했던 말과 완전히 달랐기 때문입니다. 한번 상상을 해보십시오. 방금 전에 "괜찮다! 괜찮다!"라는 말을 들은 이들에게 북방에서 오는 적, 병거, 군마, 칼과 창, 죽음, 시체, 황폐한 땅, 포로살이 같은 불길한 내용을 담은 메시지가 선포되었으니 말입니다.

당황한 성전 관계자들은 허둥거리며 바룩의 발언을 저지하려 했습니다. 그러나 백성들이 그들을 가로막았습니다. 당혹스럽기는 하나 무슨 말을 하는지 들어나 보자는 것이었습니다. 사실 그들 중에는 저의 예언을 처음 듣는 이들이 꽤 많았습니다. 그러니 아마도 그들로서는 한편으로는 두려우면서도, 다른 한편으로는 신선한 충격을 느꼈을 겁니다. 어쨌든 끝까지 들어보자는 이들 덕분에 바룩은 사람들 앞에서 그 두루마리 전체를 낭독할 수 있었습니다. 바룩이 큰 소리로 두루마리를 읽어 내려가는 동안, 백성들은 넋이 나간 듯 서 있었습니다.

체포 명령

땅콩 성전 관계자들이 가만히 있지 않았겠네요. 큰맘 먹고 준비한 행사가 자신들의 의도와 다른 방향으로 흘러갔으니 말입니다.

예레미야 그렇습니다. 그들은 즉시 바룩을 붙잡아 처벌하려 했습니다. 그러나 다행히도 그들 중 몇 사람이 그런 움직임에 제동을 걸었습니다. 특히 서기관 사반의 손자이자 그마랴의 아들이었던 미가야가 그러했습니다. 미가야는 성전에 소속된 서기관이었음에도 주님을 두려워하는 경건한 자였습니다. 그는 동료 서기관들과 고관들을 불러모은 후 자기가 바룩에게서 들은 말을 전했습니다(36:11-12). 그 말을 들은 이들은 큰 충격에 빠졌습니다. 사안의 심각성을 인식한 그들은 바룩에게 사람을 보내 그 두루마리를 가져오게 했습니다. 그리고 바룩은 그들 앞에서 다시 그 두루마리를 낭독했습니다.

고관들은 국가의 위기에 대처하기 위해 지정한 금식일에 성전에서 그런 예언을 선포하는 것이 얼마나 위험한 일인지, 그리고 그런 일이 어떤 파장을 불러올 것인지 알고 있었습니다. 그리고 다행히도 그들 중 몇 사람이 주님을 경외하는 마음을 갖고 있었습니다. 그들은 바룩에게 자기들이 왕에게 보고하기 전에 서둘러 저와 함께 몸을 숨기라고 귀띔했습니다.

저와 바룩이 몸을 숨기는 사이에 그들은 당시 겨울궁에 머물고 있던 여호야김을 찾아가 그 두루마리 사건에 대해 보고했습니다. 여호야김은 서기관 여후디에게 그 두루마리를 읽으라고 명했습니다. 그리고 여후디가 서너 칸을 읽고 나면 그 부분을 칼로 오려내 화롯불에 던져넣었습니다. 당시에 그 자리에 있었던 이들이 전하는 바에 따르면, 그때 여호야김의 표정이 참으로 오묘했다고 하더군요. 어떤 이들은 그의 표정에서 분노를 보았고, 어떤 이들은 두려움을 보았고, 어떤 이들은 냉소를 보았다고 합니다. 아무튼 여호야김은 그런 식으로 그 두루마리 전체를 칼로 찢어 불태우고 말았습니다. 그리고 측근들에게 저와 바룩을 잡아들이라고 명했습니다. 몇 해 전에 우리야에게 했던 것처럼 저와 바룩을 생포해 직접 자기 손으로 죽이기 위해서였습니다(26:20-24). 여호야김은 주님의 말씀을 듣고도 회개하지 않는, 아니 회개는커녕 마음을 더욱 강퍅하게 하는 완악한 자들을 대표하는 인물입니다.

땅콩 예언자님으로서는 그야말로 절체절명의 위기였군요. 그런데 예언자님은 그런 위기상황에서 어떻게 여호야김의 부하들의 추적을 피할 수 있었던 겁니까? 유다가 그렇게 큰 나라도 아닌데 말입니다.

예레미야 그것 또한 주님의 은혜입니다. 이미 말씀드렸듯이, 주님은 저를 예언자로 부르시면서 앞으로 제가 겪게 될 고난에 대해 말씀해 주셨습니다. 그리고 그 모든 고난 가운데서 늘 저와 함께하시겠노라 고 약속하셨습니다(1:19). 주님은 그 약속을 지키셨습니다. 바룩과 저 는 주님이 유다 땅에 남겨두신 소수의 남은 자들 사이로 숨어들 수 있 었습니다. 그들의 보호가 없었더라면, 바룩과 저는 우리야처럼 체포 되어 여호야김의 칼에 죽임을 당했을 겁니다.

다시 쓴 두루마리

땅콩 그런데 그 사건 후에 예언자님은 바룩을 시켜서 두루마리를 다시 작성하셨더군요?

예레미야 그것 또한 주님의 명령이었습니다. 주님은 제가 여호야김 의 추적을 피해 숨어 있는 동안에도 그 두루마리를 통해서나마 계속 해서 유다 백성에게 자신의 뜻을 전하고자 하셨습니다. 자기 백성을 향한 주님의 관심과 사랑은 그 어떤 난관에도 불구하고 계속됩니다. 아니, 그저 계속되는 정도가 아니라, 그런 난관을 통해 더욱더 커지고 분명해집니다.

땅콩 성서학자들에 따르면, 그렇게 해서 다시 작성된 두루마리가 구두예언이 성경으로 발전하는 과정의 첫 단계를 보여준다고 하더 군요.

예레미야 그렇습니다. 성경의 모든 예언서는 그런 과정을 거쳐 만들어졌습니다. 이스라엘의 예언자들 중 서재에 앉아 예언서를 집필한 이는 한 사람도 없습니다. 말씀드렸듯이 예언자는 주님의 말씀을 대언하는 자이지 책을 쓰는 저자가 아닙니다. 그러니 바룩처럼 예언자들이 선포한 말을 기록하는 수고를 감당했던 이들이 없었더라면 오늘날의 예언서도 없었을 겁니다.

땅콩 그러면 당시에 바룩이 기록한 두루마리의 내용은 지금의 예레미야서 중 어느 부분에 해당되나요?

예레미야 예레미야서의 어느 한 부분이 아니라 그 책 전체에 고루 퍼져 있습니다. 지금의 예레미야서는 바룩이 쓴 게 아니라, 훗날의 편집자들이 바룩이 작성한 두루마리와 사람들 사이에 회자되던 저에 관한 이야기들 및 제가 선포했으나 그때까지 기록되지 않았던 예언들을 모아 편집한 겁니다. 그러나 지금의 예레미야서를 위한 가장 중요한 자료는 누가 뭐래도 바룩이 작성한 두루마리입니다. 그리고 무엇보다도 그 책에는 바룩이 그 두루마리를 기록하면서 가졌던 마음이 두루 퍼져 있습니다.

땅콩 바룩이 가졌던 마음요……?

예레미야 주님의 말씀을 정확하게, 분명하게, 그리고 이해하기 쉽게 전하고자 하는 열정 말입니다. 오늘 신자들이 갖고 있는 성경은 어떤 이가 최면상태에서 주님이 불러주시는 말씀을 또박또박 받아 적은 책이 아닙니다. 만약 주님이 성경을 그런 식으로 만드실 계획이셨다면, 차라리 하늘에서 한 점의 오류도 없는 성경 한 권을 매끈하게 편집해 땅으로 내려주셨을 겁니다. 그러나 그분은 그렇게 하지 않으셨습니다. 그분은 성경을 만드는 일을 불완전한 인간의 손에 맡기셨습니다. 하기야 성경 이전에 예언 자체가 그러했습니다. 예언자는 주님이 주신 말씀을 토씨 하나 틀리지 않게 전하는 확성기가 아닙니다. 많은 경우 예언자는 주님이 주신 말씀을 붙들고 진지하게 고민을 합니다. 그 말씀을 어떻게 전하는 게 좋을지를 두고 말입니다.

땅콩 그 말씀은 예언자들이 주님의 말씀을 선포할 때 그들 자신의 언어를 사용했다는 뜻인가요?

예레미야 그렇습니다. 그리고 그것은 나중에 그 예언들을 기록했던 이들과, 좀 더 나중에 그렇게 기록된 예언들을 취합해 편집했던 이들 역시 마찬가지였습니다. 예언자, 예언의 기록자, 그리고 예언서의 편집자 모두는 주님의 말씀을 자기들 나름의 언어로 선포한 사람들이었습니다.

땅콩 그러나 그것은 주님의 말씀에 대한 변개(變改) 아닌가요? 그리고 그런 변개가 누적되다 보면 말씀이 변질(變質)되지 않을까요?

예레미야 지금도 신자들 중에 그런 식의 주장을 하는 이들이 있지요. 그러나 예수님의 생애를 기록하고 있는 네 권의 복음서들을 살펴보십시오. 그것들은 동일한 인물과 사건에 대한 기록임에도 조금씩 다른 표현과 강조점을 갖고 있습니다. 일점일획에 집착하는 이들에게 사복음서가 갖고 있는 그런 차이들은 걸림돌이 될 수밖에 없습니다. 그러나 그 네 권의 책 모두가 예수님의 참모습을 묘사하고 있다고 믿는 이들에게 그런 차이는 아무런 문제가 되지 않습니다. 그들에게 사복음서는 예수님에 대한 넉 장의 사진이 아니라 네 명의 화가가 그린 네 폭의 초상화이기 때문입니다. 사진은 찍는 조건만 같다면 누가 찍든 거의 비슷한 결과가 나오지만, 초상화는 아무리 같은 조건하에서 그러더라도 동일한 작품이 나올 수 없습니다. 그럼에도 그 서로 다른 그림은 모두 한 인물에 대한 초상화입니다.

그런데 사실은 사복음서뿐 아니라 성경의 모든 책들이 그러합니다. 그 책들은 기계화된 인간이 주님의 말씀을 일점일획도 틀림없이 받아 적은 게 아닙니다. 그 책들에는 그것들을 쓴 이들의 입장과 신앙고백이 들어 있습니다. 바룩이 기록한 두루마리들 역시 그러했습니다. 물론 그 두루마리의 내용은 제가 그에게 불러준 주님의 말씀이었습니다. 하지만 바룩은 제가 불러준 말씀을 토씨 하나 어긋남 없이 들은 그대로 기록하지 않았습니다. 바룩은 속기사가 아니라 문필가요 저술가였기 때문입니다. 그는 제가 한 말을 자신의 문장을 사용해 기록했습니다. 물론 그 과정에서 그는 저와는 다른 표현을 사용하기도 했고, 중복되는 표현을 삭제하기도 했고, 미흡한 부분을 보충해 넣기도 했습니다.

바룩은 두루마리를 두 번에 걸쳐 기록했습니다. 제가 보기에는 나중 것이 처음 것보다 훨씬 더 좋았습니다. 그런데 훗날 예레미야서를 편집한 이들이 그 두 번째 두루마리에 손을 댔습니다. 그들은 자기들이 기획한 예레미야서의 구도에 맞춰 그 두루마리의 내용을 분해한 후 재배치했습니다. 그리고 그 과정에서 바룩이 쓴 글들에 크고 작은 수정이 가해졌습니다. 그래서 요즘도 가끔 바룩이 저에게 투덜거립니다. "도대체 그 친구들은 내가 쓴 글을 왜 그렇게 뜯어고친 거지요?" 하고 말입니다. 그러면 제가 바룩에게 핀잔을 줍니다. "자네는 그런 불평을 할 자격 없어. 자네도 내가 불러준 말을 자네 입맛에 맞도록 뜯어고치지 않았나. 나는 자네의 표현들 중 몇 가지는 그다지 마음에 들지 않았다네" 하고 말입니다. 그러나 사실 바룩은 괜히 그러는 겁니다. 그는 예레미야서 전체가 자신이 기록한 두루마리에 기초하고 있다는 사실을 아주 자랑스럽게 여기고 있습니다. 그러니 한마디로, 투덜대는 척하면서 폼 한 번 잡는 거지요.(웃음)

강퍅함의 결과

땅콩　이제 여호야김 시대에 관한 이야기를 마무리해야 할 것 같습니다. 성경에 의하면, 그의 통치 말년인 주전 597년에 예루살렘이 바빌로니아 군대에 의해 짓밟힌 것으로 되어 있습니다. 그리고 제가 아는 바로는 그것이 예루살렘이 이방인들에게 짓밟힌 최초의 경우였습니다.

예레미야　그렇습니다. 여러 예언자들의 거듭된 심판 예언에도 불구하고, 그때까지 예루살렘은 단 한 차례도 이방인들에 의해 더럽혀진 적이 없었습니다. 이미 말씀드렸듯이, 예루살렘은 히스기야 시절인 주전 701년에 앗시리아 군대에 포위되어 고립무원 상태에 처하고도 기적적으로 살아남았습니다(왕하 18:13-19:37; 사 36-37장). 그로 인해 유다 백성들 사이에서 '시온 신학'이라는 게 생겨날 정도였고요. 그런데 유다 백성이 그 어떤 경우에도 무너지지 않는다고 믿었던 시온 성 예루살렘이 여호야김 시대에 이방인들의 군홧발에 짓밟힌 겁니다.

땅콩　사정이 그렇게 된 과정을 좀 더 상세히 설명해 주시겠습니까?

예레미야　앞서 말씀드렸듯이, 여호야김은 주전 601년에 이집트와 바빌로니아의 전투에서 이집트가 선전하자 바빌로니아를 배반하고 다시 이집트 쪽으로 돌아섰습니다. 여호야김의 그런 처신에 분노한 느부갓네살은 주전 598년 12월에 유다로 진격했습니다. 바빌로니아 군대가 쳐들어 왔을 때 여호야김이 기대했던 이집트 군대는 움직이지 않았습니다. 결국 이듬해인 주전 597년 3월에 예루살렘이 바빌로니아 군대에 의해 함락되었습니다. 주님의 뜻을 거스르며 살았던 유다 백성들에게는 주님의 성전조차 아무 소용이 없었습니다. 무슨 짓을 하며 살든 성전에 들락거리며 제사만 드리면 주님의 보호를 얻을 수 있으리라는 생각이 완전한 착각이었음이 밝혀진 셈이죠.

여호야김은 바빌로니아 군대가 예루살렘을 포위하고 있던 중에 죽었습니다. 상세한 말씀을 드리기는 어렵지만, 그의 죽음은 자연스럽지 않았으며, 그의 주검조차 한 나라의 왕의 주검에 합당한 예우를 받지 못했습니다.

땅콩 백성들의 상황은 어떠했나요?

예레미야 전쟁의 참상은 동서고금을 막론하고 비슷합니다. 우선 수많은 이들이 바빌로니아 군인들에 의해 살해되었습니다. 유다의 딸들은 점령군들에 의해 유린되었습니다. 성전과 왕궁과 백성의 집들은 마구잡이로 약탈을 당했습니다. 유다 왕국을 떠받치던 모든 게 무너져 내렸고, 낯선 언어를 사용하는 바빌로니아 군인들이 예루살렘 거리를 활보했습니다.

성이 포위된 상태에서 여호야김의 뒤를 이어 왕위에 올랐던 그의 아들 여호야긴은 성이 무너진 직후 바빌로니아에 의해 폐위되었고 유다의 유력자들과 함께 바빌로니아로 끌려갔습니다(왕하 24:15-16).

바빌로니아는 여호야긴 대신 그의 숙부이자 요시야의 또 다른 아들인 시드기야를 왕좌에 앉혔습니다. 10여 년 전에 이집트가 여호야김이라는 꼭두각시를 왕위에 앉혔듯, 바빌로니아는 시드기야라는 꼭두각시를 왕으로 삼았던 겁니다. 그리고 이집트가 여호야김을 통해 조공을 받았듯 시드기야를 통해 조공을 받기 시작했습니다.

포로가 되지 않고 유다에 남은 자들은 차라리 죽은 자들을 부러워했습니다. 인구가 줄어든 상태에서 전쟁으로 황폐해진 땅을 일궈 바빌로니아가 요구하는 조공을 바치는 것은 너무 고통스러운 일이었기 때문입니다. 제가 유다에 대한 주님의 심판을 선언했을 때 많은 이들이 이런 말로 저를 조롱했었습니다. "주께서는 말씀으로만 위협하시지, 별것도 아니지 않으냐! 어디 위협한 대로 되게 해보시지!"(17:15). 그들은 예루살렘이 함락된 후에야 주님의 위협과 경고가 빈말이 아니었음을 깨닫고 땅을 치며 후회했습니다.

주님의 탄식

땅콩 예레미야서에는 예언자님이 예루살렘의 함락을 예견하며 하셨던 것으로 보이는 탄식이 여럿 실려 있습니다. 그중 제게 인상적이었던 것 하나를 인용해 보겠습니다.

목자들아,
너희는 울부짖으며 통곡하여라.

양 떼의 인도자들아,

너희는 재 위에서 뒹굴어라.

너희가 살육을 당할 날이 다가왔다.

귀한 그릇이 떨어져 깨지듯이

너희가 부서질 것이다.

목자들은 도피처도 없으며,

양 떼의 인도자들은

도망할 곳도 없을 것이다. (25:34-35)

이 구절에서 예언자님은 특별히 "목자들"과 "양 떼의 인도자들"을 언급하셨는데, 그 둘 모두 유다의 지도급 인사들을 가리키는 표현 아닌가요? 만약 그렇다면 예언자님이 특별히 그들을 두고 이렇게 탄식하셨던 이유는 무엇입니까?

예레미야　한 나라가 망하면 그 나라 백성 모두가 고통을 당합니다. 하지만 그 고통의 정도는 사람마다 다릅니다. 이왕에 그 나라에서 개돼지 취급을 당하며 살았던 가난하고 힘없는 이들에게 그 고통은 새로운 게 아닙니다. 아닌 말로, 그들로서는 이놈에게 당하나 저놈에게 당하나 마찬가지입니다. 그러나 그 나라에서 호의호식하던 이들의 사정은 전혀 다릅니다. 그들에게 나라가 망한다는 것은 그동안 누렸던 모든 것의 상실을 의미합니다. 이런 비유가 어떨는지 모르나, 가난하고 힘없는 자들에게 나라를 잃는 고통이 2층 집 옥상에서 떨어지는 것이라면, 부하고 강한 자들에게 그것은 20층 아파트 옥상에서 추락하는 것이나 다름없습니다. 그래서 저는 유다의 심판에 대해 예언하면서 특히 그 나라의 지도층 인사들이 받아야 할 고통에 마음이 쓰였습니다. 비록 그동안 못된 짓을 많이 하기는 했으나, 그들 역시 저의 동족이었으니까요.

땅콩 그 말씀을 들으니 공동체의 지도자들은 그들 자신을 위해서라도 공동체의 연약한 구성원들을 성심껏 돌봐야 하리라는 생각이 듭니다. 나라 사랑이니, 교회 사랑이니, 가족 사랑이니 하는 당위들이 흔히 생각하는 것처럼 자연스럽고 당연한 것이 아니라는 생각도 들고요.

예레미야 그렇습니다. 모든 사랑은 주고받는 겁니다. 자기는 다른 이에게 아무것도 주지 않으면서, 아니 오직 고통스러운 의무만을 안겨주면서, 그 다른 이가 자기에게 전폭적이고 헌신적인 사랑을 보이기를 기대하는 것은 미친 짓입니다.

땅콩 사정이 어떻든, 이스라엘 역사상 최초로 발생한 예루살렘의 함락은 예언자님을 몹시 고통스럽게 했던 것 같습니다. 예언자님은 이렇게 탄식하셨더군요.

> 예루살렘아,
> 너는 레바논 산에 올라가서 통곡하여라.
> 바산 평야에서 소리를 지르고,
> 아바림 산등성에서 통곡하여라.
> 너의 모든 동맹국이 멸망하였다.
> 네가 평안하였을 때에는
> 내가 너에게 경고를 하여도

"나는 듣지 않겠다!" 하고 거부하였다.

너는 어렸을 때부터 이런 버릇이 있어서,

언제나 나의 말을 듣지 않았다. (22:20-21)

예레미야 사실 그것은 저의 탄식이라기보다 주님의 탄식이었습니다. 주님은 유다에 대한 심판 계획을 확정하신 후에도 여전히 유다의 회개를 기다리셨습니다. 할 수만 있다면 그 계획을 철회하시기 위해서였습니다. 그럼에도 유다는 회개하지 않았습니다. 언젠가 주님은 다음과 같은 말씀으로 유다 백성에 대한 자신의 안타까움을 드러내셨습니다.

길르앗에는 유향이 떨어졌느냐?

그곳에는 의사가 하나도 없느냐?

어찌하여 나의 백성, 나의 딸의 병이

낫지 않는 것일까? (8:22)

유다 백성이 바빌로니아 군인들에게 짓밟히던 날, 제 귓가에는 주님의 울음소리가 들려왔습니다. 그때 그분은 소리 내어 울고 계셨습니다. 동네에서 망나니짓을 하다가 이웃의 폭력배들에게 붙들려 죽을 만큼 얻어맞고 있는 자식을 바라보는 어머니처럼 말입니다.

땅콩 아이고, 옛 생각이 나시는지 예언자님 눈가에 눈물이 그렁그렁하시네요. 감정이 더 격해지시기 전에 오늘 대화는 이 정도에서 마치는 게 좋을 듯합니다.

예레미야   그러는 게 좋겠네요. 아, 그런데…… 이 예배당의 규모가 보면 볼수록 대단하네요. 솔로몬이 세웠던 예루살렘 성전은 게임이 안 될 정도입니다. 간신히 올라오기는 했는데, 내려가는 게 문제일 것 같습니다.

땅콩   제가 모시겠습니다. 자, 이리로……. 어, 어, 거기 발 조심 하세요. 미끄러지면 큰일 납니다.

3부

시드기야 시대

내가 너를 쫓아 여러 나라로 흩어버렸지만, 이제는 내가 그 모든 나라를 멸망시키겠다.
그러나 너만은 멸망시키지 않고, 법에 따라서 징계하겠다. (30:11)

8. 헛된 희망

셋째 날 대화는 서울 외곽에 있는 어느 금식기도원에서 이루어졌다. 기도원 중앙에 있는 예배당에서는 대규모 집회가 열리고 있었다. 예언자는 잠시 그 집회 광경을 둘러본 후 대화 장소로 지목한 세미나실 안으로 들어왔다. 예언자의 표정이 조금 어두웠다.

─────────── 땅콩 기도회를 둘러보시니 어떠하든가요?

예레미야 참 대단하네요. 마치 오래전의 미스바 성회나 오순절 성회를 보는 듯하더군요. 그런데 한국에서는 매일 이렇게 많은 분들이 모여서 이토록 열심히 기도를 하시나요?

땅콩 예전 같지는 않으나 한국 교회의 기도 열기는 아직 식지 않았습니다.

예레미야 참으로 다행스러운 일입니다.

땅콩 그런데 예언자님의 표정이 그다지 좋아보이지 않네요. 혹시 어디 편찮으신 건…….

예레미야 그런 건 아니고, 그저 사람들이 저렇게 애타게 부르짖으며 기도하는 모습을 보니 안타까운 마음이 들어서요. 기도 내용을 들어 보니, 너무나 많은 이들이 고통을 당하고 있더군요. 각자의 고통을 안고 부르짖는 이들의 모습을 보니 마음이 짠합니다.

땅콩 그래도 기도할 수 있으니 얼마나 다행입니까? 주님께 부르짖으며 간구하면 응답해 주실 테니 말입니다. 그리고 보니 한국 교회 신자들이 즐겨 암송하는 구절 하나가 예레미야서에 있었네요.

> 너는 내게 부르짖으라.
> 내가 네게 응답하겠고
> 네가 알지 못하는 크고 은밀한 일을
> 네게 보이리라. (33:3, 개역개정역)

예레미야 네, 아주 희망적인 말씀입니다. 주님은 우리의 부르짖음에 응답하시는 분입니다. 그러니 곤경에 처한 이들은 좌절하지 말고 주님께 간구해야 합니다. 세상 사람들이 답을 찾지 못해 절망할 때라도 신자들은 주님 앞에 무릎 꿇고 기도해야 합니다.

땅콩 혹시 예언자님이 오늘 만남 장소를 이곳으로 정하신 이유가 그건가요? 한국 교회 신자들에게 기도의 중요성을 강조하시기 위해서……?

예레미야 음…… 절반은 그렇고, 절반은 그렇지 않습니다.

땅콩 ……?

예레미야 신자들에게 기도의 중요성은 아무리 강조해도 지나치지 않습니다. 사람들이 산소를 공급받아야 살 수 있듯이, 신자들은 기도를 통해 주님의 은혜를 공급받아야 살 수 있습니다. 그러므로 기도하지 않는 신자는 참된 신자가 아닙니다. 그런 의미에서 날마다 이렇게 많은 신자들이 모여 부르짖고 있는 한국 교회에는 희망이 있다고 할 수 있습니다.

하지만 한국 교회 신자들이 기도와 관련해 유념해야 할 게 있습니다. 그것은, 기도 응답의 일차적 조건은 '큰 소리로 부르짖는 것'이 아니라 '주님이 기뻐하시는 삶을 사는 것'이라는 사실입니다. 주님이 혐오하시는 삶을 사는 이들은 아무리 큰 소리로 부르짖어도 소용없습니다. 주님께 그런 부르짖음은 기도가 아니라 소음입니다. 주님은 그런 소음에는 절대로 귀를 기울이시지 않습니다.

유다의 마지막 왕인 시드기야(주전 597-587) 시절에도 사람들은 참으로 열심히 기도를 드렸습니다. 그들은 노아 때처럼 홍수 직전까지 먹고 마시고 즐기다가 졸지에 망한 게 아닙니다. 그들은 늘 전쟁의 위협 속에서 살았습니다. 주전 598/7년에 있었던 바빌로니아의 제1차 예루살렘 침공은 그들의 기억 속에 생생하게 남아 있었습니다. 그뿐만 아니라 당시에 그들 주변에서는 계속해서 전쟁의 소문이 들려오고 있었습니다. 그런 상황에서 유다 백성들은 기도하지 않을 수 없었습니다. 그래서 예루살렘 성전은 이 기도원 못지않게 주님께 제사드리며 기도하는 이들로 북적였습니다.

시드기야 시대

땅콩 방금 시드기야에 대해 언급하셨는데, 시드기야는 어떤 사람이 었습니까?

예레미야 여호야김이 이집트의 꼭두각시였다면, 시드기야는 바빌로 니아의 꼭두각시였습니다. 요시야의 또 다른 아들이었던 그는 바빌로 니아가 잡아간 여호야긴의 숙부였습니다. 시드기야는 여호야김만큼 악한 사람은 아니었습니다. 여호야김과 달리 그는 제가 선포하는 예 언에 귀를 기울기도 했습니다. 그러나 그게 전부였습니다. 그는 주님 의 말씀을 듣기는 했는데 그 말씀에 순종하지 않았습니다. 또한 그는 여호야김만큼이나 판단력이 부족했고 무엇보다도 매우 유약했습니 다. 그는 재위 기간 내내 측근 고관들에 의해 이리저리 휘둘렸습니다.

땅콩 당시에 유다의 상황은 어떠했나요?

예레미야 어제도 말씀드렸듯이, 바빌로니아는 주전 598/7년에 예루 살렘을 함락시킨 후 유다의 모든 유력자들을 바빌로니아로 끌어갔습 니다. 하지만 유다를 완전히 멸망시키지는 않았습니다. 바빌로니아의 목적은 유다의 멸망이 아니라 그 나라로부터 조공을 받는 것이었기 때문입니다. 거대한 제국을 유지하기 위해서는 제국 각처에서 각종 자원과 물자를 공급받아야 했는데, 그러기 위해서는 그 각처의 사람 들이 나름의 공동체를 유지하며 예전의 방식대로 살아갈 필요가 있 었습니다. 그래서 바빌로니아는 제국에 위협이 되거나 반항적이지 않 은 나라들을 그대로 보존하는 정책을 폈습니다. 이것은 북왕국을 멸 망시켰던 앗시리아와 크게 다른 점이라 할 수 있습니다. 그리고 차차

말씀드리겠지만, 바로 그것이 당시에 제가 유다의 왕과 백성들에게
바빌로니아의 통치를 받아들이라고 권했던 이유 중 하나였습니다.

주의 종 느부갓네살?

땅콩   그 무렵에 바빌로니아의 위세는 어느 정도였습니까?

예레미야   한마디로, 온 세상이 바빌로니아의 것이었습니다. 주전
605년에 나보폴라살의 뒤를 이어 바빌로니아의 왕이 된 느부갓네살
은 역사상 가장 강력한 군주들 중 하나였습니다. 근동의 전통적 강국
이집트가 끝까지 버티기는 했으나 느부갓네살은 그 나라마저 크게
위협하고 있었습니다. 당시에 바빌로니아에 맞설 수 있는 나라는 세
상 어디에도 없었습니다.

땅콩   상황이 그러했다면, 사실상 유다로서는 바빌로니아의 통치를
받아들이는 것 외에는 달리 방법도 없었겠습니다.

예레미야   그렇습니다.

땅콩   그렇다면, 이것은 아주 조심스러운 질문입니다만, 예언자님의
메시지는 '주님의 뜻'이라기보다 '정치적 현실주의'(political realism)라
고 할 수 있지 않을까요?

예레미야   제가 정치적 현실주의의 입장을 취했다는 지적에 대해서
는 굳이 부인할 생각이 없습니다. 그러나 정치적 현실주의를 택한다
는 것이 곧 주님의 뜻을 받아들이는 것과 무관한 것은 아닙니다. 당
시에 주님이 근동 지역의 상황을 그렇게 몰아가신 것은 유다뿐 아니

라 그 지역 전체의 죄악 때문이었습니다. 주님은 이스라엘뿐 아니라 온 세상 모든 민족의 역사를 주관하시는 분입니다. 그분은 자신의 뜻을 따라 한 민족을 일으키기도 하고 멸하기도 하십니다. 당시에 주님은 유다를 비롯해 근동의 모든 나라를 심판하기로 작정하시고 그 심판의 도구로 바빌로니아 왕 느부갓네살을 택하셨습니다. 그분이 느부갓네살을 "나의 종"(25:9)이라고 부르신 것은 바로 그런 이유 때문입니다. 그러므로 그의 지배를 받아들이는 것은 정치적 현실주의인 동시에 주님의 뜻에 대한 순종이었던 셈입니다.

땅콩 하지만 그것은 부당한 일 아닌가요? 느부갓네살이 위대한 왕이었는지는 모르나 도덕적으로나 윤리적으로 다른 이들에게 모범이 될 만한 인물은 아니지 않았습니까? 게다가 그가 통치했던 바빌로니아는 마르둑을 비롯해 각종 잡신들을 섬기는 나라였습니다. 그러니 주님이 그런 악한 나라를 들어 다른 나라들을 심판하시는 것은 옳게 보이지 않습니다.

예레미야 그것은 인간인 우리의 생각에 불과합니다. 세상의 모든 역사를 주관하시는 주님은 얼마든지 자신의 뜻을 따라 악한 나라를 들어 다른 악한 나라를 심판하실 수 있습니다. 그리고 그 심판이 끝난 후에 심판에 사용하셨던 악한 나라를 또 다른 악한 나라를 들어 심판하실 수도 있습니다. 실제로 주님이 유다를 심판하기 위해 사용하셨던 바빌로니아는 그로부터 얼마 지나지 않아 페르시아에 의해 멸망당했습니다. 그리고 그때 주님은 바빌로니아를 멸망시킨 페르시아 왕 고레스를 "내가 세운 목자"(사 44:28)라고 부르셨습니다. 고레스의 도덕성이 결코 느부갓네살보다 낫지 않았음에도 말입니다. 그러니 주님이 느부갓네살이나 고레스를 "나의 종" 혹은 "내가 세운 목자"라고 부르셨던 것은 그들이 다윗처럼 주님의 마음에 합한 자들이었기 때문이 아니라, 주님이 그들을 자신의 뜻을 이행하기 위한 '도구'로 삼으셨기 때문이라고 할 수 있습니다.

땅콩 이왕 이방인 왕들에 관한 이야기가 나온 김에 여쭙겠습니다. 예레미야서에는 무려 여섯 장에 걸쳐 열방에 대한 예언이 실려 있습니다. 그리고 오늘날 성경 독자들은 어째서 예레미야서 안에 구원사와 별 상관이 없어 보이는 그런 예언들이 실려 있는지 이해하기가 쉽지 않습니다. 그 문제에 대해 설명해 주시겠습니까?

예레미야 좋은 질문입니다. 사실 예레미야서 46장부터 51장에 실려 있는 열방 예언은 성경 독자들에게는 뜬금없어 보일 겁니다. 그러나 그 예언은 유다 백성에게 큰 가르침을 주기 위해 선포된 겁니다. 그 예언의 목적은 유다뿐 아니라 세상 모든 나라와 민족의 역사가 주님의 손안에 있음을 알리는 것입니다. 그 예언에 등장하는 이집트, 블레셋, 모압, 암몬, 에돔, 다메섹, 엘람, 바빌로니아 등은 당시에 이모저모로 유다에 영향을 미치던 나라들이었습니다. 그리고 당시 유다 백성들은 그런 나라들을 두려워하거나 의지했습니다. 주님이 저에게 그런 나라들에 대해 심판을 선포하게 하신 이유는 유다 백성이 그들을 두려워하거나 의지하는 게 얼마나 어리석은지를 알려주시기 위함이었습니다. 예레미야서뿐 아니라 다른 예언서들에 등장하는 모든 열방 예언에는 그런 뜻이 숨어 있습니다.

숨어 지내며 한 일

땅콩 그렇군요. 그러면 이제부터 시드기야 시대에 선포된 예언들에 대해 살펴보겠습니다. 아, 아닙니다. 그 전에 한 가지 궁금한 게 있습니다. 앞에서 예언자님은 바룩의 두루마리 사건으로 여호야김의 진노를 샀고 그로 인해 몸을 숨기셔야 했다고 말씀하셨는데, 그렇게 숨어 지내신 기간이 얼마나 됩니까?

예레미야 여호야김이 저와 바룩에 대해 체포명령을 내린 것이 주전 604년이고, 그가 예루살렘이 포위된 상태에서 죽은 것이 주전 597년이니, 햇수로 7년 정도 되는군요.

땅콩 그렇게 숨어 계시는 동안에는 무슨 일을 하셨습니까?

예레미야 백성들 틈에 섞여 살면서 그들에게 주님의 계명을 가르쳤습니다. 그 당시에는 요즘처럼 체계적인 교육 시스템이 존재하지 않았습니다. 그리고 저는 그런 시스템의 부재야말로 유다가 타락하게 된 주된 원인들 중 하나라고 보았습니다. 물론 예루살렘 성전과 각 지방의 성소들이 있기는 했으나 그 무렵에 그런 공적 시스템은 하나같이 철저하게 부패해 있었습니다. 그러니 백성들은 어디에서도 주님의 계명에 대해 배울 기회가 없었습니다. 바룩과 저는 백성들 사이에서 숨어 지내면서 틈틈이 그들에게 주님이 자기 백성에게 원하시는 삶에 대해 가르쳤습니다.

땅콩 그런 일이 효과가 있었나요?

예레미야 크지는 않았으나 분명히 있었습니다. 당시에 유다 백성들 대부분은 짐승이나 다를 바 없을 정도로 타락해 있었습니다. 공동체 전체가 썩어 있을 때 자기 혼자 깨끗하기는 어렵습니다. 실제로 당시의 유다 백성들은 그 나라의 지도자들 못지않게 추악했습니다. 하지만 바룩과 저는 틈나는 대로 그들에게 주님의 계명들을 알려주며 회개를 권했습니다. 그러자, 비록 많지는 않았으나, 저희의 말을 듣고 변화되는 사람들이 나타났습니다. 대개 그들은 그동안 무엇이 옳은 삶인지에 대해 들어보지 못했기에 남들처럼 살아가고 있던 자들이었습니다. 주변 사람들 모두가 그렇게 살고 있기에 자기도 그렇게 살아야 한다고 여겼던 겁니다. 그런데 그런 이들이 저희를 통해 주님의 계명에 대해 배우면서 변하기 시작했습니다. 사람이 누구에게 무슨 말을 듣느냐는 정말로 중요합니다. 매일 듣는 소리가 병들어 있으면 병든 사고를 할 수밖에 없습니다. 그러나 지속적으로 건강하고 바른말을 듣는 이들은, 비록 시간이 걸릴 수는 있으나, 건강하고 바른 삶을 살기 위해 애쓰도록 되어 있습니다.

멍에를 메다

땅콩　예언자님은 그렇게 숨어 계시다가 시드기야 재위 초에 다시 무대에 등장하셨습니다. 그런데 등장하는 모습이 조금 특별하셨더군요?

예레미야　아, 그렇죠. 꽤 요란스러웠죠?(웃음)

땅콩　도대체 그 멍에는 왜 메셨던 것입니까?

예레미야　그 이야기를 하려면 당시의 국제정세에 대한 설명이 필요합니다. 그 무렵에 유다 주변의 소왕국들, 즉 에돔, 모압, 암몬, 두로, 시돈 같은 나라들은 모두 유다처럼 바빌로니아의 지배하에 있었습니다. 그리고 그들 역시 유다처럼 바빌로니아에 조공을 바치느라 허리가 휘고 있었습니다. 그래서 그들은 힘을 합쳐 그 난국에서 벗어나려 했습니다. 시드기야 3년째인 주전 594년에 각 나라의 대표들이 예루살렘에 모였습니다. 그들은 군사동맹을 맺어 바빌로니아에 맞설 계획이었습니다. 그러나 제가 보기에 그런 움직임은 무모했을 뿐 아니라 무엇보다도 주님의 뜻에 배치되었습니다. 제가 그런 생각을 하고 있을 때 주님의 말씀이 저에게 임했습니다. 주님은 저에게 나무멍에를 만들어 목에 걸라고 하셨습니다. 그리고 예루살렘에 와 있는 자들을 찾아가 다음과 같이 선포하라고 하셨습니다.

> 너희는 각자 상전에게 전하여라. 내가 큰 권능과 편 팔로 이 땅을 만들고, 이 땅 위에 있는 사람과 짐승도 만들었다. 그러므로 나의 눈에 드는 사람에게 이 땅을 맡기겠다. 지금 나는 이 모든 나라를 나의 종 바빌로니아 왕 느부갓네살의 손에 맡겼으며, 들짐승도 그에게 맡겨서, 그가 부리게 하였다. 그러므로 모든 민족이 느부갓네살과 그의 아들과 그의 손자를 섬길 것이다. … 바빌로니아 왕 느부갓네살을 섬기지 않으며, 바빌로니아 왕의 멍에를 목에 메지 않는 민족이나 나라가 있으면, 나는 그 민족을 전쟁과 기근과 염병으로 처벌해서라도, 그들을 바빌로니아 왕의 손에 멸망당하게 하겠다. 나 주의 말이다. (27:4-8)

말씀의 요지는 분명했습니다. 근동의 모든 나라는 적어도 삼대에 걸쳐 바빌로니아의 통치를 받아야 한다는 것이었습니다. 지금 바빌로니아가 위세를 떨치고 있는 것은 주님 자신의 뜻이라는 것이었습니다. 그러니 공연히 그 멍에를 벗어버리려 애쓰다가 멸망당하지 말라는 것이었습니다.

땅콩 외국의 사절들이 예언자님의 모습에 무척 놀랐겠습니다?

예레미야 그렇습니다. 제가 그들에게 준비해 간 나무멍에를 하나씩 안겨주자 그들은 크게 당황했습니다. 그들은 저에게 그 나무멍에가 무엇을 뜻하는지 물었고, 저는 그들에게 주님이 주신 말씀을 전했습니다.

땅콩 결과는 어떻게 되었습니까?

예레미야 저의 예언이 영향을 주었던 것인지, 다행히도 바빌로니아에 대한 반역 모의는 중단되었습니다. 외국의 사절들은 모든 논의를 중단하고 그들의 나라로 돌아갔습니다. 그러나 문제는 유다 내부에 있었습니다.

거짓 예언자들과의 싸움

땅콩 무슨 말씀이신지……?

예레미야 사절들이 돌아간 직후 성전에 소속된 예언자들이 벌 떼처럼 들고 일어났습니다. 제가 헛소리를 하는 바람에 유다가 독립을 쟁취할 기회를 잃었다는 거였습니다. 그동안 그들은 시드기야와 백성들에게 바빌로니아에 맞서 싸우면 이길 수 있다고 주장해 왔습니다. 그뿐만 아니라 주전 597년에 바빌로니아로 잡혀간 사람들과 탈취된 성전의 기구들도 곧 유다로 되돌아올 거라고 떠벌려 왔습니다(27:16). 그런데 느닷없이 제가 멍에를 메고 나타나 그들의 주장을 반박하고 체결 직전까지 갔던 군사동맹을 망쳐놓았으니 그들로서는 화가 날만도 했을 겁니다.

땅콩　당시의 유다 백성들로서는 예언자님의 말씀보다 그 거짓 예언자들의 주장이 훨씬 더 마음에 들었을 것 같네요.

예레미야　아무래도 그랬겠지요? 사람은 누구나 비관적인 말보다는 희망적인 말을 듣고 싶어 하니까요. 그러나 주님은 저에게 거짓 예언자들에게 속아 헛꿈을 꾸고 있는 유다 백성에게 다음과 같이 전하라고 하셨습니다.

> 그들이 너희에게 하는 예언은 거짓이다. 너희는 그들의 말을 듣지 말고, 바빌로니아 왕을 섬겨서 살아남도록 하여라. 어찌하여 이 도성이 폐허가 되어야 하겠느냐? (27:16-17)

땅콩　백성들이 많이 헛갈렸겠네요. 이 예언자는 이렇게 말하고, 저 예언자는 저렇게 말했으니 말입니다. 사실 저 같은 평신도 입장에서는 그럴 때가 가장 당혹스럽습니다. 정도의 차이는 있지만 대부분의 평신도는 영적인 문제와 관련된 판단을 소위 '주의 종'이라고 하는 목회자들에게 의존하기 마련인데, 간혹 목회자들이 동일한 사안에 대해 전혀 다른 입장을 보일 때가 있습니다. 예컨대 몇 해 전에 우리나라에서 미국산 쇠고기 수입문제로 촛불시위가 벌어진 적이 있습니다. 그때 많은 목회자들이 일반 시민들과 함께 그 시위에 참여했습니다. 그들은 자신의 교인들과 함께 거리에서 촛불을 들고 기도하며 쇠고기 수입에 대해 반대했습니다. 그런데 아주 당혹스럽게도, 그 무렵에 몇몇 대형교회의 목회자들은 시위 참가자들을 사탄의 세력으로 규정하면서 "촛불의 배후에는 마귀가 있다"고 설교했습니다. 그런 설교가 케이블방송을 통해 중계되었고요. 그때 많은 신자들이 무척 헷갈려했습니다. 도대체 '어느 쪽' 주의 종의 말씀이 옳은가 하고 말입니다.

예레미야 무척 당혹스러우셨겠네요. 그런데 사실 예언의 진위에 대한 분별은 저에게도 아주 어려운 일이었습니다. 앞서 언급한 사건 이후에도 한동안 저는 같은 일을 계속했습니다. 어느 날 저는 여느 때처럼 목에 멍에를 메고 성전 안으로 들어갔습니다. 그런데 갑자기 성전에 소속된 예언자인 하나냐라는 자가 저를 막아섰습니다. 그는 제 목에서 멍에를 벗겨낸 후 자기가 주님께 받은 말씀이라며 이렇게 전했습니다.

> 나 만군의 주, 이스라엘의 하나님이 이렇게 말한다. 내가 바빌로니아 왕의 멍에를 꺾어버렸다. 바빌로니아 왕 느부갓네살이 이곳에서 탈취하여 바빌로니아로 가져간 주의 성전의 모든 기구를, 내가 친히 이 년 안에 이곳으로 다시 가져오겠다. (28:2)

그것은 그동안 제가 들어왔던 거짓 예언들보다 진일보한 것이었습니다. 성전의 기구들이 "이 년 안에" 돌아올 것이라고 구체적인 시한까지 언급하고 있었으니 말입니다. 그의 예언이 매우 구체적이었기에 저는 당황했습니다. 그래서 잔뜩 풀 죽은 목소리로 이렇게 말할 수밖에 없었습니다.

> 아멘, 주께서 그렇게만 하여 주신다면, 오죽이나 좋겠소? 당신이 예언한 말을 주께서 성취해 주셔서, 주의 성전 기구와 모든 포로가 바빌로니아에서 이곳으로 되돌아올 수 있기를, 나도 바라오. (28:6)

저의 기가 꺾인 것에 신이 났는지 하나냐는 제 목에서 벗겨낸 나무 멍에를 사람들 앞에서 흔들다가 꺾어버렸습니다. 그 순간 성전에 모여 있던 많은 사람들의 입에서 "할렐루야!"가 터져나왔습니다. 어떤 이들은 그 희망찬 메시지와 극적인 퍼포먼스에 감격해 눈물을 흘리기까지 했습니다.

땅콩 예언자님의 심정이 말이 아니었겠네요?

예레미야 저는 뭔지 모를 패배감, 수치감, 그리고 분노를 느꼈습니다. 하지만 하나냐가 저처럼 주님의 이름으로 예언했을 뿐 아니라 그 내용이 저 역시 간절히 바라던 것이었는지라 당시에 저로서는 그에게 맞대응하기가 어려웠습니다. 하기야 세상의 그 어떤 이가 자기 조국이 압제에서 벗어나리라는 메시지에 대해 딴죽을 걸겠습니까? 저는 정말로 제가 틀리고 그가 맞기를 바랐습니다.

땅콩 그날 게임은 그것으로 끝이었나요?

예레미야 아닙니다. 제가 잔뜩 풀이 죽어 집으로 돌아가고 있을 때 주님의 말씀이 저에게 임했습니다. 주님은 저에게 하나냐에게 돌아가 이렇게 전하라고 명하셨습니다.

나 주가 말한다. 너는 나무로 만든 멍에를 꺾어버렸으나, 오히려 그 대신
에 쇠로 멍에를 만들어 놓았다. 진실로 나 만군의 주 이스라엘의 하나님
이 말한다. 내가 이 모든 민족의 목에 쇠로 만든 멍에를 메워놓고, 바빌로
니아 왕 느부갓네살을 섬기도록 하였으니, 그들이 그를 섬길 수밖에 없
다. (28:13-14)

이어서 주님은 거짓 예언을 한 하나냐에게 죽음을 선포하셨습니다.
실제로 그는 그해 일곱째 달에 죽었습니다. 이것은 '주의 종'을 자처
하며 사람들에게 헛소리를 하는 자들이 꼭 기억해야 할 사건입니다.

심판의 시작과 끝

땅콩 그런데 도대체 주님은 왜 그렇게까지 하시면서 유다 백성의
희망을 꺾으려 하신 걸까요? 그때 주님은 정말로 유다를 완전히 멸망
시키실 작정이셨던 건가요?

예레미야 아닙니다. 뜬금없는 소리처럼 들릴는지 모르나, 당시에 주
님이 유다 백성에게 희망의 메시지를 전하는 자들을 그렇게 벌하신
이유는 어떻게든 그 백성을 보존하시기 위해서였습니다.

땅콩 무슨 말씀이신지……?

예레미야 주님은 유다를 심판하기로 작정하셨고, 그 심판은 주전
598/7년에 있었던 바빌로니아의 예루살렘 침공을 통해 시작되었습
니다. 그런데 그 사건과 관련해 성경 독자들이 자주 오해하는 게 하나

있습니다. 그것은, 그들이 유다에 대한 주님의 심판이 그로부터 10년 후에 발생한 예루살렘의 최종적인 함락을 통해 완성되도록 예정되어 있었다고 여기는 겁니다.

땅콩 실제로 그렇게 되지 않았습니까? 그 심판은 여호야김 시절인 주전 598/7년에 발생한 바빌로니아의 제1차 침략을 통해 시작되었고, 시드기야 시절인 주전 588/7년에 발생한 제2차 침략을 통해 종결되지 않았습니까? 아닌가요?

예레미야 역사적 사실은 분명히 그렇습니다. 그러나 그것이 주님이 갖고 계셨던 원래의 계획은 아니었습니다.

땅콩 그 말씀은 유다에 대한 심판이 주님의 애초의 계획과 다른 방식으로 전개되었다는 뜻인가요?

예레미야 그렇습니다. 분명히 주전 598/7년의 사건은 유다에 대한 주님의 심판의 시작이었지 끝이 아니었습니다. 그렇다고 주님이 그 심판을 시작하시면서 그로부터 10년 후에 유다에 결정타를 날려서 그들의 숨통을 끊어버리려 하셨던 것도 아닙니다. 사실 그분은 자신이 더 이상 자기 백성에게 손대는 일이 일어나지 않기를 간절히 바라셨습니다.

땅콩 그 말씀은, 만약 유다 백성이 잘했다면, 주전 587년의 사건, 즉 유다의 완전한 멸망은 일어나지 않았을 수도 있었다는 뜻인가요?

예레미야 그렇습니다. 주님은 유다 백성이 주전 598/7년에 있었던 징벌을 감내하기를 바라셨습니다. 물론 그 벌은 결코 쉽지 않았습니다. 많은 이들이 죽거나 잡혀갔고 아주 무거운 조공의 부담을 져야 했으니까요. 그러나 주님은 분명히 그 고통에 시한을 정해두고 계셨습니다(25:11; 29:10). 요즘 식으로 말하자면, 유다 백성은 그들이 지은 죄로 인해 일정 기간 동안 죄수 신분으로 수감생활을 해야 했던 겁니다. 물론 그것이 쉬운 일은 아니지만, 형기가 정해진 수감자와 사형수는 처지가 완전히 다릅니다. 전자는 아무리 고통스러워도 일정한 기간이 지나면 자유를 되찾을 수 있으나, 후자에게는 그 어떤 희망도 없기 때문입니다. 제 말의 요지는, 분명히 주님은 유다에게 유죄 판결과 그에 해당하는 벌을 내리셨으나, 그 벌이 유다에 대한 사형은 아니었다는 겁니다.

땅콩 예언자님이 첫날 말씀하셨던 희망의 이유가 바로 그건가요?

예레미야 아닙니다. 제가 말씀드리려는 희망은 그 이상입니다. 그러나 그 희망에는 분명히 이런 상황이 포함되어 있습니다. 주님은 우리를 심판하실 때조차 사랑을 베푸시고 용서의 길을 모색하십니다. 그러므로 만약 유다 백성이 주전 598/7년의 심판을 감내했다면, 그들은 주전 588/7년의 사건을 경험하지 않을 수도 있었습니다. 그러나 유감스럽게도 백성들에게 헛된 희망을 전하는 거짓 예언자들이 나타나 그 심판을 회피하도록 부추겼습니다. 그런 거짓 예언자들을 대표하는 인물이 바로 하나냐였습니다. 그래서 크게 진노하신 주님이 그를 죽이신 겁니다.

현실을 받아들이는 용기

땅콩 예언자님이 바빌로니아에 포로로 잡혀가 있던 이들에게 보내신 편지 역시 그런 맥락에서 해석할 수 있을까요?

예레미야 그렇습니다.

땅콩 그 편지를 보내시게 된 배경을 설명해 주시겠습니까?

예레미야 주전 597년에 바빌로니아로 잡혀간 이들은 그곳에서 공동체를 이루어 살고 있었습니다. 그런데 포로살이를 시작한 지 얼마 안 되어 그 공동체 안에서 이상한 말이 나돌기 시작했습니다. 아합과 시드기야라는 거짓 예언자들이 일어나, 이제 곧 바빌로니아가 망할 것이고 포로 공동체 사람들 모두가 고향으로 돌아가게 될 거라고 떠들어 댔던 겁니다(29:20-23). 물론 그들의 말은 모두 헛소리였습니다. 그런데 사람들은 그 헛소리를 듣고 헛된 희망을 품기 시작했습니다. 제가 보기에 그 상황은 매우 위험했습니다. 사람들의 희망은 어떤 식으로든 표출되기 마련인데, 바빌로니아 포로 공동체 사람들이 그들의 희망을 표출할 경우, 그들은 살아남기 어려울 수도 있었기 때문입니다. 한마디로, 헛된 희망이 그들을 죽음으로 몰아갈 수도 있었던 겁니다.

땅콩 그래서 그 헛된 희망을 억누르기 위해 편지를 쓰셨던 거군요.

예레미야 그렇습니다.

땅콩 그런데 그 편지의 내용이 꽤 충격적입니다. 그중 일부를 읽어 보겠습니다.

> 너희는 그곳에 집을 짓고 정착하여라. 과수원도 만들고 그 열매도 따 먹어라. 너희는 장가를 들어서 아들딸을 낳고, 너희 아들들도 장가를 보내고 너희 딸들도 시집을 보내어, 그들도 아들딸을 낳도록 하여라. (29:5-6)

아닌 말로 이것은, 유다로 돌아올 생각하지 말고 그곳에서 뿌리를 내리고 살라는 뜻 아닌가요?

예레미야 그렇습니다.

땅콩 도대체 그런 말씀이 귀환을 꿈꾸던 포로 공동체 사람들에게 무슨 위로가 될 수 있었을까요?

예레미야 아마도 별 위로가 되지 못했을 겁니다. 아니, 위로는커녕 거짓 예언자들의 말을 듣고 희망에 들떠 있던 자들에게 절망을 안겨 주었을 겁니다. 그러나 우리가 유념해야 할 것은, 당시에 그들은 '억울한 고통'이 아니라 '마땅히 받아야 할 벌'을 받고 있었다는 점입니다. 그리고 그런 상황에 처한 이들에게 필요한 것은 위로가 아니라 자신들의 죄에 대한 엄중한 인식과 반성입니다. 자신의 죄를 깨닫는 자들은 자신에게 선고된 벌을 달게 받을 수 있습니다. 위로와 희망은 그 다음 문제입니다.

땅콩 그래도 벌을 받는 자들이 절망하지 않으려면 무언가 희망이 필요하지 않을까요? 어느 철학자의 말처럼 "절망은 죽음에 이르는 병"이니까요. 그리고 방금 전에 예언자님도 유다에게 선고된 벌이 사형은 아니었다고 말씀하셨지 않습니까?

예레미야 옳은 말씀입니다. 그러나 참된 희망은 위로가 아니라 현실을 받아들이는 용기에서 시작됩니다. 그 용기는 곧 회개를 위한 용기입니다. 죄의 심각성과 주님의 은혜의 크기를 깨닫는 자들만이 과거와 다른 미래를 내다볼 수 있습니다.

주님의 선한 뜻

땅콩 참된 희망과 헛된 희망은 어떻게 구별할 수 있습니까?

예레미야 앞에서 저는 누차 거짓 예언자들을 비판했습니다. 혹시 땅콩 선생은 제가 그들을 '거짓 예언자'라고 불렀던 이유를 기억하십니까?

땅콩 그들이 주님으로부터 보내심을 받지 않았기 때문 아닌가요?

예레미야 정확합니다. 예언은 누구나 할 수 있습니다. 그러나 그 예언이 참된 것인지 아닌지는 그것이 주님으로부터 왔는지, 아니면 그저 그 예언을 한 사람의 머리에서 나왔는지에 달려 있습니다. 희망도 마찬가지입니다. 참된 희망과 헛된 희망은 겉보기에는 차이가 없습니다. 그러나 헛된 희망은 아무리 그럴듯해 보일지라도 자기에 대한 기만에 불과합니다. 그 희망을 위한 어떤 근거도 존재하지 않기 때문입니다. 그러므로 엄밀히 말해 그것은 '희망'(hope)이라기보다 '소원'(wishful thinking)이라고 할 수 있습니다. 물론 소원이 나쁠 것은 없습니다. 하지만, 그럼에도 소원은 그저 소원일 뿐입니다.

땅콩 그렇다면 참된 희망의 근거는 무엇입니까?

예레미야 세상을 창조하시고 역사를 주관하시는 주님이 자기 백성을 위해 갖고 계신 선한 뜻입니다. 그분은 늘 자기 백성을 위해 가장 좋은 것을 생각하고 계십니다. 그러므로 우리는 그분이 하시는 일이 우리가 바라는 것과 상충하는 듯 보일 때조차 그것이 우리에게 유익하다고 여겨야 합니다. 바빌로니아 포로 공동체 사람들을 위한 주님의 계획이 그러했습니다. 주님은 그들에게 바빌로니아에 정착해 살라고 명하신 후 이렇게 말씀하셨습니다.

> 너희를 두고 계획하고 있는 일들은 오직 나만이 알고 있다. 내가 너희를 두고 계획하고 있는 일들은 재앙이 아니라 번영으로서, 너희에게 미래에 대한 희망을 주는 것이다. 나 주의 말이다. (29:11)

주님은 재앙처럼 보이는 일을 통해 그들에게 은혜를 베풀려 하셨습니다. 당시에는 그 누구도 유다 백성의 포로살이를 그들을 '위한' 일이라고 여기지 않았습니다. 그러나 역사를 통해 우리는 유다 백성이 그들의 포로살이를 통해 얼마나 많은 것을 이뤘는지 알고 있습니다. 바울의 고백처럼, 우리 주님은 "모든 일이 서로 협력해서 선을 이루게" 하시는 분입니다(롬 8:28). 그러므로 우리의 참된 희망은 그 어떤 상황에서도 우리를 포기하지 않으시는 주님의 선하신 뜻 안에 있습니다.

9. 공평과 정의

──────────── 땅콩 이왕 희망에 대한 말이 나온 김에 그 주제에 대해 좀 더 말씀을 나눴으면 합니다. 예레미야서에는 학자들이 '작은 위로의 책'이라고 부르는 단락이 있습니다. 혹시 예언자님은 그 용어에 대해 들어보신 적이 있으신가요?

예레미야 네, 들어봤습니다. 예레미야서 30장부터 33장까지를 가리키는 말이라고 알고 있습니다.

땅콩 예언자님은 그 명칭이 적절하다고 보십니까?

예레미야 적절하다마다요. 대부분의 예언서들이 그렇기는 하나 특히 예레미야서에는 정죄와 심판에 관한 말들이 아주 많습니다. 그래서 책의 분위기가 전체적으로 무겁고 어둡습니다. 그러나 30장부터 33장에 실려 있는 메시지는 마치 사막 한가운데서 발견한 오아시스처럼 밝고 희망찹니다. 저는 예레미야서 안에 그렇게 멋진 쉼터를 마련해 준 예레미야서의 최종 편집자들과 그 쉼터에 '작은 위로의 책'이라는 멋진 이름을 붙여준 학자들에게 감사하고 있습니다.

그럼에도 불구하고 성경 독자들이 유념해야 할 게 하나 있습니다. 그것은, 사실은 '작은 위로의 책'만이 아니라 예레미야서 전체가 회복에 관한 메시지라는 점입니다. 주님의 구원은 그분의 심판과 별개로 이루어지지 않습니다. 그분이 인간의 죄를 심판하시는 것은 그들을 구원하시기 위해서입니다. 물론 최후의 심판의 경우는 사정이 다르지만, 역사 속에서 이루어지는 주님의 심판은 구원과 별개의 사건이 아닙니다. 그러므로 우리가 두려워해야 할 것은 주님의 심판이 아니라 그분이 우리를 포기하고 방치하시는 겁니다(롬 1:24, 27-28). 그럴 경우 우리는 구원을 얻을 기회 자체를 잃게 되기 때문입니다. 그런 의미에서 예레미야서 전반에 실려 있는 심판의 메시지는 '작은 위로의 책'에 등장하는 회복의 메시지와 상반되거나 동떨어진 게 아닙니다.

땅콩 그 말씀은 구원을 '심판의 면제'로 여기는 오늘날의 기독교인들에게는 상당히 불편하게 들릴 것 같습니다.

예레미야 기독교인들만이 아닙니다. 말기의 유다 백성들 역시 그러했습니다. 그들은 심판에 대해 경고하는 저를 핍박했습니다. 그리고 '심판 없는 구원'을 선포하는 거짓 예언자들의 말에 열광했습니다. 그들은 온갖 사악한 짓을 하며 다른 이들을 고통스럽게 하면서도 정작 자기들은 모든 고통에서 면제되기를 바랐습니다. 주님의 길을 벗어나 자기에게 탐닉하는 인간의 모습은 동서고금을 막론하고 비슷합니다.

땅콩 예언자님은 인간에 대해 아주 비관적인 견해를 갖고 계신 것 같습니다. 언젠가 이런 말씀도 하셨죠?

만물보다 더 거짓되고 아주 썩은 것은

사람의 마음이니,

누가 그 속을 알 수 있습니까? (17:9)

예레미야 네, 그렇게 말했습니다. 그러나 인간의 본성에 대해서는 저보다도 주님이 훨씬 더 비관적이셨습니다. 주님은 이런 말씀까지 하셨으니까요.

에티오피아 사람이

자기의 피부 색깔을 바꿀 수 있느냐?

표범이 자기의 반점들을

다르게 바꿀 수 있느냐?

만약 그렇게 할 수만 있다면,

죄악에 익숙해진 너희도

선을 행할 수가 있을 것이다. (13:23)

땅콩 그 말씀대로라면, 인간이 주님의 뜻대로 변화될 가능성은 아예 없는 것 아닙니까?

예레미야 그렇습니다. 그럴 가능성은 전혀 없습니다.

땅콩 그렇다면 인간의 구원은 논리적으로 불가능한 것 아닌가요?

예레미야 그렇습니다. 주님을 떠난 인간이 그들 스스로 구원에 이를 가능성은 전혀 없습니다. 그러나 인간의 한계가 곧 주님의 한계는 아닙니다. 그리고 주님의 길은 늘 인간의 길이 끝나는 곳에서 시작됩니다. '작은 위로의 책'은 우리에게 바로 그 진리에 대해 알려줍니다.

절망의 심연, 그리고 희망

땅콩 예언자님의 말씀처럼 '작은 위로의 책'의 내용은 예레미야서 전반의 내용과 뚜렷하게 대비될 만큼 밝고 희망적입니다. 그런데 예언자님은 그처럼 희망적인 말씀을 언제 어떻게 받으셨던 겁니까?

예레미야 사역 기간 내내 조금씩 받았습니다. 제가 사역하는 동안 주님은 틈틈이 저에게 그런 희망적인 말씀을 주셨습니다. 아마도 제가 지나치게 암울한 전망 때문에 절망하지 않게 하시기 위함이었을 겁니다. 그러나 주님이 저에게 집중적으로 유다의 회복에 대한 말씀을 주신 것은 유다가 몰락하기 직전이었습니다. 좀 더 정확하게 말하자면, 주전 588년 1월경이었습니다. 당시에 예루살렘은 바빌로니아 군대에 의해 완전히 봉쇄된 상태였습니다.

땅콩 주전 588년에 있었던 바빌로니아의 유다 침공은 유다의 최종적 멸망으로 이어진 사건인데, 도대체 그때 바빌로니아는 무슨 이유로 기존의 정책을 바꿔 유다를 침공했던 겁니까?

예레미야 앞서 말씀드렸듯이, 시드기야 재위 초에 있었던 유다와 그 주변 소왕국들의 반역 모의는 중단되었습니다(27:1-11). 그 후로 잠시 바빌로니아가 주도하는 평화(*Pax Babilnonia*)가 지속되었습니다. 하지만 그 평화는 그리 오래가지 않았습니다. 평화를 깨뜨리는 데 결정적인 역할을 한 이는 이집트 왕 호브라(주전 589-570년)였습니다. 호브라는 즉위한 직후부터 유다를 비롯한 팔레스타인 지역의 소왕국들을 부추겼습니다. 자기가 지원할 테니 바빌로니아에 맞서라고 했던 겁니다. 어리석은 시드기야는 그 말에 흔들리기 시작했습니다. 저는 그 무모한 계획에 반대했으나, 시드기야의 측근들의 생각은 저와 달랐습니다. 그들은 이집트가 지원만 해준다면 유다가 바빌로니아를 물리칠 수 있다고 주장했습니다. 결국 시드기야는 그들의 주장을 받아들여 바빌로니아에 반기를 들었습니다. 그러자 바빌로니아 왕 느부갓네살이 지체 없이 유다로 군대를 보냈습니다.

땅콩　백성들의 공포가 이만저만이 아니었겠네요? 백성들은 10년 전에 이미 바빌로니아 군대의 가공할 위세를 경험했었으니 말입니다.

예레미야　그렇습니다. 백성들은 문자 그대로 경악했습니다. 그런데 참으로 어처구니가 없는 것은 시드기야와 그의 측근들이 그처럼 엄청난 일을 도모하면서도 사실상 아무런 대책도 마련해 두지 않았다는 점입니다. 그들이 유일하게 믿은 것은 호브라의 군사적 지원에 대한 약속뿐이었는데, 막상 바빌로니아가 쳐들어 왔을 때 호브라의 군대는 움직이지 않았습니다. 결국 유다는 고립무원 상태에서 꼼짝없이 최후의 순간을 기다릴 수밖에 없었습니다. 그리고 저는 바로 그 무렵에 주님으로부터 '작은 위로의 책'에 실려 있는 말씀들을 받았습니다. 이스라엘 역사상 가장 어두운 시기에 주님이 주시는 놀라운 희망의 메시지를 받은 셈입니다.

기준의 차이

땅콩　그때 받으신 말씀의 핵심은 무엇이었습니까?

예레미야　이제 곧 망해서 없어질 유다가 회복되리라는 것이었습니다. 아니, 유다뿐 아니라 이미 오래전에 망해 없어진 북왕국까지도 회복되리라는 것이었습니다. 주님은 이렇게 말씀하셨습니다.

> 보아라, 반드시 그때가 올 터이니, 그때가 되면, 내가 포로로 잡혀간 나의 백성을 다시 이스라엘과 유다로 데려오겠다. 나 주가 말한다. 내가 그들의 조상에게 준 땅으로 그들을 돌아오게 하여, 그들이 그 땅을 차지하게 하겠다. (30:3)

그런데 사실 이 말씀은 당시의 유다 백성들에게는, 아니 좀 더 솔직히 말씀드리면 저 자신에게도 그다지 와 닿지가 않았습니다. 북왕국의 회복에 대한 생각을 하기에는 당시 유다의 상황이 너무나 긴박했기 때문입니다. 당장이라도 예루살렘 성벽이 무너질 판이었으니까요. 하지만 주님은 우리 모두의 예상을 뛰어넘는 역전의 드라마를 계획하고 계셨습니다. 비록 우리는 우리의 동포인 북왕국 백성을 잊었을지라도, 주님은 여전히 그들을 잊지 않고 계셨고 자기 백성을 위한 회복 프로젝트에 그들을 포함시킬 계획을 하고 계셨던 겁니다.

땅콩 저 역시 '작은 위로의 책'에서 북왕국 이스라엘의 회복에 대한 말씀을 읽어봤습니다. 그런데 저는 그 말씀 중 어법에 맞지 않아 보이는 표현 하나에 계속해서 신경이 쓰였습니다.

예레미야 어법에 맞지 않는 표현요? 그게 뭐죠?

땅콩 그 책에서 주님은 이런 말씀을 하셨습니다.

> 내가 너를 쫓아 여러 나라로 흩어버렸지만,

이제는 내가 그 모든 나라를 멸망시키겠다.

그러나 너만은 멸망시키지 않고,

법에 따라서 징계하겠다. (30:11)

전후 문맥에 비추어 볼 때, 이 말씀은 분명히 북왕국 백성이 이방 땅으로 끌려가 있음을 전제하고 있습니다. 한데, 일반적인 기준에 따르면, 바로 그런 상태야말로 우리가 '멸망'이라고 부르는 것 아닙니까? 나라는 없어지고 백성들은 포로가 되어 여러 나라로 흩어져 있다면, 그 나라는 이미 망한 것 아닌가요?

예레미야 그렇겠지요.

땅콩 그럼에도 주님은 여전히 "그러나 너만은 멸망시키지 않고…"라고 말씀하셨습니다. 저에게 그 말씀은 이미 죽어 있는 누군가를 향해 "너는 절대로 죽지 않을 것이다"라고 말하는 것처럼 터무니없어 보였습니다.

예레미야 아, 그럴 수도 있겠네요. 땅콩 선생이 아주 예민하시네요. 그러나 그 말씀은 주님의 기준이 인간의 그것과 얼마나 다른지를 보여주는 단적인 예라고 할 수 있습니다. 인간의 눈에는 모든 게 끝난 것처럼 보일지라도, 주님께는 그 상황이 새로운 출발점이 될 수 있습니다. 말씀하셨듯이 그 구절은 분명히 북왕국 백성이 세계 각처로 흩어져 있음을 전제하고 있습니다. 그리고 한 나라가 그런 상태에 있다면 분명히 그 나라는 망한 거라고 할 수 있습니다. 실제로 인류의 역사 속에서 숱한 나라와 민족들이 그런 방식으로 멸망했습니다. 대표적인 경우가 북왕국을 멸망시킨 앗시리아와 남왕국을 멸망시킨 바빌로니아입니다. 그 두 제국은 한때 막강한 군사력을 과시하며 세상을 지배했으나 모두 멸망해 사라졌습니다. 그러나 주님의 말씀처럼, 그리고 오늘 우리가 알다시피, 그 두 제국에 의해 멸망당했던 이스라엘은 지금까지 존속하고 있습니다. 비록 오랜 세월이 걸리기는 했으나, 이스라엘 백성은 그들의 나라를 되찾았습니다. 멸망했으나 멸망하지 않은 셈이지요. 그러니, 설령 우리의 눈에 모든 게 끝난 것처럼 보일지라도, 주님이 "끝났다"고 확언하시지 않는 한, 사실은 아무것도 끝난 게 아닙니다.

영원한 사랑

땅콩 그런데 도대체 이유가 뭘까요? 앗시리아나 바빌로니아 같은 제국들조차 멸망해서 사라졌는데, 어째서 이스라엘은 다시 일어설 수 있었던 걸까요? 인류 역사 속에는 이스라엘보다 뛰어난 민족이 많지 않았습니까? 예컨대 유다를 멸망시켰던 바빌로니아만 하더라도 그렇습니다. 바빌로니아인들은 오늘날까지도 사람들의 찬탄을 자아내는 놀라운 문명을 이뤄낸 탁월한 민족이었습니다. 그럼에도 그들은 사라졌고, 반면에 그들이 멸망시켰던 이스라엘은 지금껏 살아남아 있습니다. 그 이유가 뭘까요? 도대체 무엇이 이스라엘을 그 숱한 고난 속에서도 멸망하지 않고 살아남게 했던 걸까요?

예레미야 그 질문에 대한 답은 간단합니다. 그것은, 주님이 그 민족을 존속시키고자 하셨기 때문입니다. 이스라엘 민족은 그들 자신의 힘으로 살아남은 게 아닙니다. 그들이 모진 고난에도 불구하고 오늘날까지 존속할 수 있었던 것은 전적으로 주님의 은혜 때문입니다. 주님의 뜻은 처음부터 이스라엘의 멸망이 아니라 심판을 통한 회복이었습니다. 주님은 이스라엘의 미래와 관련해 이렇게 말씀하셨습니다.

> 이스라엘아, 너는 무서워하지 말아라.
> 나 주의 말이다.
> 보아라, 내가 너를
> 먼 곳에서 구원하여 데려오고,
> 포로로 잡혀 있는 땅에서
> 너의 자손을 구원할 것이니,
> 야곱이 고향으로 돌아와서
> 평안하고 안정되게 살 것이며,
> 아무런 위협도 받지 않고 살 것이다. (30:10)

주님은 이스라엘의 죄 때문에 어쩔 수 없이 그들을 심판하셔야 했습니다. 하지만 그들에 대한 주님의 계획은 심판을 통해 그들을 연단하신 후 회복시켜 다시 자신의 백성으로 살아가게 하시는 것이었습니다. 그리고 그분이 그렇게 하신 이유는 그분이 그들의 조상들에게 하신 언약 때문이었습니다.

땅콩 앞서 말씀하신 '시내 산 언약'과 '모압-세겜 언약'을 말씀하시는 건가요?

예레미야 그보다 훨씬 더 근본적인 언약이 하나 있습니다. 혹시 '아브라함 언약'이라고 들어보셨나요?

땅콩 아브라함 언약요? 들어본 것 같긴 한데…….

예레미야 주님은 아흔아홉 살 된 아브라함에게 후손을 약속하시며 이렇게 말씀하셨습니다.

> 내가 너를 크게 번성하게 하겠다. 너에게서 여러 민족이 나오고, 너에게서 왕들도 나올 것이다. 내가 너와 세우는 언약은, 나와 너 사이에 맺는 것일 뿐 아니라, 너의 뒤에 오는 너의 자손과도 대대로 세우는 **영원한 언약**이다. 이 언약을 따라서, 나는, 너의 하나님이 될 뿐만 아니라, 뒤에 오는 너의 자손의 하나님도 될 것이다. (창 17:6-7)

주님은 자신이 아브라함에게 하신 약속을 "영원한 언약"이라고 부르셨습니다. 어떤 상황에서도 깨질 수 없는 언약이라는 뜻이죠. 물론 우리가 살펴보았듯이, 주님이 이스라엘 백성과 맺으신 언약은 '조건부 언약', 즉 주님의 명령에 순종하면 복을 주고 거스르면 벌을 준다는 조건이 붙은 언약이었습니다. 그러나 주님의 언약에서 그것보다 더 근본적인 것은 자기 백성에 대한 주님의 사랑이 영원하다는 점입니다. 인간의 순종이나 불순종에 의해 잠시 변동이 생길 수는 있으나 언약의 본질은 바뀌지 않는다는 겁니다. 주님은 아브라함을 그리고 그를 통해 이스라엘 민족을 자신의 백성으로 삼으신 순간부터 그들에게 복을 주기로 작정하셨습니다. 그리고 그 작정을 영원히 변하지 않을 언약의 형태로 확증하셨습니다. 그러므로 이스라엘의 회복은 처음부터 정해져 있었다고 할 수 있습니다. 실제로 주님은 저에게 자신이 유다 백성을 회복시키고자 하시는 이유가 그들에 대한 자신의 "영원한 사랑" 때문이라고 말씀하셨습니다.

> 나는 **영원한 사랑으로** 너를 사랑하였고,
> 한결같은 사랑을 너에게 베푼다.
> 처녀 이스라엘아,
> 내가 너를 일으켜 세우겠으니,
> 네가 다시 일어날 것이다.
> 너는 다시 너의 소구를 들고,
> 흥에 겨워 춤을 추며 나오게 될 것이다. (31:3-4)

이스라엘에 대한 편애?

땅콩 하지만 그것은 다른 민족들의 입장에서는 불공평한 것 아닙니까? 누구는 끝까지 봐주고, 누구는 한 번만 잘못해도 벌을 받아 사라져야 하니 말입니다.

예레미야 얼핏 보면 그럴 수 있습니다. 그러나 사실 그렇게 억울해할 것까지는 없습니다. 비록 주님이 이스라엘 백성에게 '특별한 복'을 약속하시기는 했으나, 그 복은 그것에 합당한 '특별한 삶'을 전제하고 있기 때문입니다. 그리고 무엇보다도 주님은 그들이 지은 죄에 대해 그 어떤 면책 특권도 약속하신 적이 없습니다. 오히려 그분은 그들의 죄에는 반드시 그에 합당한 벌이 따를 것임을 누누이 강조하셨습니다. 그리고 실제로 이스라엘 민족은 세계 역사상 어느 민족 못지않게 혹독한 일들을 겪었습니다.

땅콩 혹시 지금 나치에 의한 홀로코스트를 말씀하시는 건가요?

예레미야 그것이 대표적이기는 하나 유대인들은 그 사건 말고도 역사상 숱한 고난을 겪었습니다. 그들은 중세의 십자군 전쟁 기간에 온갖 처참한 일들을 겪었습니다. 또, 비록 잘 알려져 있지는 않으나, 근대와 현대에 와서도 유럽 여러 지역에서 유대인들에 대한 대규모 학살 사건이 발생했습니다. 게다가 그들은 2천 년 넘게 나라 없는 민족으로 떠돌며 온갖 괄시와 학대를 당했습니다. 분명히 이스라엘은 주님께 선택받은 민족이었지만, 그 선택은 그들에게 죄에 대한 면책이나 무조건적인 행복을 제공하지 않았습니다. 오히려 그들은 세상의 그 어느 민족보다도 혹독한 일들을 겪어야 했습니다. 주님께 택함을 받은 복이 컸던 것만큼 대가도 컸다고 할 수 있습니다.

땅콩 하지만 최근에는 이스라엘 민족이 당한 고난을 그들의 죄와 연관시키는 것에 대한 반발이 만만치 않습니다. 특히 홀로코스트 같은 소름끼치는 악을 그들의 죄에 대한 심판으로 여기는 것은 거룩하신 하나님에 대한 모독이라는 주장까지 제기되고 있는 형편입니다.

예레미야 저 역시 그렇게 생각합니다. 제가 아는 한 주님은 홀로코스트 같은 잔혹한 일을 계획하고 집행하는 분이 아니십니다. 약간 어려운 얘기가 될 수도 있지만, 그런 무서운 일들은 주님이 지금도 계속하고 계신 하나님의 나라 건설 와중에서 벌어진 예상치 못했던 참사(慘事)라고 할 수 있습니다. 이 세상은 아직도 소멸되지 않은 악의 세력에 의해 영향을 받고 있습니다. 우리가 살면서 겪는 온갖 무섭고 참담

한 일들 대부분은 주님이 계획하신 게 아니라 그분의 일을 망치려는 마귀의 행패라고 할 수 있습니다. 특히 유대인들은 주님의 목적을 위해 택하심을 받은 백성이기에 마귀의 주된 표적이 되어 왔습니다. 그러나, 그런 복잡한 문제를 차치하더라도, 이스라엘 민족이 인류 역사상 그 어떤 민족보다 큰 고통을 받았음은 그 누구도 부인할 수 없는 객관적 사실입니다. 그리고 그것은 그들이 주님의 택하심을 받은 백성이라는 사실과 무관하지 않습니다. 처음부터 그들에게는 특별한 삶이 요구되었고, 그런 삶을 살지 않을 경우 특별한 고통을 당하도록 되어 있었던 겁니다. 그러므로 주님이 이스라엘을 일방적으로 편애하시는 것 아니냐는 의혹은 적절하지 않습니다.

공의가 물처럼, 정의가 강처럼

땅콩 앞에서 예언자님은 주님의 구원이 심판과 별도로 이루어지지 않는다고 말씀하셨습니다. 저에게 그 말씀은 심판이 '징벌의 차원'만이 아니라 '치유의 차원'도 갖고 있다는 말씀으로 들립니다만⋯⋯.

예레미야 그렇습니다. 주님의 심판에는 분명히 치유의 차원이 포함되어 있습니다. 인간의 고통을 치유하기 위해서는 고통의 원인을 파악해 제거하는 일이 꼭 필요합니다. 주님의 심판은 그 원인을 제거하기 위해 그것을 드러내고 벌하시는 과정일 수 있습니다. 사실 고통의 원인을 놔둔 채 치유를 논하는 것은 기만에 불과합니다. 고통의 원인이 나에게 있다면 내가 회개해서 원인을 제거해야 하고, 다른 누군가에게 있다면 그가 회개해서 그것을 제거해야 합니다. 물론 이때의 회개는, 잘 알고 계시겠지만, 단순히 어떤 잘못에 대한 뉘우침이 아니라, 실제로 그 잘못에서 떠나 옳은 길로 나아가는 의지적 행위를 의미합니다.

땅콩 그런데 오늘날 사람들이 겪는 고통들 중에는 그 원인을 나나 너 혹은 다른 누군가로 특정하기 어려운 경우가 많습니다. 그런 경우에는 어떻게 해야 합니까?

예레미야 혹시 지금 '구조악'에 대해 말씀하시는 건가요?

땅콩 네, 그렇습니다.

예레미야 아주 좋은 질문입니다. 예나 지금이나 사람들을 고통스럽게 하는 악들 중 가장 심각한 것은 개인의 의지만으로는 해결하기 어려운 구조적인 사회악입니다. 예컨대 정치적 독재, 경제적 착취, 사회적 불의, 계급적 불평등, 문화적 타락 같은 것들 말입니다. 사실 한 개인이 그런 구조적인 악과 맞서 싸우며 주님이 원하시는 삶을 살아가기란 결코 쉽지 않습니다. 그리고 구조적인 악이 만연한 사회에서 주님의 뜻을 따라 산다는 것은 곧 고통과 패배를 의미합니다. 간혹 그런 싸움에서 이기고 우뚝 서는 이들이 없지는 않으나, 그것은 지극히 예외적인 경우에 불과합니다. 그런 사회에서 살아가는 이들 대부분은 어쩔 수 없이 현실과 타협하며 죄에 물들어 갈 수밖에 없습니다. 그러기에 인간의 온전한 구원을 위해서는 반드시 구조악에 대한 처리가 필요합니다. 그것을 도외시한 채 개인에게만 성결을 요구하는 것은 마치 초등학생에게 거대한 조폭집단과 맞서 싸우라고 부추기는 것만큼이나 터무니없는 일입니다. 그런 의미에서 저는 오늘날 교회에서 선포되는 힐링 메시지들이 구조악에 대한 언급을 꺼리고 있는 것에 대해 아주 깊은 우려를 하고 있습니다. 이스라엘의 예언자들은 끊임없이 구조악을 언급했습니다. 대표적인 이가 아모스였지요. 혹시 땅콩 선생은 아모스 하면 어떤 말씀이 떠오릅니까?

땅콩 젊은 시절에 제 가슴을 설레게 했던 구절이 있습니다.

> **공의가** 물처럼 흐르게 하고, **정의가** 마르지 않는 강처럼 흐르게 하여라.
> (암 5:24)

아마도 저뿐만 아니라 대부분의 신자들이 아모스, 하면 그 구절을 떠올릴 겁니다.

예레미야 분명히 그럴 겁니다. 아모스는 북왕국이 주님의 진노의 심판에서 벗어날 수 있는 유일한 길이 그 나라에 공의와 정의를 회복시키는 것이라고 여겼습니다.

땅콩 그런데요……, 이런 걸 여쭙기가 부끄럽습니다만, 도대체 '공의'와 '정의'는 어떻게 다른 겁니까?

예레미야 공의와 정의는 개인의 성결과 무관하지는 않으나 차원이 조금 다릅니다. 우선 '공의' 혹은 '공평'에 해당하는 히브리어 '미슈파트'(mishpat)는 '사법적 올바름'을 가리킵니다. 요즘 말로 하면, 법 앞에서 만민을 평등하게 대하는 것 그리고 반칙과 특권을 인정하지 않는 겁니다. 육상 트랙 경기에 임한 자들의 출발점이 제각기 다르다면, 또는 어떤 이는 계속해서 안쪽에서 돌고 다른 이들은 계속해서 바깥쪽에서 돈다면, 그 경기의 결과는 보나마나 아니겠습니까? 물론 모든 경기에는 승자와 패자가 있기 마련입니다. 그러나 공정한 경기에서 패한 자는 결과에 승복할 수 있으나, 공정하지 않은 경기에서 패한 자는 원한과 앙심을 품게 마련입니다. 그리고 공동체 안에 원한과 앙심을 품은 이들이 많을수록 그 공동체는 불안하고 허약해질 수밖에 없습니다.

반면에 '정의'에 해당하는 히브리어 '체데크'(tsedeq)는 사람들이 '서로를 바르게 대하는 것', 그리고 단순히 남에게 피해를 주지 않는 정도가 아니라 '서로를 위해 적극적으로 무언가를 행하는 것'을 가리킵니다. 예를 들어, 공평함만으로는 살아가기 어려운 약자들에게 특별한 관심과 지원을 베푸는 것입니다. 육상 트랙 경기의 룰과 심판이 아무리 공정할지라도, 정상인과 장애인이 함께 경기를 하게 해서는 안 되는 겁니다. 제 힘으로 살아가기 어려운 사회적 약자들에게 필요한 것은 공평이 아니라 정의, 즉 공동체의 지속적인 돌봄과 지원입니다.

땅콩   아모스가 활동했던 시절이 주전 8세기이니 지금으로부터 2천 7백여 년 전 아닙니까? 그 시절에 이런 주장을 폈다니 아모스 예언자가 정말 대단해 보입니다.

예레미야   그렇습니다. 아모스는 참으로 대단한 예언자였습니다. 실제로 그 이후의 모든 예언자가 그로부터 지대한 영향을 받았습니다. 아모스 이후에 이스라엘의 모든 예언자는 개인의 성결 못지않게 공평과 정의를 강조했습니다. 예컨대 이사야는 유다의 실패를 공평과 정의의 실패로 규정하며 이렇게 말했습니다.

주께서는 그들이

> **선한 일**[미슈파트] 하기를 기대하셨는데,
>
> 보이는 것은 살육뿐이다.
>
> 주께서는 그들이
>
> **옳은 일**[체데크] 하기를 기대하셨는데,
>
> 들리는 것은
>
> 그들에게 희생된 사람들의 울부짖음뿐이다. (사 5:7)

이사야는 유다가 주님께 심판을 받는 이유가 제사의 부족이 아니라 공평과 정의의 결핍 때문이라고 보았습니다. 사실 그 무렵에 유다에서 제사는 부족하기는커녕 넘쳐났습니다. 그러나 주님은 그 모든 제사들을 쓸모없고, 역겹고, 참을 수 없고, 견딜 수 없고, 고작해야 짐이나 될 뿐인 것으로 여기셨습니다(사 1:13-14). 그래서 주님은 유다 백성에게 다음과 같이 매몰차게 말씀하셨습니다. "너희가 팔을 벌리고 기도한다 하더라도, 나는 거들떠보지도 않겠다"(15절). 이사야는 제사가 아니라 공평과 정의가 주님이 기뻐하시는 공동체의 요체라고 여겼습니다. 그래서 그는 훗날 평화의 왕으로 오실 메시아가 행할 일을 이렇게 예견했습니다.

> 그의 왕권은 점점 더 커지고
>
> 나라의 평화도 끝없이 이어질 것이다.
>
> 그가 다윗의 보좌와 왕국 위에 앉아서,
>
> 이제부터 영원히,
>
> **공평과 정의**로 그 나라를 굳게 세울 것이다. (사 9:7)

미가 역시 공의를 강조했습니다. 그는 주님이 자기 백성에게 요구하고 기대하시는 것이 공의라고 주장했습니다.

> 너 사람아,
> 무엇이 착한 일인지를
> 주께서 이미 말씀하셨다.
> 주께서 너에게 요구하시는 것이 무엇인지도
> 이미 말씀하셨다.
> 오로지 **공의**를 실천하며
> 인자를 사랑하며
> 겸손히 네 하나님과 함께 행하는 것이 아니냐! (미 6:8)

에스겔도 이사야와 생각이 같았습니다. 특히 그는 유다의 통치자들이 공평과 정의에서 실패한 것에 주목했습니다.

> 나 주 하나님이 말한다. 너희 이스라엘의 통치자들아, 이제는 그만하여라. 폭행과 탄압을 그치고, **공평과 공의**를 실행하여라. 내 백성 착취하는 일을 멈추어라. 나 주 하나님의 말이다. (겔 45:9)

그리고 주님은 저에게도 동일한 말씀을 주셨습니다. 주님은 저에게 자신을 "공평과 공의를 세상에 실현하는 하나님"(9:24)으로 알리셨습니다. 그리고 훗날 심판에서 회복된 이스라엘 민족을 이끌어 갈 메시아에 대해 이렇게 말씀하셨습니다.

그때 그 시각이 되면, 한 의로운 가지를 다윗에게서 돋아나게 할 것이니, 그가 세상에 **공평과 정의**를 실현할 것이다. (33:15)

이처럼 공평과 정의는 이스라엘의 모든 예언자들의 메시지를 관통하는 핵심적인 주제였습니다. 그들은 줄기차게 공평과 정의를 언급함으로써 이스라엘에서 당연시되던 구조악을 낱낱이 드러내고 비판했습니다. 만약 그들이 '공평과 정의'에 대한 언급 없이 그저 '개인의 성결'만 강조했더라면, 그들은 사람들로부터 눈총은 받았을지언정 그렇게 모질게 핍박을 당하지는 않았을 겁니다. 그러나 예언자들은 온갖 위험을 무릅쓰고 줄기차게 공평과 정의를 외쳤습니다. 구조악을 해결하지 않은 채 구원을 얻는 것은 불가능하다고 여겼기 때문입니다.

예언은 누구에게?

땅콩 그렇다면 오늘날 우리 사회에서 분출하고 있는 힐링 메시지들이 구조악에 대한 언급 없이 개인의 내면적 결단에만 초점을 맞추는 것은 심각한 문제일 수 있겠네요?

예레미야 그렇습니다. 현대인들이 겪고 있는 고통의 대부분은 사회적인 혹은 구조적인 문제로 인한 겁니다. 예컨대 오늘날 많은 이들이 고용 유연성을 추구하는 경제구조로 인해 비정규직 노동자로 일하면서 하루하루를 살얼음판 위를 걷듯 살아가고 있습니다. 어떤 이들은 뇌물과 특권과 담합이 횡횡하는 사회구조로 인해 열심히 일을 하고도 사업에서 실패하고 있습니다. 어떤 이들은 관행화된 갑(甲)과 을(乙)의 관계로 인해 매출이 늘어나도 수입이 아니라 빚만 늘어나는 상황에 처해 있습니다. 그리고 어떤 이들은 혈연, 학연, 지연으로 얽히고 설킨 조직 안에서 쓰다 버리는 소모품 취급을 당하고 있습니다. 그런데 매우 안타깝게도 오늘날 대부분의 힐링 메시지들은 이런 구조적인 문제들에 대해 아무런 언급도 하지 않습니다. 그러면서 모든 초점을 오직 고통당하는 자의 마음이나 태도에만 맞춥니다. 대개 그런 메시지들은 이렇게 말합니다. "네가 세상을 바꿀 수는 없다. 그러나 너 자신은 바꿀 수 있다. 그러니 세상을 바꾸려 하지 말고 너를 바꿔라." 이런 말들은 듣기에는 그럴 듯하지만 아주 명백한 기만입니다.

  땅콩 하지만 고통을 당하는 이들에게 구조악을 언급하는 것이 그들을 더 고통스럽게 할 수도 있지 않을까요? 방금 예로 드셨던 비정규직 문제만 해도 그렇습니다. 언제 해고될지 몰라 전전긍긍하는 비정규직 노동자에게 불의한 경제구조를 거론하는 게 무슨 도움이 되겠습니까? 그런 말은 하루하루 눈칫밥 먹으며 버티고 있는 노동자에게 고용주와 맞서도록 부추김으로써 결국 그를 막다른 골목으로 몰아넣게 되지 않을까요?

  예레미야 그렇다면 땅콩 선생은 그런 비정규직 노동자에게 무슨 메시지가 필요하다고 여기십니까? "괜찮다!"는 위로의 말? 아니면 "더 열심히 노력해서 정규직이 되라"는 격려? 그런데 말입니다, 혹시 지금 그 노동자가 더 이상 할 수 없을 만큼 이미 죽을힘을 다해 애쓰고 있다면 어떻게 해야 하죠? "초인적으로 노력하라"고 말해야 하나요?

  땅콩 ······.

예레미야 그래서 구조악을 도외시한 채 "모든 게 마음먹기에 달렸다"고 주장하는 힐링 메시지가 달콤한 헛소리라는 겁니다.

땅콩 그렇다면 예언자님은 그 비정규직 노동자에게 무슨 말씀을 해주시겠습니까?

예레미야 저라면 그 비정규직 노동자를 따뜻하게 위로하고 격려하겠습니다.

땅콩 네……?

예레미야 불의한 경제구조로 인해 고통당하는 비정규직 노동자에게는 반드시 따뜻한 위로와 격려가 필요합니다. 오늘날 많은 이들이 그런 따뜻한 말 한마디를 듣지 못해 좌절하고 있으니까요. 그러나 저라면 그 비정규직 노동자를 위로한 후에 그의 고용주를 찾아갈 겁니다. 그리고 이렇게 말할 겁니다. "당신을 위해 일하는 이들을 소모품 취급하지 마시오. 그들을 정규직으로 전환해 주인의식을 갖게 하는 게 당신에게도 유리할 것이오. 백번 양보해서, 설령 그런 일이 당신에게 불리하다고 할지라도, 사람이 다른 사람을 이런 식으로 착취하고 지배하는 것은 옳지 않소. 그러니 회개하시오."

땅콩 매사에 계산기를 두드리는 자들에게 그런 말이 들릴까요?

예레미야 아마…… 씨알도 안 먹힐 겁니다.

땅콩 그렇다면 굳이 그런 말을 할 필요도 없는 것 아닌가요?

예레미야 그렇지 않습니다. 참된 예언자라면 결과에 상관없이 해야 할 말을 해야 합니다. 그것은 예언자뿐 아니라 책임 있는 지도자라면 누구라도 해야 할 일입니다. 어떤 학생이 매일 불량한 학생들에게 끌려가 얻어맞고 돈을 뜯기고 있다고 가정해 봅시다. 그런 상황에서 그

학생의 담임선생님이 해야 할 일이 무엇일까요? 피해 학생을 불러다 위로하고 피해방지책을 알려주는 걸까요? 물론 담임선생님은 그런 일도 해야 합니다. 그러나 그보다 더 필요한 것은 그를 괴롭히는 불량한 학생들을 불러다 질책하고 경고하는 겁니다. 물론 그 불량한 학생들은 선생님의 말씀을 귓등으로도 들으려 하지 않을 겁니다. 그러나 담임선생님은 그 일이 효과가 있든 없든 간에 반드시 그렇게 해야 합니다. 그게 교사가 마땅히 해야 할 일이기 때문입니다.

학교에서 벌어지는 일조차 그러할진대, 입만 열면 세상의 구원이 어쩌고저쩌고 하는 이들이 그 세상의 악에 대해서는 입도 뻥긋하지 않은 채 오로지 개인의 마음에 대해서만 왈가왈부하는 것은 위선입니다. 약자에게 위로의 말을 건네기는 쉽습니다. 그러나 강자에게 듣기 싫은 소리를 하기는 어렵습니다. 그럼에도 예언자는, 그리고 세상의 모든 설교자들은, 그 일을 감당해야 합니다. 일개 교사도 하는 일을 양 떼의 목자요 주의 종을 자처하는 자들이 하지 않는다면, 그것은 너무나 부끄러운 일이고 명백한 직무유기입니다.

사실 고대 이스라엘의 모든 예언자는 '약자들을 위한 말'보다는 '강자들을 향한 말'을 더 많이 했습니다. 이스라엘의 구원을 위해서는 그 사회의 약자들보다는 강자들이 들어야 할 말이 훨씬 더 많았기 때문입니다. 그러니 오늘날 교회의 강단에서 메시지를 선포하는 이들이 사회의 악한 구조를 형성하고 지배하고 있는 강한 자들에게는 입도 뻥긋 못하면서 그런 구조로 인해 고통당하고 있는 약자들에게만 "너희는 이렇게 살아라 혹은 저렇게 살아라" 하고 떠들어 대는 것은…….

땅콩 아, 예언자님, 잠깐만요, 잠깐만요. 말씀 중에 죄송하지만, 이쯤에서 잠시 멈춰야겠습니다. 흥분하셨는지 말씀의 강도가 점점 높아지네요.

예레미야 아, 이런, 죄송합니다. 제가 조금 흥분한 것 같습니다.

땅콩 네, 그러셨습니다.(웃음) 그러나 '작은 위로의 책'에 대한 아주 유익한 서론이었습니다.

10. 하나님의 힐링

━━━━━━━━ 땅콩 단도직입으로 묻겠습니다. '작은 위로의 책'의 요지는 무엇입니까?

예레미야 심판 안에 그리고 심판 너머에 구원이 있다는 겁니다. 유다 백성은 주님의 심판을 피할 수 없었습니다. 하지만 그게 다가 아니었습니다. 놀랍게도 주님은 그 심판을 통해 그들을 자신의 백성으로 재탄생시키고자 하셨습니다. 포로기에 활동했던 제2이사야는 그것을 주님이 행하실 "새 일"(사 43:19)이라고 묘사했습니다. 그 일은 오래전에 주님이 그들의 조상을 이집트에서 이끌어 내셨던 "옛일"에 버금가는 큰일이었습니다.

땅콩 그렇다면 당시에 주님은 유다 백성을 바빌로니아에서 이끌어 내실 계획이셨던 건가요?

예레미야 그렇습니다. 주님은 저에게 이렇게 말씀하셨습니다.

내가 그들을 북녘 땅에서 데리고 오겠으며,

땅의 맨 끝에서 모아 오겠다.

그들 가운데는

눈먼 사람과 다리를 저는 사람도 있고,

임신한 여인과 해산한 여인도 있을 것이다.

그들이 큰 무리를 이루어

이곳으로 돌아올 것이다. (31:8)

땅콩 그런데 당시에 바빌로니아는 적수를 찾을 수 없을 만큼 강력한 대제국이지 않았습니까? 오래전의 이집트 역시 강국이기는 했으나 바빌로니아에 비할 정도는 아니었습니다. 바빌로니아 제국은 메소포타미아는 물론 시리아-팔레스타인까지 근동 전역을 영토로 갖고 있었기에 이스라엘 백성이 과거의 출애굽 같은 사건을 통해 바빌로니아에서 벗어나는 것은 물리적으로 불가능했습니다. 그들이 포로지에서 벗어나 예루살렘으로 돌아갈지라도 그곳 역시 바빌로니아의 영토였기 때문입니다. 한마디로, 당시에 유다 백성은 뛰어봤자 벼룩이고 부처님 손바닥 안의 손오공 신세였던 겁니다. 그런데 그런 상태에서 주님은 어떻게 그들을 바빌로니아로부터 빼내려 하셨던 겁니까?

예레미야 아주 좋은 지적입니다. 인간적으로 보자면 그런 일은 불가능했습니다. 그러나 주님은 길이 없는 곳에 길을 내시는 분입니다. 인간의 눈에는 불가능해 보이는 일도 그분에게는 손바닥을 뒤집는 것만큼이나 쉽습니다. 일단 그분이 무언가를 하기로 하셨다면 그 일이 우리의 눈에 어떻게 보이는지는 중요하지 않습니다. 그러므로 우리가 관심을 가져야 할 것은 그분의 뜻이지 그것의 실현 가능성이 아닙니다. 우리 눈에 보이는 상황이 어떠하든지 주님이 뜻하신 일은 반드시 이루어지기 때문입니다.

이런 것을 전제한 상태에서 방금 땅콩 선생이 제기하신 질문에 대한 답을 드리죠. 주님은 바빌로니아 제국 자체를 무너뜨리실 계획이셨습니다. 사실 유다가 바빌로니아로부터 해방될 수 있는 길은 그것밖에 없었습니다. 온 세상이 바빌로니아의 것인 상황에서 바빌로니아로부터 벗어나려면 바빌로니아가 무너지는 수밖에 없었으니까요. 그리고 주님은 바로 그 일을 하기로 하셨습니다. 실제로 주님은 유다 백성이 포로가 된 지 48년째 되던 해인 주전 539년에 페르시아 왕 고레스를 통해 바빌로니아를 무너뜨리셨습니다. 그리고 이듬해에 고레스로 하여금 바빌로니아 포로 공동체 사람들에게 예루살렘으로 돌아가 성전을 재건하라는 칙령을 내리게 하셨습니다(스 1:1-4). 주님이 저와 제2이사야를 통해 하신 말씀이 실제로 이루어진 겁니다.

회복의 양상

땅콩 '작은 위로의 책'에는 회복된 이스라엘의 모습을 묘사하는 인상적인 구절들이 아주 많습니다. 마음 같아서는 그것들 모두를 살펴보고 싶지만 그럴 수는 없을 것 같고, 예언자님이 그중 몇 가지만 선별해서 소개해 주셨으면 합니다.

예레미야 네, 그러죠. 그러나 그에 앞서 제가 성경 독자들에게 꼭 상기시켜 드리고 싶은 것이 하나 있습니다. 그것은, '작은 위로의 책'에 실려 있는 말씀들이 이제 곧 멸망당해 이방 땅에서 포로살이를 시작해야 할 이들에게 주어졌다는 점입니다. 주님은 자기 백성이 포로살이 중에도 희망을 잃지 않기를 바라셨습니다. 그분은 심판 가운데서도 자비를 베푸시는 분입니다.

그러면 이제 주님이 계획하고 계셨던 이스라엘의 회복에 관한 말씀들 중 몇 가지를 꼽아보겠습니다. 가장 먼저 주님은 이스라엘이 멸망하는 과정에서 파괴된 것들을 복구하겠다고 말씀하셨습니다.

> 나 주가 이렇게 말한다.
> 내가 야곱의 장막들을 회복하여 놓고,
> 야곱의 거처를 불쌍하게 여겨,
> 폐허의 언덕에 다시 성읍을 세우고,
> 궁궐도 다시 제자리에 세우게 하겠다.
> 그러면 그들로부터
> 감사의 노래가 터져나오고,
> 기쁨의 목소리가 퍼져나올 것이다. (30:18-19)

사람은 누구나 자기가 잃어버린 것에 집착하기 마련입니다. 그것이 실제로는 별것이 아닐지라도 그것을 잃어버린 사람에게는 그것보다 소중한 게 없습니다. 그러므로 모든 회복의 첫 단계는 잃어버린 것을 되찾는 겁니다. 그러기에 주님은 이스라엘 백성들이 잃어버린 성읍과 궁궐을 "다시 제자리에 세우게 하겠다"라고 말씀하셨던 겁니다.

땅콩 예언자님 앞에서 할 말은 아니지만, 저도 이미 나이가 있어서 인지 가끔씩 옛것이 그리워질 때가 있습니다. 얼마 전에 가족과 함께 한국근현대사박물관이라는 곳을 다녀왔는데, 그곳에는 저의 어린 시절인 60-70년대의 생활상이 미니어처 형식으로 재현되어 있었습니다. 꼬불꼬불한 골목길, 슬레이트 지붕을 얹은 작고 낮은 집들, 허름한 쌀집, 연탄가게, 전파상, 이발소, 방앗간, 전당포 등……. 지금 보면 초라하기 짝이 없고, 그때 우리가 저런 곳에서 어떻게 살았을까 하는 생각이 들 정도인데, 저는 그것들을 보면서 왠지 모를 푸근함과 정겨움 그리고 애틋함을 느꼈습니다. 심지어 '아, 저때가 좋았지' 하는 생각까지 들었습니다. 오늘날과는 비교할 수도 없을 만큼 초라한 그것들이 그 시절을 기억하는 관람객들의 얼굴에 잔잔하고 편안한 미소를 띠게 해주었습니다. 회복의 첫 단계가 옛것의 복원이라는 말씀에 전적으로 공감합니다.

예레미야 공감하신다니 기쁩니다. 그러나 온전한 회복은 그런 하드웨어의 복원만으로는 부족합니다. 참된 회복의 기쁨을 누리려면 소프트웨어가 복원되어야 합니다.

땅콩 소프트웨어라 하시면……?

예레미야 단조롭고 소소한 일상(日常)입니다. 얼핏 무의미하고 지루하게 보일 수도 있지만 그런 일상이야말로 인간의 모든 행복의 핵심적 내용입니다. 아침에 일어나 빗자루로 마당을 쓰는 것, 잠이 덜 깬 자녀들과 밥상에 둘러앉는 것, 일터에서 땀 흘려 일하는 것, 친구들과의 유쾌한 대화, 저녁에 다시 식구들과 밥상에 둘러앉는 것, 편안한 잠자리에 눕는 것 등 말입니다. '작은 위로의 책'은 그런 일상에 대해 자주 언급합니다.

> 내가 너로 다시 사마리아 산마다 포도원을 만들 수 있게 하겠다.
> 포도를 심은 사람이 그 열매를 따 먹게 하겠다. (31:5)

> 그때에는 유다와 그 모든 성읍에 사람들이 이주하여 살고, 농부들도 농촌에 모여 살고, 유랑하는 목자들도 가축 떼를 몰고 다닐 것이다. (31:24)

> 산간지역의 성읍들과 평지의 성읍들과 남쪽의 성읍들과 베냐민 땅과 예루살렘의 사방과, 유다의 성읍들에서, 목자들이 그들이 치는 양을 셀 것이다. (33:13)

한번 상상해 보십시오. 농부가 자신의 포도원을 가꾸어 그곳에서 나는 열매를 따 먹고, 목자들이 이리저리 양 떼를 몰고 다니며 풀을 뜯기고, 저녁 무렵에 그것들을 우리 안으로 들이면서 머릿수를 세는 모습을 말입니다. 별로 대단할 것도 없는 그런 모습이야말로, 실제로 훗날 바빌로니아에서 포로살이를 했던 유다 백성들이 가장 그리워했던 삶이었습니다.

땅콩 그런 일상 속에서 간혹 기쁨의 축제가 벌어지는 경우도 있겠죠?

예레미야 물론입니다. 주님은 포로지에서 돌아온 이들이 삶의 터전을 복구하고 일상을 회복한 후에 벌이는 축제들에 대해 자주 말씀하셨습니다.

그들은 돌아와서

시온 산 꼭대기에서 찬송을 부르고,

주의 좋은 선물,

곧 곡식과 새 포도주와 기름과

양 새끼와 송아지들을 받고 기뻐할 것이며,

그들의 마음은 물 댄 동산과 같아서,

다시는 기력을 잃지 않을 것이다.

그때에는 처녀가 춤을 추며 기뻐하고,

젊은이와 노인들이 함께 즐거워할 것이다. (31:12-13)

유다의 성읍들과 예루살렘의 거리에, 또다시, 환호하며 기뻐하는 소리와
신랑 신부가 즐거워하는 소리와 감사의 찬양 소리가 들릴 것이다. "너희
는 만군의 주께 감사하여라! 진실로 주는 선하시며, 진실로 그분의 인자
하심은 영원히 변함이 없으시다" 하는 소리가 들릴 것이다. (33:10-11)

전에 주님은 유다 백성에게 닥쳐올 심판과 관련해 이렇게 말씀하
셨습니다. "그때에는 내가 유다의 성읍들과 예루살렘의 모든 거리에
서, 흥겨워하는 소리와 기뻐하는 소리, 즐거워하는 신랑 신부의 목소
리를 사라지게 하겠다"(7:34; 16:9). 그런데 정작 심판이 시작될 무렵에
는 그 말씀과 정반대되는 메시지를 주신 겁니다. 그분이 그렇게 하신
것은 이제 곧 이방 땅으로 끌려가 포로살이를 시작해야 할 이들에게
소망을 주시기 위해서였습니다. 그리고 그분은 그 소망의 내용을 아
주 구체적으로, 즉 포도원 경작, 양 떼를 먹이고 돌보는 일, 처녀의 춤,

젊은이와 늙은이가 함께 누리는 기쁨, 신랑과 신부를 위한 결혼 축하연, 그리고 회복된 성전에서 만군의 주님께 바치는 제사의 모습 등으로 형상화해 선포하셨던 겁니다.

민족의 통일

땅콩 예언자님이 말씀하신 옛것과 일상의 회복이 중요하기는 하나 회복된 이스라엘이 단순히 옛 상태를 반복하는 정도에 머물러서는 안 되지 않을까요? 누차 말씀하셨듯이, 사실 포로기 이전에 유다의 상황이 그렇게 바람직했던 것은 아니니까요.

예레미야 아주 좋은 지적입니다. 옛것과 일상을 잃어버린 자들에게 그것들을 회복하는 일은 아주 중요합니다. 하지만 그 옛것과 일상에는 온갖 문제들이 있었을 수 있습니다. 실제로 포로기 이전의 유다의 상황 역시 그러했고요. 그래서 주님은 회복된 공동체가 모든 면에서 이전과는 질적으로 다른 공동체가 되기를 바라셨습니다. 저는 그 다른 요소들 중 두 가지에 대해서만 말씀드리겠습니다.

먼저 주님은 회복된 공동체가 분열의 상처를 딛고 하나가 되기를 바라셨습니다. 앞서 말씀드렸듯이, 주님의 구원 계획은 남왕국 유다뿐 아니라 오래전에 멸망해 흩어진 북왕국 이스라엘 백성들까지 포괄하고 있었습니다. 그것은 '작은 위로의 책' 안에 "이스라엘과 유다"라는 표현뿐 아니라, 그 둘을 한꺼번에 지칭하는 "야곱" 그리고 북왕국을 특정해 부르는 "사마리아"나 "에브라임" 같은 표현이 자주 등장하는 것을 통해 알 수 있습니다. 그중 한 가지만 예로 들어볼까요?

에브라임은 나의 귀한 아들이다.
내가 가장 사랑하는 자식이다.
그를 책망할 때마다 더욱 생각나서,
측은한 마음이 들어
불쌍히 여기지 않을 수 없었다.
나 주의 말이다. (31:20)

주님에게는 이제 곧 멸망하게 될 유다 백성뿐 아니라 이미 오래전에 망한 에브라임의 백성들도 귀한 자식이었습니다. 그래서 그분은 회복된 공동체가 유다뿐 아니라 에브라임까지 포함하는 온전한 공동체가 되기를 바라셨습니다. 형제의 고통을 나 몰라라 하는 이들로 이루어진 공동체는 절대로 건강할 수도 온전할 수도 없기 때문입니다.

땅콩 방금 하신 말씀은 아직도 남과 북으로 분열되어 있는 우리 민족이 유념해야 할 내용인 듯합니다. 사실 지금 대한민국에는 통일 비용에 대한 부담과 통일 이후에 발생할 사회적 혼란을 두려워해 통일을 원치 않는 이들이 있습니다. 그러나 저는 경제적 부담과 사회적 혼란을 핑계로 통일을 원치 않는 이들이 참으로 어리석다는 생각을 합니다. 통일 비용이 부담스러운 것은 사실이지만, 분단으로 인해 발생하는 비용은 그보다 훨씬 더 큽니다. 지금 남한이 분단으로 인해 지출하고 있는 소모적인 비용이 얼마나 많은지를 계산해 보면 쉽게 답이 나올 겁니다. 통일 이후에 발생할 사회적 혼란을 두려워하는 것 역시 마찬가지입니다. 일전에 어느 사회학자가 "한국 사회의 모든 문제는 분단에서 비롯되었다"라고 말하는 소리를 들은 적이 있는데, 저는 그 주장에 전적으로 동감합니다.

예레미야 옳은 말씀입니다. 이스라엘 백성들 역시 남과 북으로 분열되어 있던 시절에 엄청난 고통을 겪어야 했습니다. 분단 상황이 아니라면 겪지 않았어도 될 불필요한 고통이었습니다.

좋은 지도자

땅콩 지도자의 문제는 어떻습니까? 그렇게 회복된 공동체가 건강하게 유지되려면 포로기 이전의 왕들과는 다른 유형의 지도자가 필요할 것 같은데…….

예레미야 바로 그것이 제가 회복된 공동체의 또 다른 특징으로 꼽으려 했던 요소입니다. 만약 그 회복된 공동체를 여호야김이나 시드기야처럼 형편없는 자들이 이끈다면, 머지않아 모든 게 말짱 도루묵이 되고 말 겁니다. 그래서 주님은 그 공동체에 새로운 유형의 지도자를 보내기로 계획하셨습니다. 그분은 이렇게 말씀하셨습니다.

보아라, 내가 이스라엘 가문과 유다 가문에게 약속한
그 복된 약속을 이루어 줄 그날이 오고 있다.
그때 그 시각이 되면,
한 의로운 가지를 다윗에게서 돋아나게 할 것이니,

그가 세상에 **공평과 정의**를 실현할 것이다. (33:14-15)

이 말씀에는 우리가 주목해야 할 세 가지 표현이 들어 있습니다. 첫째는 "한 의로운 가지"입니다. 이것은 훌륭한 정치 지도자에 대한 은유적 표현입니다. 지금도 사정이 별반 다르지 않으나, 그 시절에 왕으로 대표되는 정치 지도자는 백성들의 삶에 절대적인 영향을 끼쳤습니다. 좋은 지도자를 만난 백성은 복된 삶을 누렸고, 나쁜 지도자를 만난 백성은 불행해질 수밖에 없었습니다. 그런데 주님은 회복된 이스라엘 공동체에 "의로운 가지"로 불릴 만한 훌륭한 지도자를 보내시겠노라고 말씀하셨던 겁니다.

둘째는 "다윗에게서"입니다. 다윗은 이스라엘의 통일왕국을 세우고 그 나라의 황금기를 이끌었던 이스라엘 민족의 영원한 왕이었습니다. 그러므로 지도자가 다윗에게서 나온다는 것은 다윗 왕조의 복구, 즉 이방 민족으로부터의 완전한 독립과 이스라엘의 황금기의 회복을 전제하고 있는 겁니다. 회복된 공동체는 여호야김이나 시드기야 혹은 그달리야나 그 이후의 유다 총독들처럼 외세에 의해 임명된 지도자가 아니라, 그들 자신이 추대한 정치 지도자를 갖게 될 것이었습니다.

셋째는 "공평과 정의"입니다. 주님은 무엇보다도 그 공동체가 공평과 정의에 기반을 두기를 바라셨습니다. 앞서 말씀드렸듯이, 공평과 정의는 이스라엘의 모든 예언자들의 핵심적 메시지였습니다. 주님은 자신의 백성의 실패를 공평과 정의의 실패에서 찾으셨습니다. 그래서 그분은 회복된 공동체를 이끌 지도자가 무엇보다도 그 공동체 안에서 공평과 정의를 실현할 것이라고 말씀하신 겁니다.

새 언약

땅콩 이스라엘의 회복에 대한 주님의 말씀은 지금 들어도 가슴이 설렙니다. 그러나 말씀을 듣다보니 한 가지 의문이 생깁니다.

예레미야 어떤 의문이죠?

땅콩 예레미야서에 의하면 예언자님은 이스라엘 백성이 가나안 땅에 진입해 배부르게 먹기 시작하면서부터 타락했다고 말씀하셨습니다(2:7; 5:7). 그렇다면, 주님이 그 백성을 회복시켜 주실지라도, 그리고 제아무리 의로운 지도자가 그들을 이끌지라도, 그 백성이 다시 배에 기름이 낄 즈음에 예전과 동일한 죄에 빠지지 않으리라는 보장이 없는 것 아닙니까?

예레미야 아주 중요한 질문입니다. 사실, 이스라엘 백성의 본성에 비추어 본다면, 땅콩 선생의 말씀처럼, 그들이 다시 타락하지 않는 것은 불가능합니다. 그러나 주님은 그 문제에 대한 해결책을 마련해 두고 계셨습니다.

땅콩 어떤 해결책이죠?

예레미야 그들과 새로운 언약을 체결하시는 것이었습니다.

땅콩 새로운 언약요……?

예레미야 그렇습니다. 아시겠지만, 시내 산 언약을 체결할 때 주님은 율법을 "돌판"에 새겨 이스라엘 백성에게 건네주셨습니다(출 31:18;

34:4; 신 10:1-5). 그런데 그분은 자신이 율법을 그런 식으로 전해주신 것이 그들이 그것을 제대로 숙지하지 못하게 한 원인이었다고 여기셨던 것 같습니다. 그래서 이번에는 그 율법을 전과는 다른 방식으로 알려주기로 하셨습니다. 주님은 이렇게 말씀하셨습니다.

> 그때가 오면, 내가 이스라엘 가문과 유다 가문과 **새 언약**을 세우겠다.
> … 나는 나의 율법을 그들의 **가슴속에** 넣어주며, 그들의 **마음 판에** 새겨 기록하여, 나는 그들의 하나님이 되고, 그들은 나의 백성이 될 것이다.
> (31:31, 33)

한마디로, 이스라엘 백성이 다시는 율법의 내용을 몰라서 지키지 못하는 일이 없게 하시겠다는 것이었습니다. 자신의 "가슴속"과 "마음 판에" 새겨진 율법을 몰라서 못 지키는 사람은 없을 테니 말입니다.

주님의 강력한 의지

땅콩 그렇다면 그것은 '새 언약'이라기보다 '언약 체결의 새로운 방식'이라고 하는 편이 낫지 않나요?

예레미야 그렇게 부를 수도 있을 겁니다. 하지만 중요한 것은 주님이 계획하셨던 그 일의 명칭이 아니라 의미입니다.

땅콩 예언자님이 보시기에 그 일에는 어떤 의미가 있었습니까?

예레미야 주님은 절대로 자기 백성을 포기하시지 않는다는 겁니다.

그분은 이스라엘 백성이 율법을 지키지 않아 자신의 백성으로서의 지위를 잃게 되었음에도 그들을 포기하지 않으셨습니다. 그분은 심판을 통해 그들을 징계하신 후 그들을 일으켜 세우려 하셨습니다. 그리고 그들이 다시는 자신의 율법을 지키지 않아 징계를 당하는 일이 없게 하시기 위해 확실한 안전장치를 마련해 두고자 하셨습니다. 그분은 자신이 그들의 마음 판에 율법을 새겨 넣는다면, 그들이 그것을 잊으려야 잊을 수 없을 것이라고 여기셨습니다. 그리고 더 나아가 그분은 인간의 마음에 큰 결함이 있다는 것을 아셨기에(17:9) 그 마음 자체를 새것으로 바꿔주고자 하셨습니다. 그분은 저와 동시대의 예언자인 에스겔을 통해 이렇게 말씀하셨습니다.

> 내가 너희를 이방 민족들 가운데서 데리고 나아오며, 그 여러 나라에서 너희를 모아다가, 너희의 나라로 데리고 들어가겠다. 그리고 내가 너희에게 맑은 물을 뿌려서 너희를 정결하게 하며, 너희의 온갖 더러움과 너희가 우상들을 섬긴 모든 더러움을 깨끗하게 씻어주며, 너희에게 **새로운 마음**을 주고 너희 속에 **새로운 영**을 넣어주며, 너희 몸에서 돌같이 굳은 마음을 없애고 살갗처럼 부드러운 마음을 주며, 너희 속에 내 영을 두어, 너희가 나의 모든 율례대로 행동하게 하겠다. 그러면 너희가 내 모든 규례를 지키고 실천할 것이다. 그때에는 내가 너희 조상에게 준 땅에서 너희가 살아서, 너희는 내 백성이 되고, 나는 너희의 하나님이 될 것이다. (겔 36:24-28)

주님이 거의 같은 시기에 저와 에스겔에게 주신 말씀을 하나로 종합해 보면 이렇습니다. 먼저 그분은 우리의 완악한 마음을 살갗처럼 부드러운 "새로운 마음"으로 바꿔주실 겁니다. 그리고 그 마음에 생명의 율법을 새겨주실 겁니다. 더 나아가 그분은 우리 안에 "새로운 영"을 불어넣으심으로써 그 영이 우리로 하여금 그 율법을 지키도록 이끌게 하실 겁니다. 그렇게 되면 우리는 자연스럽게 그분의 율법을 "지키고 실천할" 것이고 그로 인해 주님께 용납될 만큼 거룩해지게 될 겁니다. 그러면 주님은 자신의 거룩함을 해치지 않으면서도 우리를 용납하시고 우리와 동행하실 수 있게 될 겁니다. 또한 그러하기에 우리에게 약속하셨던 은혜와 복을 내리실 수 있게 될 겁니다.

땅콩 아멘! 예언자님의 말씀을 듣고 나니 자기 백성을 향한 주님의 은혜의 넓이와 깊이를 헤아릴 수 있을 것 같습니다.

아나돗 땅의 매입

땅콩 예언자님은 주님이 이스라엘의 회복을 약속하셨다고 했습니다. 그런데 예언자님이야 그 약속을 주님으로부터 직접 들으셨으니 그것을 확신했겠지만, 예언자님을 통해서 그 말씀을 들었던 예루살렘 주민들의 사정은 달랐을 것 같습니다. 바야흐로 외적의 침입으로 인해 예루살렘 성이 무너지기 직전이지 않았습니까? 그리고 당시에 그 적은 아무도 거스를 수 없었던, 그러하기에 천년이고 만년이고 지속될 듯 보였던 세계 최강국이었지 않습니까? 그러니 백성들의 입장에서는 그런 말씀이 듣기는 좋으나 믿기는 어렵지 않았을까요?

예레미야 그렇습니다. 사실 그 무렵에 예언자로서 저의 위상은 여호
야김 시대와는 비교가 되지 않을 만큼 높아져 있었습니다. 주전 598
년에 있었던 바빌로니아의 제1차 예루살렘 침공으로 인해 그동안 제
가 거짓 예언자들에게 맞서 외쳤던 심판 예언이 옳았음이 입증되었
기 때문입니다. 그래서 백성들은 물론이고 시드기야 왕까지도 제 말
을 상당히 신뢰하고 있었습니다. 그럼에도, 목전의 상황이 워낙 다급
했던지라, 사람들은 이스라엘의 회복에 대한 저의 예언을 선뜻 믿으
려 하지 않았습니다.

땅콩 저 역시 가끔 설교를 듣다가 그런 생각을 할 때가 있습니다.
특히 설교자들이 '믿음'을 강조할 때 그러합니다. 사실 믿음에 관한
설교가 '오직 믿음'만을 강조하는 경우는 거의 없습니다. 그런 설교는
항상 '믿음에 대한 증거'를 요구합니다. 그리고 그 증거는 대개 교회
에 대한 봉사, 목회자의 말에 대한 순종, 그리고 무엇보다도 헌금입니
다. 얼마 전에 저는 어느 설교자가 참된 믿음에 대해 설교하다가 '지
갑의 회개'에 대해 말하는 소리까지 들었습니다.

예레미야 지갑의 회개요? 그게 무슨 말이죠?

땅콩 설교의 요지는 이러했습니다. 주님은 우리를 위해 큰 복을 예
비해 두셨다. 누구든지 믿기만 하면 그 복을 누릴 수 있다. 그런데 말
로만 믿는다고 해서는 안 된다. 말로야 뭔들 못하나? 중요한 것은 실
제로 믿는 것이다. 그리고 자신이 실제로 믿는다는 것을 가장 확실하
게 입증할 수 있는 방법은 주님을 위해 지갑을 여는 것이다. 물질이
있는 곳에 마음이 있다. 그러니 '지갑의 회개'가 없는 믿음은 참된 믿
음이 아니다. 뭐 그런 내용이었습니다.

예레미야 허허, 그거 참 재미있는 주장이네요. 그런데 땅콩 선생은 그 설교를 들으며 어떤 생각을 하셨나요?

땅콩 '신자들에게 지갑을 열라고 외치는 저 사람이 먼저 자신의 지갑과 교회의 헌금함부터 열었으면 좋겠다. 저 사람이 먼저 교회 안팎의 가난한 자들에게 주님의 이름으로 돈을 나눠주면 좋겠다'는 생각을 했습니다. 그 설교자 자신의 말마따나, 말로야 뭔들 못하겠습니까?

예레미야 영적 지도자의 역할이 그래서 중요합니다. 과거와 달리 요즘 사람들은 배운 것도 많고 말에도 능숙합니다. 그러니 마이크만 손에 쥐어주면 목회자 못지않게 말할 수 있는 사람들이 수두룩합니다. 그러므로 영적 지도자가 권위를 얻기 위해서는 말이 아니라 행동에서 모범이 되어야 합니다. 그나저나 땅콩 선생은 그다지 좋은 신자는 아닌 것 같네요. 설교를 들으면 무조건 "아멘!"을 해야지 그런 식으로 비판이나 하고 계시니 말입니다.

땅콩 네, 송구스럽지만, 저는 아주 불량한 신자입니다.

예레미야 아이구, 농담입니다, 농담.

땅콩 혹시 유다가 멸망하기 직전에 예언자님이 아나돗에 있는 밭을 매입하신 일도 그런 측면에서 해석할 수 있을까요?

예레미야 그렇습니다. 앞에서 말씀드렸듯이, 그 무렵에 저는 바빌로니아의 침공을 받아 두려움에 떠는 이들에게 유다의 회복에 대한 메시지를 전하고 있었습니다. 그러던 어느 날 주님이 저에게 조금 당혹스러운 말씀을 하셨습니다. 아나돗에 있는 저의 사촌 하나멜의 밭을 매입하라는 것이었습니다(32:6-15). 적에게 나라를 빼앗기기 일보직전인데 그 나라에 속한 땅을 사라니……. 제정신을 가진 사람이라면 도저히 이해할 수 없는 일이었습니다. 그러나 저는 이내 주님의 의도를 헤아렸습니다. 그분은 절망에 빠진 유다 백성에게 미래의 회복에 대한 가시적인 징표를 제공하고자 하셨던 겁니다. 그래서 그분은 저에게 말로만 유다의 회복에 대해 외칠 게 아니라, 실제로 네 돈을 들여 곧 망할 유다의 땅을 매입함으로써 네가 하는 주장의 확실성을 스스로 담보하라고 하셨던 겁니다.

땅콩 예언자님이 하나멜로부터 밭을 구입했을 때 예루살렘 백성들의 반응은 어떠했나요?

예레미야 두 가지 반응이 나타났습니다. 하나는 '불신과 조롱'이었습니다. 제가 그 시점에 밭을 매입한 이유를 설명했음에도 그들은 믿지 않았습니다. 그리고 드디어 예레미야가 미쳤다며 저를 조롱했습니다. 세상에는 그렇게 완악한 사람들이 있습니다.

다른 하나는 '믿음과 소망'이었습니다. 저의 설명을 들은 이들 중 어떤 이들은 제 말을 가슴 깊이 새겼습니다. 그들 역시 유다가 망하리라는 것을 알고 있었습니다. 그러나 그들은 언제가 될지는 모르나 반드시 주님이 자기들을 회복시켜 주시리라고 믿었습니다. 그리고 그런 믿음이 있었기에, 비록 그들이 겪어야 할 고통의 무게는 불신자들의 그것과 동일했으나, 그 고통을 감내할 수 있었습니다. 참된 희망은 그런 겁니다. 고통을 겪지 않을 수 있다는 기대가 아니라, 고통 후에라도 일어설 수 있다는, 그래서 새로운 삶을 시작할 수 있다는 믿음, 바로 그것이 참된 희망의 근거입니다.

시간의 문제

땅콩 희망과 관련해 가장 민감한 문제는 '시간의 문제'가 아닐까 합니다. 사람들 중에는 언젠가는 고통이 끝나리라는 것을 알면서도 그때가 너무 늦어지지 않을까 염려하는 이들이 있습니다. 그 시기가 지나치게 늦어진다면 그런 회복이 그들에게 아무런 의미가 없을 테니까요. 예컨대 바빌로니아로 끌려간 유다 백성이 훗날 그들의 땅으로 돌아갈 수 있다고 할지라도, 만약 그 일이 그들이 죽은 후에 일어난다면, 애초에 포로가 되어 그곳으로 끌려갔던 이들에게는 아무 소용이 없는 것 아닙니까?

예레미야 인간적으로는 충분히 이해할 만한 문제 제기입니다. 그러나 이렇게 생각해 봅시다. 주님은 자기 백성을 아주 오랫동안 참으셨습니다. 이스라엘 백성이 주님께 반역하기 시작한 것이 출애굽 직후부터였으니 그들은 햇수로 800년 넘게 주님을 진노하시게 한 셈입니다. 그러니, 그런 자들이 자신들에 대한 주님의 심판이 한두 해만에 끝나기를 바란다면, 그것은 자기들의 죄를 너무 가볍게 여기는 겁니다. 물론 주님은 회개하는 자에게 용서를 베푸십니다. 그러나 그 용서가 곧 '징벌의 면제'를 의미하지는 않습니다. 주님은 쉽게 진노하고 쉽게 용서하시는 변덕쟁이가 아닙니다. 우리는 그분의 오래 참으심에 감사해야 하고, 그분의 무거운 진노 앞에서 두려워해야 합니다. 비록 회복이 보장되어 있을지라도 죄에 대한 심판의 결과는 한동안 지속될 수 있습니다. 실제로 주님은 저에게 유다가 회복될 것이라고 약속하셨으나 또한 그들의 포로살이가 적어도 70년은 될 거라고도 말씀하셨습니다(25:11; 29:10).

심판조차 은총이다

땅콩 그런데 방금 말씀하신 70년은 언제부터 언제까지를 가리키는 건가요? 학자들 사이에서도 그 문제를 두고 의견이 분분한 것 같던데…….

예레미야 저로서도 확실한 답을 드리기가 어렵습니다. 다만 개인적으로는 바빌로니아가 처음으로 예루살렘을 정복하고 유다 백성을 잡아갔던 주전 597년부터 페르시아 왕 고레스가 칙령을 내려 포로들을 귀환시켰던 주전 538년 사이를 가리키는 말씀이 아닐까 생각하고 있습니다.

땅콩 그렇다면 70년이 안 되는데요. 정확하게 59년밖에 안 되는데요.

예레미야 저는 그것이 주님이 처음에 공언하신 70년을 채우지 않고 기간을 단축해 주셨기 때문이 아닐까 생각합니다.

땅콩 그럼에도 인간에게 70년이라는 세월은 짧은 시간이 아닙니다. 그것은 포로들에게 사실상 사형선고나 다름없지 않습니까? 포로지에서 70년을 보내는 게 어디 쉬운 일입니까?

예레미야 그에 대해서는 저는 생각이 조금 다릅니다. 유대인들의 포로살이와 관련해 우리는 다음 세 가지 측면을 고려할 필요가 있습니다. 첫째, 과연 포로살이 이전의 유다 백성의 삶이 그렇게 복된 것이었느냐 하는 겁니다. 아마도 어떤 이들은, 가령 왕이나 고관들이나 지주들이나 종교 지도자들은 그랬을 겁니다. 그러나 대부분의 백성들은 그렇지 않았습니다. 그들은 포로살이 이전에도 늘 고통을 당했습니다. 그들은 강대국에 조공을 바치고 힘 있는 자들의 배를 채우기 위해 마른 수건 쥐어짜듯 착취를 당했습니다. 그런 백성들의 입장에서는, 아닌 말로, 이놈한테 당하나 저놈한테 당하나 매한가지였습니다. 다시 말씀드리지만, 말기의 유다는 결코 사람이 살 만한 사회가 아니었습니다. 언젠가 주님은 말기의 유다의 상황과 관련해 이런 말씀을 하셨습니다.

> 그 도성에서 들리는 것은
> 폭행과 파괴의 소리뿐이다.
> 나의 눈앞에 언제나 보이는 것은,
> 병들고 상처 입은 사람들뿐이다. (6:7)

둘째, 바빌로니아에서의 포로살이가 과연 그렇게 고통스러웠느냐 하는 겁니다. 저는 바빌로니아로 끌려가지 않았기에 정확한 말씀을 드리기는 어렵지만, 적어도 제가 들어서 아는 바로는 그렇지 않았습니다. 바빌로니아의 포로 정책은 앗시리아와 달랐습니다. 그들은 유다 백성을 제국 곳곳으로 분산시켜 멸절시키지 않았습니다. 오히려 그들이 공동체를 이루고 살도록 배려해 주었습니다. 바빌로니아의 유대인들은 그곳에서 주님께 제사를 드릴 수 있었고, 동족끼리 결혼해서 가정을 꾸릴 수도 있었고, 심지어 개인의 능력대로 일을 해서 사유

재산을 모을 수도 있었습니다. 바빌로니아 포로 공동체의 상황은 나치 치하의 유대인 포로수용소의 그것과는 차원이 전혀 달랐습니다. 아닌 말로, 나라를 잃었다는 슬픔만 떨쳐버린다면, 유다에서보다도 안전하고 풍요롭게 살아갈 수도 있었습니다. 훗날 고레스가 유대인들에게 예루살렘으로 돌아가도 좋다는 칙령을 내렸을 때 많은 이들이 그대로 바빌로니아에 머물렀던 것은 바로 그런 이유 때문이었습니다. 그러니 바빌로니아에서의 포로살이를 지나치게 비극적으로 생각할 필요는 없습니다.

셋째, 이것은 매우 중요한데, 바빌로니아에서 포로살이를 하는 동안 유대인들은 그 후로 그들의 삶과 역사의 틀을 형성하게 될 중요한 일들을 이뤄냈습니다. 우선 그들은 그동안 무시했던 '주님의 말씀'에 주목하기 시작했습니다. 포로기 동안에 그들은 이스라엘 백성들 사이에서 회자되고 있는 주님의 말씀들을 수집하고 정리하고 기록하기 시작했습니다. 오늘날 우리가 갖고 있는 구약성경의 대부분이 포로기와 그 직후에 만들어진 겁니다. 또한 그들은 '회당'이라는 기구를 만들어 유대인들을 결속했습니다. 그들은 정기적으로 회당에 모여서 주님께 예배드리고 말씀을 묵상하고 조상들의 전통을 되새겼습니다. 잘 아시겠지만, 그 회당이 오늘날의 유대교의 모체가 되었습니다. 마지막으로, 그들은 포로기 동안에 '선민의식'을 심화시켰습니다. 물론 이스라엘의 선민의식은 그들의 역사 초기부터 있었습니다. 그러나 그들은 포로살이를 통해 자기들이 택함 받은 주님의 백성으로서 독립된 국가를 이루고 살았던 시절의 소중함을 새삼 깨달았습니다. 그래서 그들은 만약 자기들이 회복될 수만 있다면 다시는 선민의 신분을 망각하지 않고 살아가리라고 다짐했습니다. 포로살이를 끝내고 귀환한 이들이 학사 에스라를 중심으로 오늘날의 유대교에 해당하는 종교생활을 시작한 것은 바로 그런 이유에서였습니다.

조금 장황했습니다만, 이런 사정들을 감안한다면, 유다 백성의 포로살이를 무섭고 암울한 징벌로만 해석하는 것은 옳지 않습니다. 오히려 그 기간은 주님이 심판과 징벌을 통해 자신의 백성을 연단하고 거듭나게 하신 소중한 시간이었습니다. 사실 오늘날 세계인들이 부러워하고 감탄하는 이스라엘 백성의 탁월한 민족성은 바로 그 기간에 싹튼 겁니다. 그 이전의 이스라엘 백성은 어느 의미에서도 뛰어난 민족이 결코 아니었습니다. 그들은 주님의 선민이었음에도 허접하고 불량하기 짝이 없었습니다. 오죽했으면 그들을 택하셨던 주님으로부터 심판을 받았겠습니까? 하지만 그럼에도 주님은 그들을 포기하지 않으셨습니다. 그분은 심판과 징벌을 통해 그들을 단련시키셨고 오늘날과 같은 민족으로 재탄생시키셨습니다. 그러므로 때로 주님이 주시는 고통은 은혜일 수도 있습니다.

하나님의 힐링을 대하는 자세

땅콩 이 시대에 고통당하는 이들을 위해 한 말씀 해주시기 바랍니다. 하나님의 구원, 요즘 유행하는 용어로 '힐링'을 대하는 우리의 자세는 어떠해야 하겠습니까?

예레미야 세 가지를 말씀드리고 싶습니다. 첫째, 고통이 우리의 죄에 대한 주님의 심판임을 기억하시기 바랍니다. 많은 이들이 고통을 죄에 대한 심판이 아닌 우발적 사건이나 운명으로 여기는 경향이 있습니다. 그러나 고통을 그렇게 여기는 이들에게는 아무런 답이 없습니다. 그저 그런 재수 없는 사건이나 운명이 자신을 피해가기만을 바랄 뿐이죠. 그러나 지금 당하고 있는 고통을 주님의 심판이라고 여기는 이에게는 희망이 있습니다. 그런 이들은 자비하시고 은혜가 풍성하신 주님이 그 심판을 철회하거나 감해주시기를 기대할 수 있기 때문입니다. 그리고 무엇보다도 주님이 그 심판을 통해 우리를 치유하고 계시다고 믿을 수 있기 때문입니다. 물론 어떤 고통은 '나의' 죄와 무관하게 다가오기도 합니다. 그러나 그런 고통조차 결국은 '우리의' 죄와 상관이 있습니다. 내가 당하는 고통은 나의 이웃이나 내가 속한 공동체가 지은 죄에 대한 주님의 심판일 수 있습니다. 하지만 그런 경우에도 우리는 여전히 주님의 은혜와 자비에 의지할 수 있습니다.

둘째로, 심판의 결과를 감내하십시오. 자신의 고통은 치유되기를 원하면서 자기가 다른 이들에게 입힌 상처와 고통에 대해서는 나 몰라라 하는 것은 위선입니다. 또한 자기가 지은 죄에 대한 심판을 면하려 하는 것은 뻔뻔한 것입니다. 그런 이들은 절대로 주님의 구원을 경험할 수 없습니다. 주님이 인색해서가 아니라 그들이 용서받을 자격이 없기 때문입니다. 남의 눈에서 피눈물이 나게 해놓고 자기는 죄책감조차 느끼지 않기를 바라는 자들은 결코 주님의 구원을 경험할 수 없습니다. 주님은 밧세바와 간통하고 그녀의 남편을 죽인 다윗을 그냥 용서해 주시지 않았습니다. 다윗은 나단 선지자를 통해 질책과 비난을 받았고, 수없이 많은 날들을 죄책감에 짓눌려야 했으며, 간통을 통해 얻은 자식을 잃어야 했습니다. 다윗은 주님께 용서를 간구했고 주님은 그를 용서하셨지만 그가 지은 죄의 결과는 고스란히 그의 몫이었습니다. 만약 주님이 그가 용서를 빌었다는 이유만으로 그에게 무조건적이고 즉각적인 용서를 허락하셨다면, 아마도 우리는 그런 주님을 신뢰할 수 없을 겁니다. 우리가 주님을 신뢰할 수 있는 것은 그분이 '사랑의 하나님'이실 뿐 아니라 '공의의 하나님'이시기 때문입니다. 용서를 빌었다는 이유만으로 무조건 죄를 용서해 주시는 하나님은 결코 좋은 하나님이 아니십니다. 그런 하나님은 강하고 악한 자들의 하나님일 수는 있으나 약하고 억울한 자들의 하나님은 될 수 없습니다.

셋째, 그럼에도 희망을 잃지 말고 주님께 간구하십시오. 죄를 지은 자들은 죄에 대한 용서를 간구해야 합니다. 우발적 사건이나 운명은 우리가 어떻게 할 수 없으나, 우리의 죄에 대한 주님의 심판은 철회되거나 감해질 수 있습니다. 그러니 주님께 죄를 자복하고 용서를 간구해야 합니다. 자신의 죄 때문이 아니라 억울하게 고통을 당하는 자들 역시 주님 앞에 무릎 꿇고 기도해야 합니다. 그럴 경우 우리는 주님이 그 고통을 통해 이루고자 하시는 일에 대해 눈을 뜰 수도 있고, 때로는 그 고통이 우리를 주님의 종으로 만드시기 위한 훈련임을 깨달을 수도 있습니다. 앞에서 땅콩 선생이 언급하신 구절이지만, 제가 다시 한 번 인용하겠습니다. 주님은 고통당하는 모든 이들을 향해 이렇게 말씀하십니다.

너는 내게 부르짖으라.

내가 네게 응답하겠고

네가 알지 못하는 크고 은밀한 일을

네게 보이리라. (33:3, 개역개정역)

희망을 잃지 않기 위해서는 무엇보다도 우리의 관심을 우리를 향한 주님의 선하신 뜻에 집중시켜야 합니다. 그 뜻에 대한 비전을 잃으면 엄혹한 현실에 짓눌려 넘어질 수밖에 없기 때문입니다. 주님은 바빌로니아 군대의 침략으로 황폐해진 땅에서 절망하는 유다 백성들에게 자신의 선하신 뜻에 대한 비전을 주셨습니다. 우리가 지금까지 이야기 나눈 '작은 위로의 책'의 내용이 바로 그 비전의 내용입니다. 오래전에 유다 백성에게 이런 벅찬 비전을 제공해 주신 분은 온 우주를 창조하시고 세상의 모든 역사를 주관하시는 만군의 주님이십니다. 그리고 그분은 지금도 우리에게 같은 일을 하고 계십니다. 그분은 우리가 자신에게 얼굴을 돌리고 용서와 치유를 간구하기를 바라십니다. 그래서 제2이사야는 바빌로니아 포로 공동체 사람들에게 주님의 새 일을 선포하면서 이렇게 말했던 겁니다.

너희의 하나님을 보라. (사 40:9, 개역개정역)

하나님의 힐링은 우리가 그분을 바라보고 그분께 자비와 은혜를 간구할 때 시작됩니다. 기도는 신자들이 갖고 있는 최강의 무기입니다.

11. 죄와 벌

―――――――――――――――― 땅콩   이제 마침내 유다 왕국의 멸망에 대한
이야기를 해야 할 것 같습니다. 북왕국 이스라엘이 주전 722년에 이
미 망한 상태였기에 남왕국 유다의 멸망은 곧 주님의 백성 이스라엘
전체의 몰락을 의미합니다. 매우 안타깝고 고통스러운 이야기가 될
것 같은데, 어디에서부터 시작해야 할까요?

예레미야   이스라엘 민족의 몰락이 주는 교훈에서부터 시작하죠.

땅콩   예언자님은 그 교훈을 뭐라고 보십니까?

예레미야   죄에는 반드시 벌이 따른다는 겁니다. 주님은 결코 죄를 묵
인하시지 않습니다. 그것은 그분의 거룩하신 본성에 어긋나기 때문입
니다. 물론 그분은 인간의 연약함을 아시기에 오래 참고 기다리십니
다. 그리고 죄인들이 회개하고 돌이키면 기꺼이 그들의 죄를 용서하
십니다. 하지만 회개하지 않고 죄를 거듭하는 자들은 용서받을 길이
없습니다. 그런 이들에게는 심판 외에는 다른 길이 없습니다. 유다의
멸망은 바로 그 엄중한 사실을 우리에게 가르쳐 줍니다.

땅콩　그 말씀은 지당하기는 하나 두렵기도 합니다. 인간은 연약한 존재인지라 아무리 애를 써도 본성상 어쩔 수 없이 죄를 짓습니다. 종교개혁 이전의 루터가 그렇게 죄의식에 사로잡혀 고통을 당하지 않았습니까? 죄의식을 느낄 때마다 고해성사를 하다가 지쳐서 절망했고요. 그럼에도 예언자님은 우리가 주님 앞에서 늘 그렇게 죄를 의식하며 살아야 한다고 말씀하시는 건가요?

예레미야　아닙니다. 우리 중 그 누구도 그렇게 살 수는 없습니다. 그리고 만약 어떤 이가 실제로 그렇게 살고 있다면, 그 사람은 경건하다기보다 강박증에 걸려 있는 겁니다. 제가 보기에는 종교개혁 이전의 루터 역시 그런 강박증을 앓고 있었습니다.

땅콩　그렇다면 예수님이 우리에게 "여자를 보고 음욕을 품는 사람은, 누구나 이미 마음으로 그 여자와 간음한 것이다"(마 5:28)라고 말씀하신 것은 어떻게 해석해야 합니까? 신체 건강한 남자들 중 여자를 보고 음욕을 품지 않는 사람이 있을까요? 저는 여자가 아니라 잘 모르겠으나 그런 사정은 여자들도 마찬가지 아닐까요? 그런데 만약 어떤 이가 이성에게 호기심을 갖고 그로 인해 음욕을 느끼는 게 간음이라면, 도대체 우리 중에 간음죄로 고발당하지 않을 사람이 어디에 있겠습니까?

예레미야　성경 본문을 맥락과 상관없이 문자적으로 해석하면 그런 질문을 하게 될 수 있습니다. 그러나 예수님이 그 말씀을 하신 것은 사람들 모두를 간음죄로 정죄하시기 위함이 아니었습니다. 오히려 그분은 그 말씀을 통해 사람들이 하나님 나라의 기준에 얼마나 못 미치는지, 몇 가지 율법을 지키고 우쭐대는 게 얼마나 가소로운 일인지,

따라서 그들에게 얼마나 큰 은혜가 필요한지를 알려주고자 하셨던 겁니다. 명색이 예언자인 저도 청년 시절에 마을 처녀들에게 성적 호기심을 느꼈습니다. 또한 저는 주님으로부터 결혼하지 말라는 명령을 받아 죽을 때까지 미혼 상태였음에도(16:1-2), 사역 기간 내내 성욕에 시달렸고 음탕한 생각에 빠지기도 했습니다. 그렇다면 제가 돌에 맞아 죽어야 할 간음죄를 지은 걸까요? 아닙니다. 죄를 그런 식으로 생각하는 것은 지나친 강박증입니다.

땅콩 하지만 그런 말씀은 죄를 너무 가볍게 여기는 결과를 낳지 않을까요?

예레미야 오해하지 마시기 바랍니다. 저는 음욕이 별것 아니라고 말하는 게 아닙니다. 음욕을 방치하다 보면 실제적 간음으로 이어질 수 있습니다. 그러므로 우리는 가능한 한 음탕한 생각을 떨쳐내기 위해 노력해야 합니다. 그러나 아무리 애쓸지라도 우리 중에서 음욕으로부터 완전히 벗어날 수 있는 사람은 아무도 없습니다. 그것은 우리가 어찌할 수 없는 생래적 욕구이기 때문입니다. 하지만 우리 주님은 연약한 인간의 그런 욕구를 문제 삼아 우리를 벌하시는 분이 아닙니다. 또 우리가 분명하게 알아야 할 것은, 죄에 경중이 있듯 벌에도 경중이 있다는 점입니다. 우리 주님은 어떤 이가 형편이 어려워서 십일조를 떼먹었다고 지옥에 보내시거나, 술 좀 마시고 담배 좀 피웠다고 인두로 지지시거나, 여자를 보고 음욕을 품었다고 두 눈을 뽑아내시는 분이 아닙니다. 제가 아는 한, 우리 주님은 그런 잘못을 저지른 자들에게 "예끼, 이놈" 하고 꿀밤 한 대 먹이신 후 더 큰 사랑으로 품어주시는 분입니다.

심판을 초래하는 죄

땅콩 그렇다면 예언자님이 말씀하시는 죄, 즉 한 나라의 멸망을 초 래할 만큼 심각한 죄란 어떤 것입니까?

예레미야 공동체의 근간을 뒤흔드는 죄입니다. 그리고 그런 죄는 대 개 '개인적 성결'이 아니라 '사람과 사람 사이의 문제'와 관련되어 있 습니다. 이런저런 방식으로 사람들을 고통스럽게 함으로써 그들의 눈 에서 피눈물을 흘리게 하는 죄악들 말입니다. 주님은 자기 백성의 피 눈물과 신음에 매우 예민하십니다. 주님은 가인이 제대로 된 제사를 드리지 않았다는 이유로 그를 벌하지 않으셨습니다. 그저 그의 제사 를 받지 않으셨을 뿐입니다. 그러나 가인이 그의 동생 아벨을 죽였을 때 주님은 돌변하셨습니다. 주님은 가인에게 "너의 아우의 피가 땅에 서 나에게 울부짖는다"(창 4:10)라고 질책하시며 그를 벌하셨습니다. 또 그분은 이집트에서 종살이하던 이스라엘 백성이 고통을 호소하자 그들의 부르짖음에 응답하셨습니다. 그분은 모세를 불러 이렇게 말씀 하셨습니다. "나는, 이집트에 있는 나의 백성이 고통받는 것을 똑똑히 보았고, 또 억압 때문에 괴로워서 부르짖는 소리를 들었다"(출 3:7). 그 리고 모세를 시켜 이스라엘 백성을 해방시키시고 그동안 그들을 억 압했던 이집트 사람들에게 재앙을 내리셨습니다.

땅콩 제사 또는 예배의 문제는 어떻습니까? 제사나 예배를 잘못 드 리는 것 역시 주님의 심판의 대상이 되지 않을까요? 구약의 많은 예 언자들이 이스라엘의 패망 원인을 우상 숭배에서 찾고 있기에 드리 는 질문입니다만……

예레미야　우상 숭배는 주님이 혐오하시는 아주 심각한 죄입니다. 주님은 사람들이 자신을 금송아지나 바알이나 록펠러의 하나님과 동일시하는 것에 진노하십니다. 그러나 우리가 우상 숭배와 관련해 분명하게 알아야 할 것은, 주님이 우상 숭배에 진노하시는 이유가 단순히 그분의 질투심 때문만은 아니라는 겁니다. 모든 우상 숭배의 근본적인 동기는 탐욕이고, 탐욕은 반드시 사람들을 타락시켜 죄를 짓게 합니다. 그러므로 결국 잘못된 제사나 예배의 문제 역시 단순히 개인의 성결과 관련된 문제가 아니라 사람과 사람 사이의 문제이고 더 나아가 공동체의 문제입니다. 그리고 주님은 사람들이 자신들의 탐욕을 충족시키기 위해 다른 이들을 해치는 사회나 공동체를 절대로 그냥 놔두시지 않습니다.

매국과 애국 사이

땅콩　유다가 심판을 받아 멸망한 것도 그런 이유 때문이겠군요. 그러면 이제 유다의 마지막 상황에 대해 여쭙겠습니다. 유다의 최종적인 멸망으로 이어진 바빌로니아의 제2차 침공은 어떻게 진행되었습니까?

예레미야　시드기야의 반역에 분개한 느부갓네살이 유다로 군대를 보낸 것은 주전 588년 1월이었습니다. 이미 10년 전에 바빌로니아 군대의 가공할 위력을 경험한 바 있는 유다 백성은 감히 그들과 맞설 엄두를 내지 못했습니다. 그저 성문을 걸어 잠근 채 하루하루 버티고 있었을 뿐입니다. 그런 상황에서 시드기야는 이집트 왕 호브라에게 사람을 보내 약속했던 군사적 지원을 요청했습니다. 사실 호브라가 부추기지 않았더라면, 시드기야는 바빌로니아에 대적할 생각을 하지 못했을 겁니다. 그동안 저는 누차 시드기야에게 공연한 짓 하지 말고 바빌로니아의 통치를 받아들이라고 권했으나 소용이 없었습니다. 시드기야 주변의 호전적인 민족주의자들이 계속해서 그에게 싸움을 부추겼기 때문이죠. 그들은 이집트가 도와주기만 하면 자기들이 바빌로니아를 물리칠 수 있다고 주장했습니다.

주전 588년 여름, 드디어 이집트 왕 호브라의 군대가 움직였습니다. 그 소식에 예루살렘 성 안에 갇혀 있던 이들은 크게 환호했습니다. 그러나 그 환호는 오래가지 않았습니다. 호브라는 시드기야와의 약속을 지키기 위해서가 아니라 체면치레를 위해 잠시 군대를 움직였던 것이기 때문입니다. 사실 그는 그렇게 하지 않을 수 없었습니다. 곤경에 처한 유다가 도움을 요청하는데 모른 척한다면, 이후로는 팔레스타인 지역에 대해 그 어떤 영향력도 행사할 수 없게 될 테니 말입니다.

어쨌거나 이집트 군대가 움직이자 바빌로니아는 예루살렘에 대한 봉쇄를 풀지 않을 수 없었습니다. 아무리 이빨 빠진 호랑이일지라도 이집트는 여전히 근동의 전통적인 강국이었고, 그런 군대와 맞서려면 군사들을 결집시킬 수밖에 없었기 때문입니다. 그로 인해 예루살렘은 다시 자유를 얻을 수 있었습니다.

그렇게 봉쇄가 풀려 있던 어느 날, 시드기야가 저에게 사람을 보냈습니다. 시드기야는 저에게 이 난국을 타개하기 위해 주님께 기도를 드려달라고 요청했습니다(37:3). 그리고 혹시 주님이 유다의 미래와 관련해 주신 말씀이 없느냐고 물었습니다. 아마도 그는 예루살렘에 대한 봉쇄가 풀린 것을 좋은 징조로 여겼던 것 같습니다. 그러나 저는 시드기야가 보낸 이들에게 주님의 다음과 같은 말씀을 전했습니다.

> 너희를 도우려고 출동한 바로의 군대는 제 나라 이집트로 돌아갈 것이다. 그러나 바빌로니아 군대는 다시 와서 이 도성을 공격하여 점령하고 불 질러 버릴 것이다. 나 주가 이렇게 말한다. 너희는 바빌로니아 군대가 틀림없이 너희에게서 떠나갈 것이라고 생각함으로써, 너희 자신을 속이지 말아라. 그들은 절대로 철수하지 않을 것이다. (37:7-9)

땅콩   시드기야의 실망이 아주 컸겠네요?

예레미야   시드기야뿐 아니라 유다 백성 전체가 그랬을 겁니다. 사실 그때 저는 오래전에 이사야 선배가 했던 것처럼 말하고 싶었습니다. "걱정 마라. 주님이 너희를 지켜주실 것이다. 바빌로니아는 그들의 나라로 도망칠 것이다"라고 말입니다. 아닌 말로, 유다가 망하면 저 역시 망하는 것 아닙니까? 그러나 그럴 수 없었습니다. 유다에 대한 주님의 심판은 이미 시작되었고 더 이상은 그 어떤 식으로도 지연시키거나 멈출 수 없었기 때문입니다.

땅콩   아무리 불가피했을지라도, 자신의 동포에게 적에게 항복하라고 말하는 일이 쉽지는 않았을 것 같습니다. 민감한 질문이기는 하나 여쭙겠습니다. 우리나라의 근대사 속에도 상황의 불가피성을 들어 일본과의 합방을 주장했던 이들이 있었습니다. 그런데 지금 우리는 그들을 '을사오적'(乙巳五賊)이라는 불명예스러운 명칭을 사용해 부르고 있습니다. 한마디로, 나라 팔아먹은 도둑놈들이라는 뜻이지요. 을사오적들의 주장과 예언자님의 주장은 어떻게 다릅니까? 겉보기에는 별 차이가 없어 보이는데…….

예레미야 간단합니다. 조선이 일본에 합병된 것은 주님의 뜻이 아니었습니다. 본질적으로 한일합방은 주님의 뜻과 아무 상관이 없습니다. 그것은 세계사 속에서 반복해서 일어났던 약육강식의 역사의 일부였을 뿐입니다. 따라서 한국인들이 그런 상황에 맞서 목숨을 걸고 싸운 것은 아주 장한 일이었습니다. 그러나 유다의 경우는 달랐습니다. 그들은 주님이 그들에게 주신 선민의 지위와 사명을 망각하고 주님의 거듭되는 경고에도 불구하고 계속해서 그분의 뜻을 거스르다가 멸망한 겁니다. 그러므로 조선이 일본제국에 합병된 것은 세상에서 여전히 위세를 부리는 악의 결과였고, 유다가 바빌로니아에게 망한 것은 그들의 잘못에 대한 주님의 심판이었던 겁니다.

을사오적과 저의 차이 역시 간단합니다. 을사오적은 나라를 팔아 사리와 사욕을 채운 자들입니다. 그들은 일본제국으로부터 귀족의 지위와 중추원 고문이라는 직책과 막대한 재산을 하사받았다지요? 말 그대로 그들은 제 한 몸 잘 먹고 잘 살겠다고 나라를 팔아먹은 겁니다. 하지만 저는 바빌로니아로부터 아무것도 받지 않았습니다. 예루살렘이 함락된 직후 바빌로니아의 장수가 저에게 모종의 혜택을 주고자 했으나 저는 그 제안을 거부했습니다. 그리고 당시에 제가 택할 수 있었던 길들 중 가장 좋지 않은 길을 택해 백성들과 함께 고통을 당했습니다(40:1-6). 제가 유다 백성에게 항복을 권했던 것은 바빌로니아에 잘 보여 영화를 누리기 위해서가 아니라 어떻게든 백성들의 희생을 막기 위해서였습니다. 1퍼센트의 승산도 없는 싸움을 고집하다가 죽는 것은 그야말로 개죽음일 뿐입니다. 더구나 당시에 유다는 억울한 고통이 아니라 주님의 심판을 받고 있는 상황이었습니다. 그러므로 당시로서는 바빌로니아의 멍에를 메는 것만이 유일하게 합당한 길이었습니다.

투옥

땅콩 예루살렘이 함락되기 직전에 큰 고초를 겪으신 것으로 알고 있습니다만······.

예레미야 그랬습니다. 저는 예루살렘에 대한 봉쇄가 풀린 틈을 타 고향 아나돗에 다녀오려 했습니다(37:11-16). 하나멜에게서 구입한 밭도 둘러보고 다른 상속재산의 문제도 있고 해서 꼭 다녀와야 할 형편이었습니다. 그런데 아나돗으로 내려가기 위해 예루살렘 성문을 나설 때 성전 문지기들이 저를 붙잡았습니다. 그들은 제가 바빌로니아 군대에 항복하러 가는 것이라며 고관들에게 저를 고발했습니다. 그러자 안 그래도 저를 못마땅하게 여기던 고관들은 이적행위에 대한 누명을 씌워 저를 지하감옥에 처넣었습니다. 아무리 아니라고 주장해도 소용이 없었습니다. 그들은 이참에 저를 가둬 제가 더 이상 백성들에게 항복을 권유하지 못하게 할 계획이었습니다.

그런데 며칠 후 시드기야가 저에 대한 소식을 들었습니다. 그는 즉시 사람들을 시켜 저를 옥에서 빼냈습니다. 그리고 왕궁으로 불러들인 후 은밀하게 물었습니다. "주께서 무슨 말씀을 하신 게 없습니까?" (37:17). 아마도 그는 저에게서 유다의 미래에 대한 좋은 소식을 듣고 싶었던 것 같습니다. 그러나 제가 그에게 해줄 수 있는 유일한 말은 어서 항복하고 바빌로니아의 멍에를 메라는 것뿐이었습니다. 그는 무척 실망했으나 저를 근위대 뜰에 머물게 해주었습니다.

그런데 곧 고관들이 들고 일어났습니다. 그들은 왕을 찾아가 어째서 요설(饒舌)로 유다 백성의 사기를 떨어뜨리는 자를 그렇게 대우하느냐고 따졌습니다. 허수아비 왕 시드기야는 그들의 말을 무시할 수 없었기에 다시 저를 그들에게 내주었습니다. 그들은 즉각 저를 왕자 말기야의 집 물웅덩이 속으로 집어던졌습니다. 다행히 그곳에 물이 차 있지 않아 목숨을 잃지는 않았지만, 누군가가 꺼내주지 않는 한 꼼짝없이 갇혀 있다가 굶어죽을 수밖에 없는 상황이었습니다.

땅콩 예언자님에게 닥쳤던 일들 중 가장 위급한 상황이었겠네요?

예레미야 그렇습니다. 사실 그때 저는 그 웅덩이가 저의 무덤이 될 거라고 생각했습니다. 캄캄한 웅덩이 속에서 꿇어 엎드리자 오래전에 엘리야의 입에서 나왔던 기도가 절로 나왔습니다. "주님, 이제는 더 바랄 것이 없습니다. 나의 목숨을 거두어 주십시오"(왕상 19:4). 저는 정말 더 살고 싶은 마음이 없었습니다. 그동안 예언 활동을 하느라 심신이 지쳐 있었을 뿐 아니라, 그곳에서 살아서 나간다 한들 저를 기다리는 게 고통뿐이라는 것을 알았기 때문입니다.

그런데 주님은 제가 그곳에서 죽는 것을 허락하지 않으셨습니다. 당시에 왕의 내시로 있던 에티오피아 사람 에벳멜렉이 시드기야에게 저의 사정을 알렸습니다. 그는 만약 왕이 저를 그대로 방치한다면 제가 곧 굶어죽을 거라고 말했습니다. 그러자 귀 얇은 시드기야가 다시 마음을 바꿨습니다. 그는 에벳멜렉에게 사람들을 데리고 가 저를 구해내라고 명했습니다. 에벳멜렉은 왕의 명령대로 저를 물웅덩이에서 건져냈고 다시 근위대 뜰 안에서 지내게 해주었습니다.

며칠 후 시드기야가 다시 저를 불러 물었습니다. "내가 무엇을 어찌해야 하겠습니까?" 참 답답한 사람이었습니다. 저는 그 질문과 관련해 이미 여러 차례 그에게 답을 주었습니다. 그럼에도 그는 그것을 답으로 여기지 않은 채 여전히 '자기가 원하는 답'을 찾고 있었던 겁니다. 주님을 떠난 인간은 그렇게 어리석습니다. 저는 시드기야에게 이렇게 말해주었습니다. "부디 제가 임금님께 전하여 드린 주님의 말씀에 순종하십시오. 그래야 임금님께서 형통하시고, 임금님의 목숨도 구하실 것입니다"(38:20). 하지만 그는 끝내 순종하지 않았습니다. 참으로 안타까운 일이었습니다.

왕국의 몰락

땅콩 이제 예루살렘의 완전한 함락에 대한 이야기를 해야 할 것 같습니다. 우선 당시의 상황을 설명해 주시겠습니까?

예레미야 주님의 말씀처럼(37:6-10), 바빌로니아 군대가 다시 돌아왔습니다. 이집트 군대는 애당초 바빌로니아의 적수가 되지 못했습니다. 특히 이집트 왕 호브라는 유다를 위해 자신의 군대를 희생시킬 생각이 없었습니다. 이집트 군대는 몇 번 싸우는 척하다가 본국으로 돌아가고 말았습니다. 이집트를 물리친 바빌로니아는 다시 예루살렘을 에워쌌습니다. 그리고 이듬해인 주전 587년 7월에 바빌로니아 군대가 예루살렘 성벽을 무너뜨리고 물밀듯 성 안으로 쳐들어 왔습니다. 그 이후의 상황은 말씀드리고 싶지 않습니다. 그때 예루살렘 백성들은 인간이 겪을 수 있는 모든 참혹한 일들을 다 겪어야 했습니다. 그때 저는 또다시 주님이 소리 내어 우시는 소리를 들었습니다. 자기 백성이 몰락하는 모습을 바라보는 주님의 마음이 무너져 내리고 있었습니다.

땅콩 유다 백성들이 겪은 일들에 대한 설명은 그만두시더라도, 유다 왕국의 역사를 정리하는 차원에서 시드기야와 관련된 이야기는 해주시면 좋겠습니다.

예레미야 시드기야는 정말 그답게 행동했습니다. 그는 한밤중에 근위대 소속 군사들의 호위를 받으며 도망을 쳤습니다(39:4; 왕하 25:1-12). 그동안 바빌로니아에 맞서 싸우자며 목소리를 높였던 고관들도 함께였습니다. 하지만 그들은 탈출에 성공하지 못했습니다. 그들은 여리고 부근에서 바빌로니아 군사들에게 붙잡혔고, 당시 하맛 땅 립나에 머물고 있던 느부갓네살 왕 앞으로 모두 끌려갔습니다. 느부갓네살은 시드기야를 심문한 후 그가 보는 앞에서 그의 아들들과 측근들을 모두 죽였습니다. 당시 시드기야의 나이가 서른둘밖에 되지 않았습니다(참고. 대하 36:11). 그러니 그의 자식들은 어렸고 그들 중에는 젖먹이도 있었습니다. 시드기야는 할 수만 있다면 그 자식들 대신 자기가 죽고 싶었을 겁니다. 이어서 느부갓네살은 시드기야의 두 눈을 뽑은 후 짐승처럼 쇠사슬에 묶어 바빌로니아로 끌어갔습니다. 주님께 불순종했던 자의 마지막은 그렇게 무섭고 비참했습니다.

하지만 여기에서 우리가 주목해야 할 것은 시드기야의 개인적인 비극이 아니라 그가 공식적으로 대표했던 것, 즉 주님의 백성 유다, 아니 더 나아가 이스라엘 전체의 몰락입니다. 죄는 개인뿐 아니라 공동체를 무너뜨릴 수 있습니다. 그리고 공동체가 무너지고 나면 개인이 아무리 애를 쓸지라도 절대로 복된 삶을 살아갈 수 없습니다. 실제로 이스라엘 백성은 주전 587년 이후 아주 오랜 세월을 나라 없는 민족으로 고통 속에서 살아야 했습니다. 그들의 삶이 얼마나 고통스러웠는지는 새삼 논할 필요가 없을 정도입니다. 이스라엘 민족은 다른 이들의 부러움을 살 만한 민족이 결코 아닙니다. 그들은 인류 역사상 가장 큰 불행을 겪은 민족입니다. 그리고 그 원인은 그들 자신의 죄였습니다.

개인의 구원

땅콩 한 가지 의문이 듭니다. 사람이 자신의 공동체를, 아니 좀 더 정확히 말해 자신의 가정이나 조국을 선택할 수 있는 게 아니지 않습니까? 운 좋게 건강하고 아름다운 공동체에서 출생하고 성장하는 사람도 있지만, 유다처럼 악하고 추한 공동체에서 태어나 살아야 하는 이들도 있지 않습니까? 그럴 경우 어쩔 수 없이 그 공동체의 비극적인 운명을 공유해야 하는데, 그것은 그 공동체에 속한 선한 이들에게는 부당한 것 아닌가요?

예레미야 유다 말기나 포로기에도 땅콩 선생과 같은 의문을 품었던 이들이 있었습니다. 그들은 당시에 유행하던 속담을 인용해 이렇게 말했습니다. "아버지가 신포도를 먹었기 때문에, 자식들의 이가 시게 되었다"(31:29; 겔 18:1). 자신들이 당하는 고통이 자신들의 잘못이 아니라 조상들의 잘못 때문이라는 거였죠. 물론 제가 보기에는 당시에 실제로 그런 말을 할 만한 자격이 있는 사람은 거의 없었습니다. 하지만 논리적으로만 보자면 그들의 말이 완전히 틀린 것은 아니었습니다. 제가 알지 못하는 의인들이 있었을 수도 있으니까요(참고. 왕상 19:18).

사실 우리가 악한 공동체 안에서 선하게 살아가는 것은 무척 어려운 일입니다. 어려운 정도가 아니라 거의 불가능하지요. 우리가 개인의 성결뿐 아니라 공동체의 정의를 위해서 애써야 할 이유가 거기에 있습니다. 공동체가 부정과 불의와 부패로 가득 차 있을 때 개인에게 성결한 삶을 요구하거나 기대하는 것은 무리입니다. 때로 그런 요구는 무력한 개인들에게 감당하기 어려운 짐을 지우는 것이 될 수 있습니다. 그럼에도 저는 그들에게 어렵더라도 바르게 살기 위해 애쓰라는 말씀을 드릴 수밖에 없습니다. 아마도 그들을 위한 말은 저보다도 바울 사도에게 듣는 것이 나을 것 같습니다. 바울은 갈라디아 교인들에게 이렇게 말했습니다.

선한 일을 하다가, 낙심하지 맙시다. 지쳐서 넘어지지 않으면, 때가 이를 때에 거두게 될 것입니다. (갈 6:9)

안타깝기는 하나 불의한 공동체 안에서 바르게 살고자 하는 이들이 의지할 수 있는 것은 그런 소망 외에 별다른 것이 없습니다. 스스로 주님이 원하시는 선한 길을 알고 있다고 믿는 자들은 어렵더라도 끝까지 그 길을 가야 합니다. 그러다 보면, 설령 그들의 공동체는 망할지라도, 그들 자신만은 구원을 얻을 수도 있습니다.

땅콩 실제로 그런 경우가 있었나요?

예레미야 있었습니다. 제가 아는 두 사람이 그런 구원을 얻었습니다.

땅콩 그들이 누굽니까?

예레미야 한 사람은 좀 전에 말씀드렸던 에티오피아인 환관 에벳멜렉입니다. 그는 이방인이었음에도 선한 일에 열의를 보였습니다. 당시에 유다의 실제적 권력은 왕이 아니라 고관들에게 있었습니다. 그러니 힘없는 왕의 환관 따위가 고관들의 뜻을 거스르는 것은 매우 위험한 일이었습니다. 그럼에도 에벳멜렉은 위험을 감수하고 저의 문제를 왕에게 보고해 저를 살려냈습니다. 그리고 주님은 에벳멜렉의 선한 행위를 잊지 않으셨습니다. 예루살렘이 함락되기 직전에 주님은 저에게 이렇게 말씀하셨습니다.

너는 저 에티오피아 사람 에벳멜렉에게 가서, 이와 같이 전하여라. "나 만군의 주, 이스라엘의 하나님이 이렇게 말한다. 보아라, 내가 이 도성에 복이 아니라 재앙을 내리겠다고 선포하였는데, 이제 내가 한 그 말을 이루겠다. 이 일이 바로 그날에, 네가 보는 앞에서 일어날 것이지만, 바로 그날에 내가 너를 건져내어, 네가 두려워하는 사람들의 손아귀에 들어가지 않도록 하겠다. 나 주의 말이다. 오히려 내가 너를 반드시 구해서, 네가 칼에 죽지 않게 하겠다. 네가 나를 의지하였기 때문에, 내가 너의 생명을 너에게 상으로 준다. 나 주의 말이다." (39:16-18)

에벳멜렉은 왕의 최측근이었습니다. 따라서 느부갓네살이 시드기야의 측근들을 죽일 때(39:6), 가장 먼저 죽임을 당해야 할 사람이었습니다. 그러나 주님은 그에게 생명의 보존을 약속하셨습니다. 저는 그가 구체적으로 어떻게 생명을 보존했는지 모릅니다. 그러나 주님이 약속하셨으니 그대로 이루어졌을 겁니다. 물론 우리가 선한 일을 하는 것이 꼭 훗날 보상을 얻기 위함은 아닙니다. 그러나 주님은 불의한 공동체 안에서라도 신실하게 선을 행하는 이들을 절대로 잊지 않으십니다.

땅콩 또 다른 사람은 누구입니까?

예레미야 서기관 바룩입니다. 그는 제가 불러준 예언을 두루마리에 기록했을 뿐 아니라, 저를 대신해 성전에 들어가 사람들 앞에서 그 내용을 낭독했던 자입니다. 이것은 마치 한국의 유신시대 때 광화문에 정권을 비판하는 대자보를 써 붙인 후 핸드마이크를 들고 큰 소리로 그 내용을 읽어 내려가는 것이나 다름없는 행동이었습니다. 그로 인해 바룩은 저와 함께 지명수배되었고 오랫동안 도피생활을 해야 했습니다. 언젠가 그는 자신의 고달픈 처지를 생각하며 이렇게 탄식했습니다. "주께서 나의 고통에 슬픔을 더하셨으니, 나는 이제 꼼짝없이 죽게 되었구나"(45:3). 하지만 주님은 그의 처지 역시 잊지 않으셨습니다. 그분은 다음과 같은 위로의 말씀으로 그를 위로하셨습니다.

나는, 내가 세운 것을 헐기도 하고, 내가 심은 것을 뽑기도 한다. 온 세상을 내가 이렇게 다스리거늘, 네가 이제 큰일을 찾고 있느냐? 그만두어라. 이제 내가 모든 사람에게 재앙을 내릴 터인데 너만은 내가 보호하여, 네가 어디로 가든지, 너의 목숨만은 건져주겠다. 나 주의 말이다. (45:4-5)

주님은 불의한 상황에서도 바르게 행하는 이들을 잊지 않으십니다. 그러므로 공동체의 죄악에 절망하며 그 죄악에 동참하는 것은 아주 어리석은 짓입니다. 외롭고 힘들더라도 주님이 가르쳐 주신 길을 가는 것만이 구원에 이르는 길입니다.

성전의 붕괴

땅콩 마지막으로 예루살렘 성전의 상황에 대해 여쭙겠습니다. 유다 왕국에서 예루살렘 성전은 아주 특별한 지위를 갖고 있었던 것으로 알고 있습니다만……

예레미야 그렇습니다. 다윗이 물자를 준비하고 그의 아들 솔로몬이 건축한 예루살렘 성전은 이스라엘 백성 가운데 거하시는 하나님의 영광에 대한 징표였습니다(왕상 8:10-13). 이스라엘 백성은 자기들 가운데 성전이 있는 한, 그리고 성전을 세움으로써 주님의 지지를 받았던 다윗의 후손들이 왕좌를 지키고 있는 한, 이스라엘은 절대로 망하지 않는다고 확신하고 있었습니다.

땅콩 그러나 방금 살폈듯 유다 왕조는 바빌로니아에 의해 무너졌지 않습니까? 유다 백성이 믿고 의지했던 두 개의 기둥 중 하나가 무너진 셈인데, 나머지 하나인 예루살렘 성전의 사정은 어떠했습니까?

예레미야 그것 역시 다윗 왕조만큼이나 처참하게 무너졌습니다. 시드기야가 험한 일을 당하고 한 달쯤 지났을 때, 느부갓네살의 근위대장 느부사라단이 일단의 군사들을 이끌고 예루살렘으로 들어왔습니다(왕하 25:8). 그는 군사들을 시켜 예루살렘 성전을 허물고 불태웠습니다. 그들은 성전에 있던 놋바다를 부수고 거기에서 나온 모든 놋을 바빌로니아로 가져갔습니다. 또 성전에서 사용하던 솥과 부삽과 부집게와 대야와 향 접시 등 성전의 모든 기물들 역시 그렇게 했습니다(52:17-18). 이것은 유다 백성들의 집이나 건물을 부수는 것과는 차원이 다른 문제였습니다. 바빌로니아 군인들은 유다 백성들이 그들의 목숨보다도 소중히 여기는 장소를 짓밟고 조롱했던 겁니다. 성전의 붕괴는 이제 유다 백성이 의지할 수 있는 모든 것이 사라졌음을 알리는 상징적인 사건이었습니다.

땅콩 그렇다면 유다는, 아니 이스라엘은 말 그대로 완전히 끝난 셈이었군요.

예레미야 그렇습니다. 물론 아직 살아서 숨을 쉬는 이들이 있었으니 완전한 죽음이라고는 할 수 없지만, 회생불능의 뇌사상태에 들어갔다고 보아야겠죠. 사도 바울의 엄중한 말처럼 "죄의 삯은 죽음"(롬 6:23)입니다.

땅콩 그런데 전에 예언자님은 성전 설교를 통해 당시의 예루살렘 성전을 "도둑들이 숨는 곳"(7:11)이라고 표현하셨습니다. 그렇다면 그때 바빌로니아 군사들이 무너뜨린 것은 '주님의 성전'이 아니라 '도둑들의 소굴'이었던 것 아닐까요?

예레미야 그렇습니다. 주님의 거룩한 성전은 어떤 상황에서도 무너지지 않습니다. 주님의 거룩한 교회 역시 마찬가지입니다. 그러나 가시적인 성전이든 교회든, 만약 그 안에 거룩을 가장한 위선자들이 들끓고 있다면, 그것은 주님과 아무 상관없는 그저 비싸고 화려하고 큰 건물에 불과합니다. 그리고 그런 건물들은 얼마든지 부서지고 무너질 수 있습니다.

헛된 희망의 시대

땅콩 이제 시드기야 시대에 대한 이야기를 마무리해야 할 것 같습니다. 앞에서 예언자님은 종교개혁 이전의 요시야 시대는 '탐욕의 시대', 여호야김 시대는 '거짓 종교의 시대'로 규정해 주셨는데, 시드기야 시대는 뭐라고 표현할 수 있을까요?

예레미야 굳이 이름을 붙이자면 '헛된 희망의 시대'라는 표현을 사용하고 싶습니다. 저는 인간에게 희망이 얼마나 소중한지 알고 있습니다. 제가 온갖 시련과 고난에도 불구하고 예언 활동을 계속할 수 있었던 것은 희망 때문이었습니다. 시드기야 시대의 유다 백성들 역시 저처럼 희망을 갖고 있었습니다. 그러나 그들의 희망은 헛것이었습니다. 때로 그들은 이집트 군대가 자기들을 구해주기를, 또 때로는 바빌로니아가 곧 망하기를 바랐습니다. 또는 그저 막연하게 최후의 상황이 일어나지 않기를 바라기도 했고요. 하지만 그들의 그런 바람은 모두 헛것이었습니다. 그것들은 주님의 말씀에 근거한 '희망'이 아니라 그저 그들이 그렇게 되기를 바라는 것, 즉 아무런 근거도 없는 '소원'에 불과했기 때문입니다. 유다 백성들은 헛된 희망을 품는 대신 그들을 향한 주님의 말씀에 귀를 기울였어야 했습니다. 그리고 그 말씀에 비추어 그들의 삶을 변화시켜야 했습니다. 하지만 그들은 그렇게 하지 않았고, 그로 인해 결국 멸망당하고 말았습니다.

땅콩 참으로 안타까운 일입니다. 마땅히 해야 할 일 대신 헛된 희망에 집착하는 이들이 유념해야 할 사건이기도 하고요. 어, 밖에서 사람들이 웅성거리는 소리가 들리네요. 기도원 집회가 끝난 모양입니다. 아쉽지만 오늘 말씀은 여기까지 들어야 할 것 같습니다. 아마도 내일은 유다의 멸망 이후에 대한 말씀을 듣게 될 것 같네요. 편히 쉬시고 내일 다시 뵙겠습니다.

예레미야 땅콩 선생도 편히 쉬십시오.

4부

이집트 시절

너희가 이 땅에 그대로 머물러 살면, 내가 너희를 허물지 않고 세울 것이며, 내가 너희를
뽑지 않고 심겠다. 내가 너희에게 재앙을 내렸으나, 이제 내가 뜻을 돌이켰다. (42:10)

12. 위대한 사랑

마지막 대화는 어느 교회가 주일예배를 위해 정기적으로 빌려 쓰고 있는
서울 시내의 한 고등학교 강당에서 이루어졌다. 그 교회는 헌금의 대부분
을 지역 주민들을 위한 구제활동에 사용하고 있었다. 강당 문을 열고 들어
오는 예언자의 표정이 밝았다.

―――――――――― 예레미야 안녕하십니까? 제가 조금 늦었습니
다. 이 교회 교인들이 인근 공원에서 노숙인들에게 식사를 제공하고
있다기에 잠깐 살펴보고 오는 길입니다. 교인들이 아주 열심히 봉사
를 하더군요. 참 감사한 일입니다.

땅콩 노숙인들이 많던가요?

예레미야 네, 많더군요. 그런데 서울도 빈부격차가 무척 심한 것 같
습니다. 공원에 가기 전에 백화점 한 곳을 둘러봤는데, 그곳에서 쇼핑

을 즐기는 이들과 공원에서 식사를 하는 이들이 과연 한 공동체의 구성원이 맞는가 하는 의문이 들 정도더군요.

땅콩 역대 정부가 나름대로 애를 썼음에도 빈부격차가 점점 더 심화되고 있어서 저희도 걱정이 많습니다. 우리나라 속담에 "가난 구제는 나라도 못한다"라는 말이 있는데 정말로 그런 것 같습니다.

예레미야 음…… 저는 생각이 조금 다릅니다. 그 속담이 어떻게 해서 생겼는지는 모르나, 제가 보기에 그것은 일종의 핑계가 아닌가 싶습니다.

땅콩 핑계라고요?

예레미야 네, 제가 보기에는 그렇습니다. 그것은 가난의 문제를 해결하려는 의지가 없는 이들이 둘러대는 말에 불과합니다. 어느 공동체가 그 구성원들 모두를 부자로 만들기는 어렵습니다. 아니, 어려운 정도가 아니라 불가능합니다. 그러나 사람들이 조금씩만 노력하면, 가난이 못 견딜 정도로 고통스럽거나 심각한 사회문제가 되는 것은 막을 수 있습니다. 적어도 가난한 자들이 절망에 빠져 자포자기하지 않게 할 수는 있습니다.

땅콩 "조금씩만 노력하면"이라고 하셨는데, 구체적으로 어떤 노력이 필요한 겁니까?

예레미야 별로 어렵지 않습니다. 공동체의 구성원들이 삶의 수준을 조금씩만 낮추는 겁니다. 아니, 낮추지 않아도 좋아요. 더 높이려고 애쓰지만 않으면 됩니다. 그리고 더 높이기 위해 필요했던 물질로 가난한 이들을 돕는 겁니다. 그렇게 하면, 비록 가난의 문제를 완전히 해결하지는 못할지라도, 적어도 그로 인한 갈등이나 위기는 현저하게 줄일 수 있습니다. 무엇보다도 가난한 자들이 절망에 빠지지 않고 다시 일어설 힘을 얻을 수 있습니다.

땅콩 삶의 수준을 낮춘다고요……? 높이려고 애쓰지 않는다고요……? 대단히 죄송한 말씀이지만, 그것은 예언자님이 현대인들의 가치관이나 사고방식을 모르셔서 하시는 말씀으로 들립니다. 요즘 사람들이 가장 중요하게 여기는 것이 바로 '개인의 행복'입니다. 그런 이들에게 남을 돕기 위해 자신들의 삶의 규모를 줄이고 수준을 낮추는 일은 절대로 쉽지 않습니다. 남을 돕는 것도 우선 내가 만족한 후에야 할 수 있다고 여기는 게 현대인들입니다.

예레미야 그렇게 단정적으로 말해서는 안 됩니다. 이 교회만 하더라도 땅콩 선생의 말이 얼마나 부적절한지를 잘 보여줍니다. 오늘날 대부분의 교회들이 엄청난 돈을 들여 예배당 건축에 몰두하고 있는 상황에서 이 교회는 이미 여러 해 동안 헌금의 대부분을 이 지역의 가난한 이들을 돕는 데 사용해 왔습니다. 예배당이 없어서 학교 강당을 빌려 쓰고 있으면서 말입니다.

땅콩 그러나 제가 알기로는 이 교회 교인들 중에도 잘사는 이들이 꽤 많습니다. 이런 말을 하는 게 조심스럽기는 합니다만, 가끔 저는 이분들이 개인적으로 남부럽지 않을 만큼 좋은 집에 살면서 주일마다 고등학교 강당을 빌려 예배를 드리고 노숙인들에게 급식봉사를 하는 게 위선이 아닌가 하는 생각을 할 때가 있습니다.

예레미야 땅콩 선생의 말씀처럼 위선일 수 있습니다. 그러나 그것은 '사악함'이 아니라 '연약함'에서 나오는 위선입니다. 사람은 누구나 약합니다. 그래서 옳은 줄 알면서도 행동에 옮기지 못할 때가 많습니다. 목회자가 중요한 이유가 바로 거기에 있습니다. 저는 이 교회 교인들이, 비록 지금 당장은 그들의 삶의 수준을 낮추지 못할지라도, 자신의 교회가 가난한 이웃을 위해 돈을 쓰는 것을 보면서 점차 변해갈 것이라고 믿습니다. 적어도 이 교회 교인들은 그들의 목회자를 통해서 신자들에게는 개인적인 삶의 수준을 높이는 것보다 소중한 게 있음을 배우고 있기 때문입니다.

땅콩 선생이 말씀했듯이, 이 교회 교인들의 생활수준은 꽤 높은 편입니다. 그런 사정을 감안한다면 이 교회는 얼마든지 독립된 '성전'을 건축하고 유지할 수 있습니다. 그럼에도 이 교회 교인들은 성전이 없는 불편함을 감내하면서 그것을 유지하는 데 드는 비용으로 어려운 이들을 섬기고 있습니다. 주님은 이들이 독립된 예배 공간이 없어서 주일마다 빌려 쓰고 있는 이 강당을 세상의 그 어떤 화려한 예배당들보다도 귀하고 아름다운 성전으로 여기십니다.

땅콩 하지만 그것은 지나치게 낭만적인 생각이 아닐까요? 예컨대 예언자님이 칭찬하시는 구제활동만 하더라도 그렇습니다. 제가 알기로는, 수십 혹은 수백 개의 작은 교회들이 제공하는 구제비보다 대형교회 하나가 제공하는 구제비의 액수가 훨씬 더 큽니다. 효과적 측면에서 보자면 1백 개의 작은 교회들이 하지 못하는 일을 대형교회 하나가 해낼 수 있다는 말씀입니다.

예레미야 아, 그 말씀은 매우 유감스럽고 안타깝습니다. 눈에 보이는 게 곧 진리는 아닙니다. 대형교회 하나가 수십 혹은 수백 개의 작은 교회들보다 큰일을 할 수 있다는 주장은, 경제 용어를 빌려 말하자면, 전형적인 신자유주의적(neo-liberalistic) 논리입니다. 그것은 마치

대기업 하나가 수십 혹은 수백 개의 중소기업들보다 효과적이라고 주장하는 것이나 마찬가지입니다. 얼핏 보기에는 그런 주장이 맞습니다. 그러나 몇 개의 대기업이 국가 경제를 좌지우지하는 상황의 위험성에 대해서는 저보다 땅콩 선생이 더 잘 아실 겁니다. 자기를 무한히 확장하려는 대형교회는 그 교회가 속한 지역의 작은 교회들을 고사(枯死)시킬 수밖에 없습니다. 오늘날 서울 시내에 복음이 전파되지 않은 곳이 어딥니까? 아무 데도 없습니다. 제가 잠시 둘러보니, 이 마을만 하더라도 주민 전체를 수용하고도 자리가 남을 만큼 교회가 많더군요. 그렇다면 오늘날 서울 시내에 있는 대형교회들은 '복음화에 성공한 교회'라기보다 '교회들 간의 시장 싸움에서 승리한 교회'입니다. 실제로 요즘 서울에서 성장하는 교회들 대부분은 새신자가 아니라 다른 교회 신자들이 전입해 와서 몸집이 불어나고 있지 않습니까? 그러니 그런 교회들이 교인들의 증가와 함께 쏟아져 들어오는 헌금으로 더 큰 예배당을 짓고 작은 교회들은 꿈도 꾸지 못할 프로그램들을 운영함으로써 작은 교회들을 더욱더 고사시키면서 그 헌금의 일부를 생색내듯 구제비로 지출하는 것이 그렇게 칭찬할 만한 일입니까? 물론 그마저도 안 하는 것보다 낫기는 하지만 말입니다.

땅콩　예언자님 같은 분이 오늘의 한국 교회에 꼭 계셔야 하는데…….

예레미야　예레미야서가 있지 않습니까? 다른 예언서들도 있고요. 공동체가 예언서를 읽고 함께 고민하면 한국 교회의 여러 문제에 대한 답이 보일 겁니다.

나라를 잃고 땅을 얻은 이들

땅콩 네, 명심하겠습니다. 오늘은 예언자님의 사역의 마지막 시기인 이집트 시절에 관한 말씀을 들어야 할 것 같습니다. 예레미야서에 따르면 유다가 망했음에도 예언자님의 사역은 끝나지 않더군요? 당시의 상황에 대해 설명해 주시겠습니까?

예레미야 예루살렘이 함락될 당시 저는 왕궁 근위대 뜰에 갇혀 있었습니다. 바빌로니아 군사들은 왕궁을 접수한 직후 저를 풀어주었습니다. 느부갓네살이 군사들에게 저를 잘 대우하라고 명령했기 때문입니다(39:11-12). 아마도 그는 그동안 제가 유다 백성들에게 바빌로니아의 통치를 받아들이라고 호소했던 것에 대해 보고를 받았던 모양입니다. 하지만 저는 풀려난 지 얼마 안 되어 다른 군사들에 의해 다시 체포되었습니다(40:1). 그들은 자기네 왕의 명령을 듣지 못했던 것 같습니다. 어쨌거나 그로 인해 저는 다른 포로들과 함께 바빌로니아로 끌려가게 되었습니다. 그런데 포로 행렬이 라마에 이르렀을 때 근위대장 느부사라단이 포로들 사이에 섞여 있던 저를 발견했습니다. 그는 다시 저를 풀어주면서 자기를 따라 바빌로니아로 가든지 유다 땅에 남든지 마음대로 결정하라고 했습니다. 자기는 제가 어느 쪽을 택하든 존중할 것이고 필요한 도움을 주겠노라고 약속까지 했습니다(40:4).

땅콩 예언자님 입장에서는 어느 쪽이 유리했나요?

예레미야 글쎄요, 나라가 망한 상태에서 유불리를 따지는 게 우습기는 하지만, 개인적으로는 바빌로니아로 가는 쪽이 나았습니다. 제가 원했던 것은 아니지만, 방금 말씀드렸듯이, 당시에 저는 바빌로니아 사람들로부터 상당한 호의를 얻고 있었기 때문입니다. 그러니 제가 그곳으로 간다면 아마도 모종의 특별대우를 받았을 겁니다. 하지만 저는 유다에 남기로 했습니다.

땅콩 어째서죠?

예레미야 결정적인 이유는 주님의 명령 때문이었습니다. 주님은 제가 그곳에 남아서 해야 할 일이 있다고 말씀하셨습니다. 그러나 사실 저는 주님의 명령이 없었더라도 유다 땅에 남을 생각이었습니다. 아무리 황폐해졌을지라도 그곳은 저의 조국이었고 제가 일생을 살아온 곳이었습니다. 이미 늙은이가 된 제가 무슨 영화를 누리겠다고 낯설고 물설은 이방 땅으로 가겠습니까? 저는 제 삶을 조국에서 마감하고 싶었습니다.

땅콩 예루살렘이 함락된 후 유다의 형편은 어떠했나요?

예레미야 바빌로니아 군사들은 후환거리가 될 만한 사람들이나 특별한 기술이 있는 사람들을 모조리 바빌로니아로 끌고 갔습니다. 그리고 주인을 잃은 포도원과 농토를 가난한 이들에게 나눠주어 경작하게 했습니다(39:10). 물론 거저 준 것은 아니고 농산물의 상당 부분을 바빌로니아로 보낸다는 조건하에서였지요. 그러나 그런 사정이 어떻든 간에 그로 인해 가난한 자들은 난생 처음으로 그들 자신의 땅을 갖게 되었습니다. 사실 그것은 그들로서는 '횡재'나 다름없는 일이었습니다.

땅콩 횡재라고요? 아무리 그래도 조국이 망했는데 그런 표현은 조금……

예레미야 심하게 들린다고요? 과연 그럴까요? 아닌 말로, 가난한 자
들에게는 그리고 그 가난 때문에 동족에게서 온갖 멸시와 천대를 받
았던 이들에게는 '조국'이라는 단어가 별 의미가 없습니다. 실제로 유
다의 가난한 자들은 소위 '다윗의 후손들'이 통치하던 그들의 조국에
서 결코 행복하지 않았습니다. 동족에게서 개돼지 취급을 당하며 살
았던 나라가 뭐가 그리 사랑스럽겠으며, 그깟 나라를 잃었다고 뭐가
그리 애달프겠습니까? 길을 막고 물어보십시오. "네 나라에서 개돼
지 취급당하며 살래? 아니면 남의 나라에서 헛기침이라도 하면서 살
래?" 하고요. 아마도 열이면 열 모두가 후자를 택할걸요.

땅콩 그것은 예언자님의 생각이십니까, 아니면 당시에 유다에 남아
땅을 얻었던 가난한 이들의 실제 심정이었습니까?

예레미야 후자입니다. 실제로 그들은 바빌로니아가 유다 총독으로
임명한 그달리야 밑에서 아주 열심히 일을 했습니다(40:11-12). 비록
수확물의 상당 부분을 바빌로니아로 보내야 했지만, 그 정도의 수탈
은 나라를 빼앗기기 전에도 마찬가지였습니다. 그러니 그 가난한 자
들에게 바빌로니아의 통치는, 비록 왜곡된 것이기는 했으나, 예상치
못한 횡재였던 셈이지요. 사실 그들로서는 바빌로니아의 신민이 되는
것이 유다의 신민이 되는 것보다 못할 이유가 하나도 없었습니다. 그
들의 조국 유다가 그들에게 해준 게 아무것도 없었기 때문입니다.

그달리야, 마지막 불꽃

땅콩 방금 언급하신 유다 총독 그달리야에 대한 이야기를 나눠보죠. 그는 어떤 사람이었습니까?

예레미야 그달리야는 유다 명문가의 후손이었습니다. 그의 할아버지 사반은 요시야의 서기관이었습니다. 요시야 시절에 성전에서 발견된 율법책을 왕 앞에서 낭독한 이가 바로 사반이었습니다(왕하 22:3, 10). 또 그의 아버지 아히감은 유다의 고관으로 제가 여호야김 시절에 성전 설교를 하고 곤경에 처했을 때 저를 옹호해 준 사람이었습니다(26:24). 그러니 개인적으로 저는 그달리야의 집안에 빚을 지고 있는 셈이었습니다. 그달리야 자신은 매우 현실적인 사람이었습니다. 무엇보다도 그는 유다의 고관들 중에서 바빌로니아의 통치를 받아들이라는 저의 예언을 주님의 뜻으로 인정했던 몇 안 되는 이들 중 하나였습니다. 바빌로니아는 그의 인물됨을 보고 그를 유다의 총독으로 삼았습니다. 적어도 그가 바빌로니아에 맞서 엉뚱한 일을 벌이지는 않을 거라는 확신이 있었던 거지요.

땅콩 유다의 왕이 폐위되고 총독이 임명되었다는 것은 어떤 의미가 있습니까?

예레미야 이제 유다가 더 이상 독립국가가 아니라 바빌로니아의 속주(屬州)라는 뜻입니다. 한마디로, 이스라엘 왕국의 역사가 완전히 끝났다는 의미입니다.

땅콩 예언자님은 자발적으로 미스바에 있던 유다 총독 그달리야를 찾아가 그의 통치를 받으셨습니다(40:6). 그것은 어쩔 수 없는 선택이었나요, 아니면 다른 의도가 있었던 건가요?

예레미야 현실적으로 다른 방법이 없기도 했습니다. 그의 통치를 받지 않으려면 정처 없이 떠돌이생활을 할 수밖에 없었으니까요. 하지만 제가 그에게로 간 데는 그보다 더 큰 이유가 있었습니다. 당시에 저는 그에게 거는 기대가 컸습니다. 저는 이미 오래전부터 다윗의 후손들에 대한 기대를 접은 상태였습니다. 조상 덕분에 왕좌에 앉아 헛기침을 하던 그들은 주님과는 아무 상관이 없는 자들이었습니다. 그들은 그들의 조상 다윗처럼 주님의 마음에 합한 자들이 아니었습니다. 오죽하면 주님이 그들을 왕좌에서 내치셨겠습니까? 그러나 저는 다윗의 후손들이 왕좌에서 물러났다고 해서 주님의 백성의 역사가 끝났다고 여기지는 않았습니다. 주님은 다윗의 후손이 아닌 자를 통해서도 얼마든지 자신의 백성을 이끄실 수 있다고 믿었기 때문입니다. 제가 미스바에서 다스리던 그달리야를 찾아간 것은 바로 그런 믿음 때문이었습니다.

당시에 그달리야는 유다를 제법 잘 다스렸습니다. 그는 나라 잃은 백성의 마음을 어루만지며 용기를 북돋웠습니다. 그로 인해 왕들의 폭정과 외세의 억압을 이기지 못해 유다를 떠났던 많은 이들이 유다 땅으로 돌아오기 시작했습니다(40:9-12). 제가 보기에 그달리야는 모든 면에서 다윗의 후손들보다 나았습니다. 그는 이스라엘 백성의 실체적 존속을 위한 마지막 불꽃 같은 존재였습니다.

불꽃이 꺼지다

땅콩 그러나 그달리야에 대해 모두가 예언자님처럼 생각했던 것은 아닌 듯합니다.

예레미야 그렇습니다. 백성들 중에는 유다 왕국은 오직 다윗의 후손들을 통해서만 통치되어야 한다고 주장하는 이들이 있었습니다. 그들은 총독 그달리야를 외세를 등에 업고 권력을 휘두르는 정치적 모리배 정도로 여겼습니다. 그러나 저는 그런 주장을 하는 자들을 이해할 수가 없었습니다. 그들은 그동안 다윗의 후손들이 저지른 잘못에 대해서는 철저하게 눈을 감았습니다. 누군가 그들에게 그동안 다윗의 후손들이 얼마나 악하고 무능했는지를 지적할라치면, 그들은 늘 이렇게 말했습니다. "그래, 그들이 잘못한 것은 틀림없어. 그러나 여전히 그들은 주님이 택하신 자들이야. 그 누구도 다윗의 자손들을 대신할 수는 없어."

땅콩 도대체 어떤 이들이 그런 주장을 했던 겁니까?

예레미야 겉으로는 명분을 내세웠으나 실제로는 특권을 포기하지 못하는 자들이었습니다. 대표적인 인물이 왕실의 일원이었던 이스마엘이라는 자였습니다. 이스마엘은 그달리야가 다윗의 후손들을 대신하고 있는 상황을 받아들이지 못했습니다. 분노와 질투에 사로잡힌 그는 그달리야를 암살하기로 작정했습니다(40:13-14). 처음에 그는 그달리야에게 접근해 환심을 샀습니다. 그리고 그달리야는, 이스마엘의 의도를 알아차린 요하난 등이 분명하게 주의를 주었음에도, 그를 끌어안으려고 했습니다. 현실 정치를 하기에는 너무 순진한 사람이었던 거죠. 결국 이스마엘은 미스바에서 그달리야와 식사를 하던 중에 그를 살해하고 말았습니다(41:1-3).

땅콩 정치적 파장이 만만치 않았겠네요.

예레미야 그렇습니다. 식민지 백성이 총독을 살해한 사건이니까요.

땅콩 바빌로니아의 즉각적인 응징이 있었나요.

예레미야 아닙니다. 다행히도 바빌로니아는 군대를 움직이기 전에 사건의 진상을 파악했고, 그 사건이 유다 백성의 조직적인 반란이 아니라 어느 미치광이의 돌발적 행동이었다는 결론을 내렸습니다. 그래서 그들은 유다를 직할통치하는 선에서 그 사건을 마무리했습니다.

땅콩 직할통치란 무엇을 의미합니까?

예레미야 유다의 총독 자리를 동족인 유다 사람이 아닌 바빌로니아의 관리가 맡았다는 뜻입니다. 이것은 겉보기에는 그저 총독의 교체에 불과했지만 사실은 심각한 정치적 의미를 갖는 사건이었습니다. 한마디로 그것은 유다의 모든 희망이 사라졌음을 의미했습니다.

역사의 원점으로

땅콩 그 후 이스마엘은 어떻게 되었습니까?

예레미야 그가 총독을 살해한 이유는 왕정의 복고나 민족의 독립을 위해서가 아니었습니다. 그는 그런 숭고한 뜻을 품을 만한 인물이 아니었습니다. 총독을 살해한 후 이스마엘은 미스바에 있던 백성들을 사로잡아 암몬으로 넘어가려 했습니다(41:10). 당시에 그는 암몬 왕 바알리스의 후원을 받고 있었는데, 자신의 동포를 그 후원자에게 노예로 넘기려 했던 겁니다.

땅콩 그는 그 일에 성공했나요?

예레미야 아닙니다. 그가 암몬을 향해 가던 중 처음부터 그를 의심해왔던 요하난이 병사들을 이끌고 그를 따라잡았습니다. 요하난이 나타나자 이스마엘에게 붙잡혀 있던 백성들이 일제히 일어나 요하난 쪽으로 넘어갔습니다. 상황이 불리해지자 이스마엘은 측근들과 함께 암몬으로 줄행랑을 쳤습니다(15절).

땅콩 그달리야는 죽고 이스마엘은 도망쳤으니, 이제 요하난이 백성의 지도자가 된 셈이군요. 그 상황에서 요하난은 어떤 결정을 내렸습니까? 얼핏 보아도 당시의 상황이 매우 복잡해 보이는데요.

예레미야 요하난은 최악의 결정을 내렸습니다. 그는 백성들을 이끌고 이집트로 내려가기로 했습니다. 바빌로니아가 총독을 살해한 유다 백성을 그냥 놔둘 리 없을 거라고 생각했던 겁니다. 만약 그가 지혜로운 자였다면 그런 결정을 하기 전에 그 사건에 대한 바빌로니아의 태도부터 살폈을 겁니다. 하지만 안타깝게도 그에게는 그럴 만한 분별력이 없었습니다. 요하난과 그의 일행은 그저 당장의 위기를 벗어나려 했을 뿐입니다.

땅콩 예레미야서에 따르면 요하난과 그의 일행이 이집트로 내려가던 중에 예언자님께 자신들이 어떻게 해야 할지에 관해 주님의 뜻을 여쭤봐 달라고 부탁한 것으로 나와 있습니다만…….

예레미야 그게 사실은 아주 형식적인 거였습니다. 그들은 이미 이집트로 내려가기로 작정한 상태에서 저에게 그런 부탁을 했던 겁니다.

또 그 요청은 매우 기만적인 것이었습니다. 아시다시피 저는 그동안 계속해서 유다 백성에게 이집트를 의지하지 말라고 주장해 왔기 때문입니다. 어쨌거나 저는 그들에게 그러마고 했습니다. 그리고 열흘 후에 그들을 불러 주님의 뜻을 전했습니다. 그때 주님이 그들에게 주신 말씀은 두 가지로 요약할 수 있습니다. 하나는, 바빌로니아의 보복을 두려워하지 말고 유다에 머무르라는 것이었습니다. 주님은 그 말씀 끝에 다음과 같은 약속까지 덧붙이셨습니다.

> 너희가 이 땅에 그대로 머물러 살면, 내가 너희를 허물지 않고 세울 것이며, 내가 너희를 뽑지 않고 심겠다. 내가 너희에게 재앙을 내렸으나, 이제 내가 뜻을 돌이켰다. (42:10)

또 다른 말씀은, 만약 그들이 자신의 뜻을 무시하고 이집트로 내려간다면, 자신이 그곳으로 재앙을 보내어 그들을 멸하시겠다는 것이었습니다. 그분은 이렇게 말씀하셨습니다.

> 너희가 이집트로 들어가려고 하고, 그곳에서 살려고 내려가면, 너희가 두려워하는 전쟁이 거기 이집트 땅으로 너희를 쫓아갈 것이며, 너희가 무서워하는 기근이 거기 이집트에서 너희에게 붙어다닐 것이다. 너희는 거기에서 죽을 것이다. (42:15-16)

당시에 요하난과 그의 일행이 이집트로 내려가고자 했던 이유는 고통을 피하기 위해서였습니다. 유다의 총독을 살해한 것에 대한 바빌로니아의 보복도 보복이려니와, 설령 그런 보복이 없다고 할지라도 유다 땅에서 겪을 일이 고생뿐이라고 여겼기에 이집트로 내려가 빌붙어 살 생각을 했던 겁니다. 그런데 주님은, 만약 그들이 이집트로 내려간다면, 그들이 두려워서 피해 달아나는 전쟁과 기근이 그곳까지 따라갈 것이고, 결국 그들이 그런 재앙을 만나 죽게 될 거라고 말씀하셨던 겁니다.

땅콩 그런데 주님은 왜 유다 백성이 이집트로 내려가는 것을 그토록 반대하셨던 겁니까? 바빌로니아에서 포로살이를 하나 이집트에서 떠돌이생활을 하나 그게 그거 아닌가요? 어느 쪽이든 주님의 심판의 결과인 것은 마찬가지 아닌가요?

예레미야 그렇지 않습니다. 바빌로니아에서의 포로살이는 주님의 심판의 결과입니다. 당시에 주님은 바빌로니아를 유다에 대한 심판의 도구로 사용하고 계셨으니까요. 그러나 이집트는 사정이 달랐습니다. 주님에게 이집트는 심판의 도구이기는커녕 유다가 주님의 심판을 받아들이지 않도록 부추겼던 훼방꾼이었습니다. 즉 유다가 주님의 심판 앞에서조차 목이 곧은 백성이 되었던 여러 가지 원인들 중 하나가 이집트였던 겁니다.

그러나 그보다 심각한 것은 유다 백성이 이집트로 내려가는 것에 내포된 의미였습니다. 그것은 이스라엘 민족이 그것을 통해 주님의 백성이 되었던 출애굽 사건을 무효화시키는 것이었습니다. 이집트에서 해방되어 주님의 백성이 된 자들이 다시 이집트로 돌아간다는 것은 그들의 역사 전체를 원점으로 되돌리는 것이었습니다. 그것은 주님의 백성으로서의 그들의 미래뿐 아니라 과거까지도 지워버림으로써 주님과 완전히 결별하는 것을 의미했습니다. 주님은 그런 최악의 상황을 막기 위해 그들의 이집트행을 극구 말리셨던 겁니다.

땅콩 그런 말씀을 듣고서 요하난 일행은 어떤 반응을 보였습니까?

예레미야 놀랍게도 그들은 저를 거짓말쟁이로 몰아세웠습니다. 열흘 전만해도 저를 주님의 예언자라고 치켜세웠던 자들이 저와 바룩을 바빌로니아의 앞잡이로 취급했습니다. 애당초 주님의 뜻 따위는 안중에도 없었던 그들은 주님의 만류와 위협에도 불구하고 기어이 이집트로 내려갔습니다. 저와 바룩까지 끌고서 말입니다.

마지막 예언

땅콩 이집트로 내려가서는 어디에서 지내셨습니까?

예레미야 요하난은 사람들을 이끌고 나일 강 삼각주 지역에 위치한 다바네스라는 곳으로 갔습니다. 당시에 다바네스는 바로의 궁전이 있던 대도시였습니다(43:9). 요하난과 그의 일행이 대도시에서 살기를 원했던 것은 그들이 '요셉의 소망'을 갖고 있지 않았음을 보여줍니다.

땅콩 요셉의 소망요? 그게 뭐죠?

예레미야 오래전에 요셉은 가뭄을 피해 이집트로 내려온 자신의 가족을 이집트의 변두리인 고센 땅에 머물게 했습니다(창 46:28-34). 그는 자신의 가족이 이집트의 풍요에 현혹되지 않고 언젠가는 이집트를 떠나 약속의 땅으로 돌아가기를 바랐습니다. 그래서 그 가족을 굳이 고센 땅에 머물게 했던 것입니다. 그러나 요하난과 그의 일행은 가나안으로 돌아갈 생각이 전혀 없었습니다. 그들은 주님의 약속 따위는 모두 잊고 오로지 풍요로운 대도시에서 흥청거리며 살기를 바랐을 뿐입니다.

땅콩 대도시에서의 삶이라는 게 편리하기는 하나 그 도시의 풍조에 휩쓸리지 않기가 매우 어려운 것인데…….

예레미야 정확하게 짚으셨습니다. 결국 우려했던 일이 일어났습니다. 그들은 얼마 가지 않아 그 도시 주민들의 삶의 방식에 젖어들었습니다. 가장 대표적인 게 그곳 사람들이 섬기던 "하늘 여신"에게 제사를 드리는 것이었습니다(44:8, 17). 우상 숭배 때문에 나라를 잃고 떠돌이생활을 하는 자들이 다시 우상 숭배를 시작했던 겁니다. 거듭 말씀드리지만, 유다 백성은 처음부터 끝까지 구제불능이었습니다.

땅콩 그 정도면 포기하셨을 만도 한데, 예언자님은 그 상황에서도 여전히 그들에게 주님의 말씀을 선포하셨더군요…….

예레미야 그렇습니다. 사실 그 무렵에는 저도 이미 지칠 대로 지쳐서 더 이상 아무 일도 하고 싶지 않았습니다. 그 완악한 백성에게 완전히 정나미가 떨어지기도 했고요. 그럼에도 주님은 여전히 저에게 그들에게 전할 말씀을 주셨습니다.

땅콩 어떤 말씀이었나요?

예레미야 우상을 숭배함으로써 자신의 진노를 부추기지 말라는 것이었습니다. 그들이 계속해서 우상을 숭배하면 자신이 그들을 죽이실 수밖에 없다는 것이었습니다. 그분은 이렇게 말씀하셨습니다.

너희는 왜 너희 손으로 만든 우상으로 나를 노하게 하며, 너희가 머물려고 들어간 이집트 땅에서까지 다른 신들에게 제물을 살라 바쳐서 너희 자신을 멸절시키며, 세상 만민에게 저주와 조롱의 대상이 되려고 하느냐? (44:8)

사실 이것은 진노의 음성이라기보다는 애타는 호소였습니다. 주님은 어쩔 수 없어서 그 백성을 심판하기는 하셨지만 그들을 멸절시키고 싶지는 않으셨습니다. 그들이 아무리 자기에게 등을 돌리고 자신을 모욕했을지라도, 그분은 어떻게든 그들의 생명을 보존하고 싶어 하셨습니다. 겉보기에 위협적인 주님의 이 말씀은 그런 측면에서 이해되어야 합니다.

이어서 주님은 자신의 그런 위협이 공연한 소리가 아님을 알리시기 위해 그들에게 한 가지 표징을 주셨습니다. 그분은 이렇게 말씀하셨습니다.

나 주가 말한다. 내가 유다 왕 시드기야를, 그의 목숨을 노리고 있던 그의 원수인 바빌로니아 왕 느부갓네살의 손에 넘겨주었던 것과 같이 이집트 왕 바로 호브라를, 그의 목숨을 노리고 있는 그의 원수들의 손에 넘겨주겠다. (44:30)

이 말씀은 그로부터 얼마 후에 실제로 성취되었습니다. 유다 백성에게 바빌로니아에 맞서 싸우라고 부추겼던 이집트 왕 호브라는 주전 570년에 그의 정적들에 의해 살해되었습니다. 그리고 주전 567년에는 바빌로니아 왕 느부갓네살이 이집트 본토를 침략했습니다. 당연히 그 과정에서 수많은 이들이 죽었는데, 그들 중에는 바빌로니아의 군대를 피해 이집트로 내려갔던 유다 백성들이 포함되어 있었습니다.

"하나님의 비밀"

땅콩 결국 그들은 마지막까지 주님의 말씀을 거역하다 멸망한 셈이군요.

예레미야 그렇습니다. 그리고 멸망하기 직전에 그들이 보인 반응은 참으로 극악했습니다. 그들은 우상 숭배를 만류하는 저에게 이렇게 말했습니다. "당신이 주의 이름으로 우리에게 무슨 말을 하든지 간에, 우리는 당신의 말을 듣지 않겠소. 우리는 우리의 입으로 맹세한 대로 할 것이오"(44:16-17). 그동안 제가 주님을 거역하는 자들로부터 받았던 반격의 대부분은 제가 선포한 말씀이 주님으로부터 온 게 아니라는 거였습니다. 그런데 이들의 말은, 설령 그 말씀이 주님으로부터 왔을지라도, 자기들은 그 말씀을 따르지 않겠다는 것이었습니다. 이처럼 완악한 이들에게는 그 어떤 구원의 가능성도 없습니다. 그런 이들에게는 자신들의 죄의 짐을 지고 소멸하는 것 외에 다른 길이 남아 있지 않습니다.

땅콩 무의미한 질문일지도 모르나 여쭙겠습니다. 만약 이집트로 내려간 이들이 마지막 순간에라도 자신들의 잘못을 깨닫고 돌아섰다면, 그들에게는 여전히 희망이 있었을까요?

예레미야 물론입니다. 회개를 통한 회복의 가능성은 인간의 삶이 끝나는 순간까지 남아 있습니다. 바빌로니아로 끌려갔던 이들이 대표적인 예가 될 수 있습니다. 바빌로니아로 끌려간 자들과 이집트로 내려간 자들은 주님께 죄를 지었다는 점에서는 차이가 없었습니다. 하지만 바빌로니아에 있던 이들은 그곳에서 자신들의 죄를 뉘우쳤고 모든 것이 끝난 듯 보이는 상황에서 주님께 부르짖었습니다. 그리고 주님은 그들의 부르짖음에 응답하셨습니다. 결국 그들은 살아남았고 그들 중 일부는 옛 땅으로 돌아올 수 있었습니다. 그러나 이집트로 내려간 자들은 끝까지 주님을 거부하다가 멸절했고 역사의 뒤안길로 흔적조차 없이 사라지고 말았습니다.

땅콩 그리고 예언자님은 그렇게 허망하게 사라져 간 자들 가운데 계셨고요…….

예레미야 음…… 그렇게 되었습니다.

땅콩 전해오는 이야기에 따르면, 예언자님은 마지막까지 그들에게 주님의 말씀을 선포하시다가 그들에 의해 죽임을 당하셨다고 알려져 있습니다.

예레미야 제가 어떻게 죽었는지는 중요하지 않습니다. 인간은 모두 죽습니다. 죽음의 형태보다 중요한 것은 삶의 내용입니다.

땅콩 그렇다면 여쭙겠습니다. 예언자님은 일생을 유다 백성에게 주님의 말씀을 전하며 사셨습니다. 하지만 그 백성은 끝까지 말씀을 거부했고 결국 망하고 말았습니다. 그렇다면, 대단히 죄송한 말씀이지만, 요즘 식으로 판단하자면, 결국 예언자님은 사역에서 실패하신 것 아닙니까?

예레미야 맞습니다. 분명히 저는 저의 사역에서 실패했습니다.

땅콩 게다가 말년에 예언자님은, 스스로도 말씀하셨듯이, 무척 지쳐 있었습니다.

예레미야 그렇습니다. 저는 무척 지쳐 있었습니다.

땅콩 그럼에도 주님은 예언자님에게 쉼을 허락하지 않으셨습니다. 유다가 망했으면 그동안의 노고를 치하하시고 쉼을 허락하셨을 만도 한데, 주님은 그렇게 하시기는커녕 늙고 지친 예언자님을 어리석고 반역적인 무리들에게 넘겨 이집트로 끌려가게 하셨습니다. 그리고 그곳에서 마지막 순간까지 말씀을 전하다가 순교하게 하셨고요……. 억울하시지 않았습니까? 주님이 예언자님을 너무 심하게 부려먹었다고 생각하지 않으셨습니까?

예레미야 억울하지 않았습니다. 만약 주님이 그 어려운 일을 저에게만 맡기고 자신은 유유자적하셨다면 무척 억울했을 겁니다. 그러나 저는 제가 실패할 때마다, 그래서 주님의 백성이 심판을 향해 한걸음씩 나아갈 때마다 주님이 얼마나 가슴 아파 하셨는지를 아주 잘 알고 있었습니다. 주님은 제가 그 어리석은 백성들 때문에 고통을 당하는 것 이상으로 그들로 인해 고통을 당하셨습니다. 자기 백성에 대한 그분의 사랑의 크기를 알았기에 저는 조금도 억울하지 않았습니다. 왜냐고요? 저 역시 그분이 그토록 사랑하셨던 그분의 백성들 중 하나였기 때문입니다.

주님이 저를 너무 심하게 부려먹으신 것 아니냐고요? 객관적으로 보자면 그렇습니다. 그러나 저는 그 문제에 대해서도 주님께 항의할 생각이 전혀 없습니다. 앞에서 제가 구약학자 폰 라트의 말을 인용한 적이 있지요? 그는 제가 막대한 고통을 감내하면서 끝까지 주님이 명하신 길을 걸어갔던 것을 두고 "예레미야의 비밀"이라고 말했습니다. 그리고 그 표현에 대한 저의 생각에 대해서는 이미 말씀드린 바 있습니다. 그런데 폰 라트는 또한 주님이 자신의 신실한 종인 저를 마지막 순간까지 그토록 모진 고통 속으로 몰아가신 것을 두고 "하나님의 비밀"이라고 말했습니다. 아마도 그는 그 이유를 오직 주님만이 알고 계실 거라고 여겼던 것 같습니다. 그러나 사실 그것은 저에게는 비밀이 아니었습니다. 늙고 지친 제가 맥이 풀려 주저앉아 있던 어느 날이었습니다. 주님이 저를 부르시더니 한참을 머뭇거리시다가 이렇게 말씀하셨습니다. "예레미야야, 미안하다. 하지만 나는 저 어리석은 자들을 포기할 수가 없구나. 어떻게든 저들을 돌이켜 내가 저들을 위해 계획하고 있는 회복에 동참시키거라. 너에게는 정말 미안하구나." 그리고 저는 주님의 그 말씀에 "아멘" 하고 응답할 수밖에 없습니다.

지치지 않는 사랑

땅콩 결국 예언자님은 이집트로 내려간 이들을 위해 자기를 희생하셨던 거네요?

예레미야 희생이라는 표현은 적절하지 않습니다. 홍수가 나서 둑이 터지고 강이 범람하면 그 주변에 있는 모든 것이 그 물결에 휩쓸리기 마련입니다. 온 세상이 난리인데 나 혼자 살아남을 수는 없습니다. 설령 그렇게 살아남는다 한들, 그게 뭐가 그리 행복하겠습니까? 저는 주님의 심판의 홍수가 유다를 덮쳤을 때 그 물결에 휩쓸려 떠내려간 작은 나무토막에 불과했습니다. 그러므로 저의 희생은 특별하게 주목할 일이 아닙니다. 제가 보기에 정말로 큰 희생자는 그 홍수를 일으키신 주님 자신입니다.

땅콩 ……?

예레미야 그분은 그 홍수를 재미 삼아 혹은 화를 이기지 못해 분풀이 삼아 일으키신 게 아닙니다. 그 홍수는 주님이 자기 백성을 위해 쏟아내셨던 폭포수 같은 눈물이었습니다. 그분의 눈물 앞에서 저의 고통을 이야기하는 것은 낯 뜨거운 일입니다.

땅콩 그 홍수로 인해 이스라엘이 멸망했으니 주님의 사랑도 그쳤다고 할 수 있겠네요?

예레미야 아닙니다. 그분의 사랑은 그렇게 간단한 게 아닙니다. 주님은 절대로 자신의 백성을 포기하지 않으십니다. 그분은 우리의 눈에 모든 것이 끝난 것처럼 보일 때 아무도 예상치 못한 "새 일"(사 43:19)을 시작하시는 분입니다. 실제로 그분은, 앞서 말씀드렸듯이, 주전 538년에 바빌로니아 포로 공동체 사람들 중 일부를 예루살렘으로 귀환시키셨습니다. 그리고 그들을 통해 이스라엘 전체를 자신의 백성으로 회복시키고자 하셨습니다. 자기 백성을 향한 주님의 사랑은 그 백성의 실패에도 불구하고 계속되었습니다.

땅콩 하지만, 우리가 알고 있듯이, 그 귀환 공동체 사람들마저 그들의 조상들처럼 또다시 실패하지 않았습니까?

예레미야 그렇습니다. 그로 인해 그분의 야심찬 "새 일"은 또다시 실패로 끝났습니다. 하지만 그럼에도 주님은 여전히 그들을 포기하지 않으셨습니다.

땅콩 무슨 말씀이신지……?

예레미야 하기야, 귀환 공동체 사람들이 실패한 후에는 주님도 크게 낙심하신 듯 보이기는 했습니다. 그분은 주전 450년경에 마지막 예언자인 말라기를 통해 말씀하신 후 깊고 오랜 침묵에 빠져드셨습니다. 그리고 그분이 그렇게 침묵하시는 동안에 유다는 페르시아, 마케도니아, 이집트, 시리아 그리고 로마 등에 의해 교차적으로 지배를 당하면서 그야말로 누더기처럼 해어졌습니다. 그 무렵에 주님은 자신의 백성을 완전히 포기하신 듯 보였습니다. 그러나 그렇지 않았습니다. 깊고 오랜 침묵을 끝내신 주님은 그 침묵 기간에 계획하신 "또 다른 새 일"을 시작하셨습니다.

땅콩 또 다른 새 일요? 그게 뭐죠?

예레미야 유다 백성뿐 아니라 세상 모든 이들의 죄를 대속하기 위해 자신의 외아들을 희생시키시는 것이었습니다(히 10:14, 18). 그리고 그렇게 죄를 속한 이들을 영원히 자신의 백성으로 삼으시는 것이었습니다. 저보다 잘 아시겠지만, 지금 땅콩 선생 같은 기독교인들이 축하하고 있는 성탄절은 바로 그 일을 위해 희생양으로 오신 분의 탄생을 기뻐하는 절기입니다. 성탄절의 기쁨은 자기 백성에 대한 주님의 "영원한 사랑"(31:3)과 그 사랑 때문에 그분이 감내하셨던 고통을 고려하지 않고는 절대로 온전하게 이해될 수 없습니다.

땅콩 이스라엘의 예언자의 입을 통해 예수 그리스도에 대한 신앙고백을 들으니 기분이 참 묘합니다. 예언자님께 예수 그리스도는 어떤 분입니까?

예레미야 예수 그리스도는 인류의 모든 문제에 대한 주님의 답입니다. 주님의 백성 이스라엘이 주님으로부터 받았던 율법은 그 백성을 구원에 이르게 하지 못했습니다. 그리고 저처럼 그 백성을 주님께 돌이키기 위해 보내심을 받았던 예언자들도 마찬가지였습니다. 즉 율법과 예언자들 모두 철저하게 실패했던 겁니다. 이것은 인간 세상에 들어온 죄의 세력이 얼마나 강력한지를 보여줍니다. 그 죄를 이기고 인간을 구원할 수 있는 것은 오직 하나, 즉 우리 주님의 지치지 않는 사랑뿐입니다. 그리고 그 사랑에 대한 가장 명확한 증거가 우리를 위해 십자가에 달려 돌아가신 예수 그리스도이십니다. 그런데 그분은, 기독교 신학자들이 잘 파악했듯이, 다름 아닌 주님 자신이십니다. 다시 말해, 주님은 자신의 백성을 구원하시기 위해 자기 자신을 희생시키셨던 겁니다.

사실 저는 예수 그리스도에 대해서 하고 싶은 말이 아주 많습니다. 그러나 그분에 관한 이야기는 저보다도 신약 시대의 성경 기자들이 훨씬 더 잘 말해줄 겁니다. 혹시 그들을 만나고 싶으시다면, 제가 천국에 돌아가 잘 말해 두겠습니다. 그 친구들 모두 저보다 한참 후배들이니까, 제가 부탁하면 거절하지는 않을 겁니다.

땅콩 아멘, 분명히 약속하셨습니다! 나중에 다른 말씀 하지 마십시오. 제가 예언자님의 말씀을 녹음해 두었습니다.(웃음) 아, 이제 아쉽지만, 예언자님과의 대화를 마쳐야 할 것 같습니다. 나흘에 걸쳐 여러 가지 질문에 성심껏 답해주시고 귀한 말씀을 주신 예언자님께 한국 교회 신자들을 대신해 깊이 감사드립니다. 주신 말씀을 되새기면서 한국 교회를 주님이 보시기에 아름다운 교회로 만들기 위해 노력하겠습니다. 어려운 발걸음 해주시고 좋은 말씀 주신 것에 다시 한 번 감사드립니다.

　　예레미야　이렇게 초대해 주시고 발언할 기회를 주셔서 감사드립니다. 두서없이 이 말 저 말 늘어놓은 것 같은데 한국 교회의 성숙에 조금이라도 도움이 되기를 바랍니다.

한국 교회를 향한 고언

나흘간의 대화를 마친 후 예레미야와 땅콩 선생은 저녁 식사를 함께 했다. 마지막 대화를 나눈 고등학교 인근의 한 식당에서였다. 식사를 마친 후 차를 마시며 담소하던 중에 땅콩 선생이 예언자에게 물었다. "지금 한국 교회를 위해 필요한 것을 꼭 하나만 꼽는다면 무엇을 꼽으시겠습니까?" 예언자는 잠시 생각에 잠기더니 말을 이었다.

──────────── 그 질문에 대해서는 나흘간 충분히 말씀을 드린 듯합니다. 하지만 굳이 물으시니 복습하는 셈치고 다시 한 번 말씀드리죠. 제가 보기에 지금 한국 교회에 가장 필요한 것은 '설교의 회개'입니다. 단언하건대, 오늘날 한국 교회가 이렇게 타락하게 된 일차적 원인은 '타락한 설교'에 있습니다. 그동안 한국 교회 신자들은 그들의 설교자에게서 '생명의 양식'을 빙자한 '불량식품'과 '유해식

품'을 너무 많이 받아먹었습니다. 그러니, 그런 것들을 먹고 자란 신자들의 모임인 교회가 건강하다면, 그게 오히려 이상한 일이지요.

너무 심한 말로 들리십니까? 그렇다면 저의 주장을 입증할 사례를 하나 들어보지요. 둘째 날 대화를 마친 후 저는 셋째 날 만나기로 한 기도원으로 가 그곳에서 열린 집회에 참석했습니다. 그런데 그날 집회의 설교자가 마침 열왕기서에 나오는 엘리야 이야기를 본문으로 설교를 하더군요. 엘리야는 제가 존경하는 선배인지라 저는 큰 기대와 관심을 갖고 그의 설교에 귀를 기울였습니다. 그런데 그가 한 설교의 내용이 저에게는 매우 충격적이었습니다.

아시다시피 엘리야는 주전 9세기에 북이스라엘에서 바알 선지자들과 목숨을 내걸고 맞서 싸웠던 믿음의 용사입니다. 당시에 바알은 가나안 지역의 물질주의를 대표하는 우상이었습니다. 그러므로 엘리야가 바알 선지자들과 싸웠다는 것은 곧 그가 당대의 물질주의와 맞서 싸웠다는 뜻입니다. 그러기에 저는 그날 설교자가 엘리야 이야기를 통해 신자들에게 오늘날의 물질주의와 맞서 싸우라고 권면하려는가 보다 했습니다. 그런데 이상하게도 그 설교자는 엘리야와 바알 선지자들의 싸움에 대해서는 별 관심을 보이지 않았습니다. 그의 관심은 온통 엘리야를 공궤했던 사르밧 과부에게 맞춰져 있었습니다. 그는 한 시간 넘는 설교를 통해 줄기차게 그 과부에 대한 이야기를 늘어놓았습니다. 저로서는 잘 이해가 안 되는 상황이었습니다. 그러나 그보다 더 놀라운 것은 그가 그 과부에 대해 한 말들이었습니다. 제가 듣기에 그 말들은 몽땅 헛소리였습니다.

우선 그 설교자는 사르밧 과부의 신실한 '믿음'을 칭찬했습니다. 그녀가 주님을 잘 믿는 여자였기에 주의 종 엘리야를 알아보고 자신의 마지막 음식으로 그를 공궤했다는 거였습니다. 하지만 그것은 사실에 대한 명백한 왜곡이었습니다. 당시에 사르밧은 이방 땅 시돈에 속해 있었습니다. 그리고 시돈은 북왕국에 바알 신앙을 퍼뜨린 장본인인 이세벨의 고향이었습니다. 그러니 바알 신앙의 본거지인 시돈 땅에 거주하는 이방 여인이 당시에 이스라엘 백성조차 외면하고 있던 여호와에 대한 믿음을 갖고 있었다는 주장은 논리적으로 말이 안 됩니다. 사실 사르밧 과부는 여호와에 대한 믿음 '때문에' 엘리야를 공궤했던 것이 아니라, 자신이 공궤했던 엘리야를 '통해서' 여호와에 대한 믿음을 얻게 된 겁니다. 이 차이는 별것 아닌 듯 보이나 아주 중요합니다. 그 설교자는 실제로는 있지도 않았던 사르밧 과부의 '믿음'은 죽어라고 강조하면서도 정작 엘리야가 그 과부를 위해서 한 일, 즉 그녀에게 여호와의 복을 매개한 일에 대해서는 나 몰라라 하고 있었습니다. 다시 말해, 그 설교자는 엘리야처럼 가난한 신자들의 집에 쌀이 떨어지지 않게도 못하고, 그들의 죽은 자식을 살려내지도 못하는 주제에, 가난한 신자들에게 사르밧 과부처럼 그들의 마지막 한 푼까지 믿음으로 바치라고 요구하고 있었던 겁니다.

다음으로 그 설교자는 사르밧 과부가 '주의 종' 엘리야를 섬김으로써 얻게 된 복에 대해 장황하게 설명했습니다. 아시다시피 그 과부는 엘리야를 섬긴 덕분에 온 세상에 가뭄이 든 상황에서도 집 안에 밀가루와 기름이 떨어지지 않는 복을 얻었습니다. 그런데 그 설교자는 그 복에 대해 설명한 후 이렇게 덧붙였습니다. "그러니 여러분의 담임목사님을 잘 섬기십시오. 주의 종을 물질로 섬겨야 주님이 주시는 물질의 복을 받습니다!" 저는 그 해괴한 말을 들으며 무척 의아했습니다. '도대체 북왕국의 예언자 엘리야가 오늘날의 목회자들과 무슨 상관이지' 하는 생각 때문이었습니다. 엘리야가 '주의 종'이었음을 부인할 사람은 아무도 없습니다. 하지만 엘리야는 오늘날 '주의 종'이라고 불리면서 개교회에서 꼬박꼬박 월급 받아가며 사는 이들과는 사실상 아무런 상관이 없는 사람입니다. 엄밀하게 말하자면, 오늘날의 목회자들은 엘리야보다는 그가 맞서 싸웠던 북왕국의 제사장들을 훨씬 더 닮아 있지요. 그런데 그 설교자는 단순히 '주의 종'이라는 표현 하나를 고리삼아 엘리야와 오늘날의 목회자를 연결한 후, 신자들을 향해 "주의 종인 목회자를 물질로 섬겨야 복을 받는다"고 말했던 겁니다. 아, 오해는 마십시오. 저는 신자들이 그들의 목회자를 섬기는 것에 불만이 없습니다. 하지만 한 이방 여인이 타락한 종교와 맞서 싸우다 피신 중이던 평신도 예언자를 인도주의적 차원에서 공궤한 일을 거론하면서 오늘날의 신자들에게 그들의 담임목사를 물질로 섬겨야 복을 받는다고 가르치는 것은 도무지 앞뒤가 맞지 않는 소리입니다.

그런데 그 정도는 약과였습니다. 마지막으로 그 설교자는 저를 충격에 빠뜨릴 만큼 엄청난 말을 했습니다. 그에 따르면, 사르밧의 그 과부는 믿음이 없었던 것은 아니나 '작은 믿음'밖에 갖고 있지 않았습니다. 그래서 그녀는 주님이 그녀를 위해 예비해 두셨던 '큰 복'을 받지 못했습니다. 그는 이렇게 말했습니다. "그 과부의 믿음이 작았다는 것은 그녀가 주의 종에게 고작 호떡이나 구워 먹이려 했던 것을 통해 드러납니다. 물론 그녀는 주의 종에게 호떡을 구워 먹인 덕분에 집안에 밀가루와 기름이 떨어지지 않는 복을 얻었습니다. 그런데 만약 그 과부가 매일 주의 종에게 최고급 스테이크를 대접하려고 했다면, 틀림없이 주님은 매일 그녀의 집으로 살진 소를 한 마리씩 보내주셨을 겁니다." 그렇게 말한 후 그가 신자들을 향해 외쳤습니다. "그러니 이왕 달라고 할 거면 크고 좋은 걸 달라고 하세요. 주의 종에게 조잔하게 호떡이나 구워 먹일 생각하지 마시고, 통 크게 최고급 스테이크를 대접할 생각을 하세요. 그러면 매일 여러분의 집으로 살진 소가 한 마리씩 들어오는 축복을 누리게 될 겁니다!" 그러자 집회에 참석했던 이들이 일제히 두 손을 들고 "아멘!"을 외치더군요. 참으로 가관이었습니다. 교회 밖에 있는 이들이 그 모습을 보면 뭐라고 할까 생각하니 등골이 오싹해지더군요.

아, 저는 그날 그 설교를 들으면서 너무 마음이 아팠습니다. 그 설교자가 자기 목숨을 내걸고 바알 신앙과 맞서 싸웠던 엘리야에 관한 설교를 통해 엘리야가 그토록 혐오했던 바로 그 바알 신앙을 가르치고 있었기 때문입니다. 제가 예언자로서 단언합니다. 그날 그 집회에서 선포된 말은 '주님의 말씀'이 아니라 '바알의 헛소리'였습니다. 그리고 그런 헛소리를 향해 "아멘! 할렐루야!"를 외쳤던 자들은, 비록 기독교인의 모습은 하고 있었으나, 결국 물질적 욕망을 추구하는 바알 숭배자들에 불과했습니다.

한국 교회의 타락의 근본 원인이 뭐냐고요? 다시 한번 분명하게 말씀드립니다. '타락한 설교'입니다. 앞에서 땅콩 선생이 어느 목사가 '지갑의 회개'에 대해 말하는 소리를 들었다고 하셨는데, 제가 보기에 지금 한국 교회에 지갑의 회개보다 훨씬 더 필요한 것은 '설교의 회개'입니다. 설교자들이 회개하지 않는 한, 다시 말해, 그들이 설교를 자기들의 목회적 야망을 이루기 위한 수단으로 여기는 일을 그치지 않는 한, 한국 교회의 미래는 캄캄합니다. 전혀 가망 없습니다. 그것은 어느 부모가 매일 자식들의 입에 불량식품을 밀어넣으면서 그 자식들이 건강하게 자라기를 바라는 것만큼이나 황당한 일입니다.

마지막으로 제가 특별히 한국 교회의 설교자들에게 상기시켜 드리고 싶은 것이 하나 있습니다. 그것은, 한국 교회 신자들의 마음 밭이 지금도 여전히 최고 수준의 옥토라는 사실입니다. 간혹 설교자들 중에는 요즘 신자들이 예전처럼 순진하지 않다며 투덜거리는 이들이 있는데, 그것은 전혀 사실이 아닙니다. 제가 보기에는, 일부 설교자들의 우려나 불평과 달리, 아직도 한국 교회 신자들은 지나칠 정도로 순진합니다. 사업가도, 교사도, 은행원도, 엔지니어도 예배당 좌석에만 앉으면 목회자가 하는 말에 두 팔을 들고 "아멘!"을 외치는 게 한국 교회 신자들의 여전한 모습입니다. 가끔 저는 한국 교회 신자들의 그런 순진함이 두려울 때가 있습니다. 그들의 마음 밭에는 무엇을 뿌리든 무서운 속도로 자라나기 때문입니다. 그러니, 만약 그 기름진 땅에 지금처럼 계속해서 '나쁜 씨앗'이 떨어진다면, 한국 교회는 머지않아 잡초와 엉겅퀴만 무성한 황무지가 되고 말 겁니다.

그러나 역으로, 한국 교회 신자들의 마음 밭에 대한 저의 두려움은 한국 교회를 위한 희망의 근거이기도 합니다. 밭의 질이 너무나 좋기에, 만약 농부들이 이제라도 그 땅에 다시 '좋은 씨앗'을 뿌리기 시작한다면, 한국 교회는 머지않아 오곡백과가 가득 찬 아름답고 풍요로운 들판이 될 수 있기 때문입니다.

한국 속담 중에 이런 말이 있다지요? "콩 심은 데 콩 나고, 팥 심은

데 끝 난다." 제가 주님의 예언자로서 한국 교회 설교자들에게 간곡히 부탁드립니다. 부디 '좋은 씨앗을 뿌리는 농부'가 되시기 바랍니다. 한국 교회의 미래는 지금 여러분이 신자들의 마음 밭에 뿌리는 씨앗의 종류와 품질에 달려 있습니다.

지은이 **김광남**

1961년 부천에서 태어났다. 월간 신앙세계에서 기자 생활을 시작했다. 기독교연합신문사로 자리를 옮겨 기자로 일하다가 기독교연합신문사 출판국 책임자가 되었다. 그 후 10년간 세상에서 가장 행복한 기독교 서적 편집자로 살았다. 2007년 번역 프리랜서로 독립하여 다수의 책을 번역하였고 2012년 번역한 『말씀 선포 혹은 영적 학대』는 그해의 한국 기독교 출판문화상 '목회자료 해외 부분' 최우수상을 수상했다.
숭실대학교 영어영문학과와 같은 대학교 기독교학 대학원에서 공부했다.

한국교회 예레미야에게 길을 묻다

대화체 예레미야 강해

초판 1쇄 인쇄   2016년 3월 7일
초판 1쇄 발행   2016년 3월 14일

지은이 김광남
펴낸이 홍병룡
만든이 최규식·정선숙

펴낸곳 협동조합 아바서원
등록 제 274251-0007344
주소 서울특별시 은평구 증산로19길 19 (2층)
전화 02-388-7944 **팩스** 02-389-7944
이메일 abbabooks@hanmail.net

ⓒ 협동조합 아바서원 2016

ISBN 979-11-85066-50-9 (03230)